王石琴 与 泰州民盟

民盟泰州市委员会 ◎ 编

线装書局

图书在版编目（ＣＩＰ）数据

王石琴与泰州民盟 / 民盟泰州市委员会编. -- 北京：
线装书局，2024.1
　　ISBN 978-7-5120-5861-3

　　Ⅰ．①王… Ⅱ．①民… Ⅲ．①王石琴－纪念文集
Ⅳ．①K827=7

中国国家版本馆 CIP 数据核字(2024)第 035771 号

王石琴与泰州民盟

WANGSHIQIN YU TAIZHOU MINMENG

编　　著：民盟泰州市委员会

责任编辑：崔　巍

出版发行：线装书局

　　　　　地　　址：北京市丰台区方庄日月天地大厦 B 座 17 层
　　　　　（100078）

　　　　　电　　话：010-58077126（发行部）010-58076938（总编室）

　　　　　网　　址：www.zgxzsj.com

经　　销：新华书店

印　　制：三河市中晟雅豪印务有限公司

开　　本：787mm×1092mm　1/16

印　　张：17.25

字　　数：268 千字

版　　次：2024 年 1 月第 1 版第 1 次印刷

定　　价：89.90 元

线装书局官方微信

《王石琴与泰州民盟》编委会名单

顾　　　问：潘浩泉　董　勤　陈　社

编委会主任：臧大存

编委会副主任：邵　骅　李新美　李新荣　吴中芳

编　　　委：（按姓氏笔画排序）

王临生　王载思　王载康　王载同　王载风　毛雨华

卢　弘　李呈霞　肖　仁　吴银书　汪秉性　张执中

陈　社　陆泉根　郁胜天　赵筛扣　洪　艳　徐　婷

黄炳煜　梅德君　韩　韫　童　鹏　戴金龙

主　　　编：李呈霞　赵筛扣

副　主　编：许振华　聂　涛　赵佳璐

法律顾问：吴银书　周　庆

　　王石琴，1920.7 — 1994.10，原名鹤皋，江苏泰州人。中小学时期曾辗转于泰县、泰州、扬州、南京、上海等地求学，1947 年毕业于上海大同大学，获学士学位。

　　中学时代，他积极参加抗日救亡运动。大学时代，他与共产党人志同道合，积极开展进步活动，掩护和资助过多位共产党员和地下党外围组织成员。他曾一度休学，倾力参与创办泰州华泰纱厂，成为该厂主要创始人之一。1947 年秋，他加入了民盟组织，后秘密造访民盟中央负责人。

　　1949 年初，泰州解放第二天，他穿过封锁线冒险回到泰州，投身家乡建设事业。他服从中共泰州市委的安排，留在中共"党外"工作，数十年如一日，成为一位杰出的"党外布尔什维克"和"爱国民主人士的优秀代表"。

　　新中国成立后，他历任泰州市工商联筹备委员会副主任兼秘书长、市政建设委员会副主任兼建设科长、副市长、副县长、副市长兼体委主任、市城建局副局长、市人大常委会副主任、民盟泰州市委主委、扬州市政协副主席等职，为社会主义建设事业和泰州民盟的创立、发展做出了突出贡献。

　　1993 年 12 月离休。1994 年 10 月 5 日病逝。

爱国民主　同盟同志
建言力行　修身立业

曹卫星，第十四届全国政协常委、教科卫体委员会副主任、民盟
中央副主席、欧美同学会（中国留学人员联谊会）副会长

　　"学史明理、学史增信、学史崇德、学史力行",民盟的优良传统是历史经验的积累,是民盟不断前进的精神动力。民盟江苏省委会高度重视盟史研究工作,从历史中汲取砥砺奋进的力量,从民盟先贤积极参政议政中获得使命感召,以史为鉴,积极弘扬民盟优良传统,不忘合作初心。

　　王石琴同志是泰州民盟组织的创始人,他热爱祖国、热爱人民,始终保持对国家和民族的无比忠诚;他坚持真理、追求进步,始终坚贞不渝地听党话、跟党走;他严于律己、公而忘私,始终秉持勤勉敬业的精神追求。为继承和发扬民盟的优良传统,民盟泰州市委员会统筹盟内资源,组织盟员四处走访、挖掘素材、查阅资料,数易其稿,历时三年,终成此书。

　　本书用平实的文字记述了王石琴同志亲朋好友的缅怀和泰州民盟组织 67 年发展历程。本书付梓,不仅让广大盟员加深了对王石琴和泰州民盟的了解,也充分表明了民盟泰州市委会盟史研究工作取得扎实成效。

　　2023 年 2 月,丁仲礼主席在京主持召开了民盟历史资料收集整理研究工作座谈会,要求全盟通过深入梳理盟史资料,总结民盟与中共风雨同舟的光辉历程,进一步明确民盟成立的初心和使命。希望民盟泰州市委会进一步创新研究方法,把盟史研究与增强盟员历史责任感紧密结合起来,探索把民盟履行职能和自身建设的实践经验上升为理论,为全省的盟史研究工作做出新贡献。

吴胜兴,民盟江苏省委会原专职副主委

目录

难忘的记忆

王石琴遗作

泰州民盟

前言

　　泰州是一座具有两千一百多年悠久历史的文化名城，也是一座红色之城，陈毅"三进泰州会二李"被誉为统战工作经典案例，给今天的我们留下了宝贵的历史经验，具有重要的历史意义与时代价值。

　　王石琴同志 1920 年出生于泰州，是泰州民盟的创始人，历任民盟江苏省泰州市直属支部主委、民盟江苏省泰州市筹备委员会负责人、民盟江苏省泰州市（县级）第一、二、三届主委。他德高望重，为泰州民盟的发展做出了很大的贡献。他身在党外，心在党内，时刻以一个共产党员的标准严格要求自己，把"思想上入党"作为自己的座右铭。直至 1994 年 10 月临终前，仍然心向党组织，留下了"我未能入党，心向往之"的遗言。

　　编撰《王石琴与泰州民盟》一书，是为了让更多人了解和感受这位老人的生平事迹和历史贡献，是为了传承和弘扬民盟"奔走国是、关注民生"的优良传统和先辈爱党爱国爱盟的真挚情怀，是为了挖掘盟史、重温民盟在多党合作中的光辉历程和积极作用，广泛凝聚共识，增进政治认同，筑牢共同思想政治基础，更好地为中国式现代化建设献计出力，为经济社会科学发展、和谐进步做出更大贡献。

　　历史已渐行渐远，但王老的优良传统和高尚风范，是留给我们的弥足珍贵的精神财富和政治财富，将代代相传，永不丢失。

民盟泰州市委员会

1920年7月3日　生于泰县白米镇。父王光国，有田产，并经营商业。母钱蕴清。继母关心如。

1926年　入泰县马沟小学读书。

1927年8月　转泰县县立实验小学读书（现泰州市城东中心小学）。

1933年　暑假前在实验小学毕业，考入泰县县立中学。

1936年　暑假前在泰县县立中学毕业，考入南京钟英中学高中一年级。

1937年　因抗日战争爆发，转入泰县私立时敏中学高中一年级（现江苏省泰州中学）。

1938年　因日寇进犯，学校停课，在家自学。

1939年8月　考入姜堰镇江苏省立第一临时师范普通科。因钟英、时敏两校未发转学证书，重读高中一年级。

1941年2月　与钱树蕙结婚。3月往上海省扬中读高二。

1942年2月　至泰兴县樊家堡重入江苏省立一临师。暑假前毕业。3月长子王载思生。8月考入上海大同大学化工系。

1943年7月　因协助筹建泰州华泰纱厂，暂时停学。

1944年8月　再入大同大学在原系复学。学习期间，积极参加进步学生运动。

1945年12月　长女王曼荪生。

1947年8月　从大同大学化工系毕业。10月起在华泰纱厂任事务部长。10月二女王曼蓉生。1947年秋参加中国民主同盟（上海纺织界民盟小组）。

1948年　国民党对其进步思想和活动有所觉察，曾列入黑名单。被迫又往上海。

1949年1月22日　冒险从上海越过国民党军队封锁线，进入解放区回到泰州市，参加稳定秩序及市政建设等工作，从此在党的领导下，积极参加所分工的各项革命工作。4月间携带祖遗地契下乡，交还农民。后陆续将华泰纱厂、新泰布厂、大同书局、大陆饭店等祖遗企业股份交给各有关单位转为公股。又将家中房屋20余间、文物字画等交给人民政府。11月起任丰记华泰纱厂总务股长，至1951年1月。

1950年10月　次子王载康生。

1951年1月　当选泰州市副市长。

1951年3月　任泰州市副市长兼建设科科长，至1958年12月。

1952年11月　三子王载同生。

1954年夏间　泰州大水，负责防汛抗洪工作，亲临前线，参加抢险战斗，不眠不休，终于取得抗洪胜利。

1955年4月　四子王载风生。

1956年5月　三女王曼莹生。

1958年12月　任民盟江苏省泰州市（县级）直属支部主委。

1959年1月　任泰州县副县长，至1962年6月。

1962年6月　任泰州市副市长兼体委主任，至1968年7月。

1962年12月　任民盟江苏省泰州市（县级）筹备委员会主委。

1968年　在"文化大革命"中，7～10月受审查。10月起在"五七干校"劳动，至1972年6月。

1972年7月　在泰州市城建局工作，至1975年。

1976年1月　任泰州市建设局副局长，至1980年12月。

1981年1月　任泰州市人大常委会副主任，至1990年4月。

1981年1月　任民盟江苏省泰州市（县级）第一届委员会主委。

1983年5月　任扬州市政协副主席，至1993年。

1984年12月　任民盟江苏省泰州市（县级）第二届委员会主委。

1987年12月　任民盟江苏省泰州市（县级）第三届委员会主委。

1994年10月5日　凌晨 在上海病逝。

纪念王石琴

JI NIAN WANG SHI QIN

王石琴小传

俞 扬

王石琴（1920-1994），原名鹤皋。泰县白米人，1936 年泰县县立中学毕业，入南京钟英中学读高中。次年因抗日战争爆发，转入泰县时敏中学，后又入江苏省第一临时师范、江苏省立扬州中学等校。1942 年考入上海大同大学化工系。

早在时敏中学读书时，王石琴即随大哥鹤琴参加抗日救亡运动，组织剧社演出抗日话剧，并创办进步文艺刊物《涟漪》。到上海读书后，更积极投身革命之中。王石琴在上海的住处蒲石路高福里 63 号亭子间，不仅是苏北学生会聚地，他们在这里收听解放区广播、举办读书会、学习《马恩选集》《新民主主义论》《论联合政府》；也是中共地下党员从事革命活动的场所，揭露国民党反动派在南京"五二〇"运动中暴行的画册、宣传党的政策的《新青联丛刊》等，都在这里编印。王石琴还在暑假召集各校回泰州度假的同学聚会，讨论时事，举办泰县暑期联合补习社，联络有志青年学生。1947 年秋，王石琴在上海由彭文应介绍加入中国民主同盟，并会见了章伯钧等人。大学毕业后返回泰州，担任华泰纱厂事务部长。王石琴在厂里举行工人与学生同乐会，唱革命歌曲，跳秧歌舞，组织工人夜校，传播革命思想，由此引起国民党特务的注意，乃于 1948 年春前往无锡、上海等地，一边工作一边继续参加革命活动。12 月，会见了罗隆基，罗隆基分析了国内革命形势，建议王石琴返回苏北迎接解放。1949 年 1 月，王石琴等人冒险穿过长江封锁线回到泰州，时正为泰州解放的第二天。王石琴立即投入各项运动，先后任泰州工商联筹备委员会副主任兼秘书长，建设委员会副主任兼建设科长。1951 年，以全票当选为泰州市副市长，以后直到 1968 年 7 月均担任这一职务。"文化大革命"结束后，任泰州市建设局副局长。1981 年至 1990 年任泰州市人大常委会副主任，1983 年至 1993 年任扬州市政协副主席。

王石琴父辈在泰州、姜堰等地经营钱庄、粮行、饭店、书店等十余家工商企业，自青年时代起，王石琴即有"商贸兴邦、工业振国威"的抱负。1943年在上海读书时，得知上海傅耕莘考虑在绍兴投资兴建纱厂，随即多方奔走，调查研究，认为纱厂可办在泰州。于是向傅力陈在泰州办厂的优势，邀请傅到泰州实地考察，促成傅耕莘决心分块集资集股在泰州兴办华泰纱厂。王石琴毅然停学一年，回泰州负责筹建。选厂址、建厂房、购买设备，事无巨细日夜操劳，使纱厂在1944年建成投产。1947年全国解放在即，纱厂上海股东打算将厂迁往镇江。王石

王石琴

琴组织厂里职工代表上书董事会，剖析迁厂利弊，终于将厂留在泰州。1960年国民经济实行调整，王石琴得知上海市纺织局在郊县有一万纱锭及其他较好设备停产闲置，亲去上海设法搞回，使泰州纺织工业在困难时期反而得到充实提高。

新中国成立后，王石琴长期主持泰州市的城市建设工作，先后负责拓宽坡子街与五一路、兴建工人新村、改建招贤桥与高桥、铺设地下管道、规划设计泰山公园、筹建泰州船闸与自来水厂等，从图纸到施工，事必躬亲，决不马虎，所经手的工程质量至今有口皆碑。1954年泰州大水，隔断上下河水的鲍家坝告急。王石琴带领干部群众抢险，提出"决不让一滴水流入下河"的口号，冒着倾盆大雨与群众日夜并肩奋战，保住了堤坝。1955年，王石琴在泰山村设计建造了泰州第一座电灌站，次年主持泰州市与泰县联合组建的电灌委员会。王石琴不摆架子，与工人一同劳动，以致安装机器时跌裂了尾椎骨。王石琴胸襟宽广，从不存地域之见。1954年大水时，见泰县宫家涵出现险情，马上组织群众前往堵塞。1986年泰县中干河套闸工程急需沥青，王石琴不顾长期胃溃疡身体衰弱，偕同泰县求援人员去南京奔走落实。王石琴为人老成练达，平易近人，工作中对下级关怀体贴，

江泽民总书记视察扬州时和四套班子领导合影（后排左起第四人为王石琴）

耐心诱导，下级多乐意与他共事。

自 1956 年泰州建立民主同盟组织以来，王石琴一直担负主要领导工作。数十年来，王石琴经常教育盟员要牢固树立党的领导的观念，基层民盟组织要自觉尊重、支持所在单位中共党组织。1980 年初，民盟泰州支部举办振华业余学校，十年来培养各类人才一千多名，得到社会各界的好评。1991 年 1 月，泰州市第四次盟员代表大会召开前夕，王石琴积极向省市推荐新人担负重任。王石琴在家乡解放不久，即携带祖遗田契下乡交还农民，后陆续将所有工商企业股权捐献给国家，并带领全家让出住房 20 余间，借给国家解决困难。博物馆、公园筹建时，又将祖传古籍、字画、盆景等全数捐赠。王石琴生活朴素，严于律己。出差乘火车不坐软席，不住档次稍高的旅馆，在公社工作时吃食堂，按规定付钱与粮票。国家经济困难时期王石琴主动放弃了国家对高级党外人士的特殊照顾。王石琴的亲属大多数是中共党员，因统战工作需要，他自己一直未加入中国共产党，但他时刻以共产党员的标准要求自己，病危弥留之际，仍谆谆嘱咐家属爱国爱党爱家，老老实实干事，清清白白做人，表现了一贯向往光明、执着求索的精神风貌。

在纪念王石琴同志诞辰 100 周年座谈会上的讲话

卢佩民

（2020 年 6 月 23 日）

各位领导、同志们：

今天，我们怀着十分崇敬的心情，在这里举行座谈会，纪念王石琴同志诞辰 100 周年，缅怀他的生平事迹和历史贡献，追思学习他为国为民不懈奋斗的高尚情操和矢志不渝的理想追求。

王石琴同志是泰州民盟的创始人，并担任过扬州市政协副主席。王石琴同志担负起了推动人民政协这一具有中国特色的制度更加成熟的政治责任。他与党同心、无私奉献，为泰州发展、为泰州民盟发展所作出的重要贡献，永远铭记在我们心中，值得我们学习和缅怀。

王石琴同志一生热爱祖国、热爱人民，始终保持对国家和民族的无比忠诚。他胸怀祖国、顾全大局，把人生理想融入国家和民族的事业中，身体力行，为国家的发展、民族的振兴倾其心智、不遗余力。

王石琴同志一生坚持真理、追求进步，始终坚贞不渝地听党话、跟党走。他紧跟时代进步的潮流，树立和坚定对共产主义的信仰。坚决拥护党的路线方针政策，与中国共产党风雨同舟，肝胆相照，荣辱与共，是中国共产党的诤友。

王石琴同志一生严于律己、公而忘私，始终秉持勤勉敬业的精神追求。王石琴同志毕生为泰州城建发展、泰州民盟发展殚精竭虑，他为政清廉，高风亮节，既有很强的原则性，又善于团结同志；他体察国家困难，关心弱势群体，多次慷慨解囊捐资助学、扶贫济困；他一生追求进步，活到老学到老，即使从领导岗位上退下来后，仍一如既往地关心党和国家事业，充分体现了他在中国共产党领导下为社会主义建设事业奋斗终生的高尚品德。

我们纪念和学习王石琴同志，就是要大力弘扬伟大的爱国主义精神，紧紧围绕实现中华民族伟大复兴中国梦这一当代中国爱国主义的鲜明主题，牢固树立正确的历史观、民族观、国家观、文化观，自觉做到爱国、爱党、爱社会主义的有机统一，以伟大精神推进伟大事业、托举伟大梦想。

我们纪念和学习王石琴同志，就是要坚持把人民对美好生活的向往作为我们的奋斗目标，增强锐意进取、攻坚克难的奋斗精神，爱岗敬业、甘于奉献，勇于在艰苦奋斗中净化灵魂、磨砺意志、坚定信念，敢于啃硬骨头，敢于涉险滩，为党、国家和人民的事业贡献全部力量。

我们纪念和学习王石琴同志，就是要树立人民政协和民主党派共命运、共发展、共辉煌的意识。民主党派是人民政协的重要组成单位，人民政协是民主党派发挥作用的重要平台。人民政协和民主党派的发展历史表明，充分发挥民主党派在人民政协协商民主中的作用，对于巩固和完善我国基本政治制度，进一步推动社会主义民主政治建设具有重要意义。

当前，我们正走在实现"两个一百年"奋斗目标、实现中华民族伟大复兴中国梦的新长征路上，老一辈革命家为之奋斗的伟大事业和美好理想正在一步步实现。让我们继承和发扬先辈们的革命精神和崇高风范，不忘合作初心、继续携手前进，努力创造无愧于时代、无愧于人民的新业绩！

（卢佩民　泰州市政协主席、党组书记）

在纪念王石琴同志诞辰 100 周年
座谈会上的讲话

刘灿铭

（2020 年 6 月 23 日）

各位领导、同志们：

今天，我们在这里举行座谈会，纪念王石琴同志诞辰 100 周年，深切缅怀他的生平事迹和杰出贡献，追思学习他爱国奉献的崇高追求和实业报国的高尚情怀。

1947 年秋，经民盟上海市委负责人彭文应等人介绍，王石琴加入民盟组织。入盟不久王石琴就在上海愚园路拜见了民盟组织部部长章伯钧。民盟被迫解散后，国统区陷入一片白色恐怖之中，民盟组织也随之转入地下活动，当时王石琴一直保持与民盟上海市委的秘密联系。1948 年冬，在组织的安排下，王石琴等盟员去上海虹桥疗养院拜见被国民党软禁在那里的民盟宣传部部长罗隆基。罗部长指示王石琴等盟员迅速返回苏北，迎接解放。1949 年初，泰州新中国成立后的第二天，他就穿过封锁线，回到泰州，参与地方的进步活动。

王石琴同志始终把民盟的组织发展工作放在首位。加入民盟组织近 50 年，王石琴积极发展盟员，并且十分重视对新盟员进行思想教育。他亲自组织新盟员培训班，邀请有关部门负责人做报告，与新盟员倾心交谈，他经常结合民盟历史，开展传统教育活动。在王石琴的带领下，泰州民盟广大盟员自觉地服从中国共产党的领导，积极稳妥地合作共事。王石琴数十年来与中国共产党亲密合作，经常教育基层组织和广大盟员牢固树立中国共产党领导的观念，继承民盟的优良传统，从而为民盟组织开展各项工作创造了良好的条件。

王石琴同志十分重视发挥民盟的参政党作用。他经常深入基层，进行调查研究。他关注民生，了解民情，反映民意。凡是盟省委组织的参政议政活动，他都准时到会，并根据会议中心议题，积极发表意见。

王石琴同志始终以全局利益为重，正确对待去留。1991 年 10 月，民盟泰州市第四次盟员代表大会召开前夕，他怀着对党统战工作的高度责任感，从对泰州民盟领导班子长远建设考虑，积极推荐新人担负重任。他亲自向民盟省委陈敏之、任江平等领导陈述泰州民盟人事调整设想，提出自己不再担任泰州民盟主委的想法，获得上级组织的支持和统战部门的理解。在王石琴等老一辈领导人的多年培养下，泰州民盟新的领导骨干迅速成长。

回顾历史，是为了更好地面向未来。王石琴同志任泰州民盟组织负责人的 40 年，正是泰州民盟从萌芽破土到成长壮大的关键阶段。在王石琴同志和历任主委的努力下，如今的泰州民盟朝气蓬勃、充满希望，我们要继承和发扬民盟先辈的优良传统，矢志不渝坚持中国共产党领导，坚定不移走中国特色社会主义道路。不忘合作初心，继续携手前进，牢牢把握新时代参政党的新方位、新使命，践行"四新三好"要求，以更加坚定的信念，更加奋发的姿态，赴身新时代、迈进新征程、谱写新篇章。

（刘灿铭　民盟江苏省委会副主委）

抗日时期东南敌后（摘编）

包明叔

按：包明叔(1891—1974)，江苏仪征人。现代著名教育家、新闻事业家和文学家，1928 年在当时省会镇江创办《新江苏报》。抗日战争期间，包明叔和《新江苏报》同人流落泰州，直至泰州沦陷。在此期间，包明叔和王家两代人结下了深厚情谊，《抗日时期东南敌后》一书中多有描述。

《新江苏报》开始流亡

戈秉直兄与其挚友王光国，是我《新江苏报》流亡中两个盟友，假如没有他们两人的精神与物质资助，虽有张维明县长政治力量，我们也不能立足。所以张、戈、王三人如缺了一个，"新江苏"三个字就要在泰县消灭了，他们是"新江苏"再造恩人。

秉直与我过去的历史，只是泰县分销与通讯；王光国初无一面之缘，更谈不到求他帮助。秉直知我复刊心切，乃为我谋：第一，印刷工具先商租本地美捷印刷所出版，徐图自办生财；第二，编辑部与发行部，借大同书局楼上全部暂用，戈与王是该书局大股东，其经理宫笑吾是戈王后辈，戈的计划，交宫执行，无不满意；第三，借陈家花园巷王光国兄住宅为我家宿舍。时王本人及家眷住在东乡老家，空屋一所，大小十余间，虽不宽大，但院落两个，极其轩敞，屋中家具无条件借用。

在泰县复刊

我们住的陈家花园巷住宅，房主人王光国先生，是个明理通达精细和平的标

王光国 30 岁照片

准人物，家有良田千余亩，仍住东乡白米的西北马沟镇田舍。城内住宅是临时租赁，因为泰城不靖久不进城。夫妇儿女六人，长男鹤琴娶同邑包氏，生孙男女各一，不幸短命早逝。男石琴、女倚琴、男竹琴是原配钱夫人荷玉（韫清）所生。继室关夫人心如仅生一女名凤琴。

我们与王家父子初无一面之缘，但想象中必定是一见如故，意气相投。因为戈先生与我契合，又与光国契合，所以以几何定理推断，光国与我必定契合。除秉直的介绍外，尚有远在十年来的《新江苏报》，早就使王家与笔者及善师结下翰墨姻缘，他家父子对善师（程善之，《新江苏报》主笔，现代著名文学家）渴慕尤深。

正月初，光国由乡间来，与我们见面。我们向他道歉，是说践踏他的房屋。而他反向我们道歉，是说照应不周。善师房间缺少天花板，随雇工装设，殷勤备至。"亡人无以为宝，仁亲为宝。"得此安慰，既感且愧。内人芜芎烹调些家常饭菜，以饷主人。过两天，光国返白米，约月内携石琴来拟从善师游。善师诲人不倦，欣然允诺。

不久，王府一家都进了城，石琴为长，年19岁，其妹倚琴年17岁，弟竹琴年16岁，小妹凤琴才六岁。光国时年四十有三，其继室关夫人，年仅30许。石琴的未婚妻钱树蕙，为表姊妹行，同在王家攻读，石琴等拜了善师为徒。他们平时阅《新江苏报》，孺慕善师已久。今天假之缘，遇到国难，又遇到我们流亡到他家，他们不但能诵先生之诗，读先生之文，并得亲炙先生的风度教范，这是何等快事！而善师的乐育英才，得了一群天真小友，足以解除烦闷。这是他老人家流亡中最感兴趣的一个阶段。

石琴等已读到中学，因抗战播迁而中辍，亟拟继续入中学。我又为他介绍一位先生补习英文，此人姓张名郁棠，江都县人，毕业于燕大文学系，是曹漱一先生的外甥。他在镇江师范做过英文教员，与我们同在小纪镇度流亡生活。我闲得无聊，请他做我的英文先生。我觉得他读音与文法都有天籁，承他雅爱，不以我老大不足教，因此交谊日深，遂转荐王府。

苏北沦陷前后

樊川失守，小纪吃紧。河水干涸，吾先后将孩子们及善师夫妇迁送泰城，王光国先生接善师到白马庙寄居。白马庙是泰县东乡塘湾镇东南三里许的小村，全村虽不及百家，而庄舍瓦居多整齐宽大。王姓是村中大族，与光国同姓不宗。光国固是寄居，而善师则是寄居中的寄居。但全庄因光国之信仰先生，无不钦慕，而过从甚密，恨相见之晚。

光国、秉直既如此厚我，我在赴上饶之前，行有千里，时难年荒，生死难料。乃托妻子于光国、秉直两人。我生平未尝与人拜过弟兄，到此时，未能免俗，遂口头上与戈、王两位约为弟兄。我为长，秉直居次，光国最幼，但并未具任何形式，仍是精神上的盟友。及我返泰，妻子托庇幸未冻馁。我五十初度，两位老把弟主张携眷到白马庙一游。商之芜荽，亦以为然。藉此可与善师多聚几日，遂决摆驾白马庙避寿。

光国住白马庙的主人，名王则武，刚直好义。家有庄田，住屋很大，以一部假光国，另以别院小书斋一间招待善师。听说我将到庙避寿，又另收拾对庙两间，为我行馆。芜荽与光国夫人性情相投，光国不但对愚夫妇只见所长，不见所短，并爱及我的儿女，件件事说出好处来，尤以对菊女（重龄）为甚。但我夫妇反觉石琴姊妹处处可爱。古人说"不知其子之恶"。我与光国易地观察，都觉人子可爱，无以名之，名之曰："不知其苗之硕"。

我在阴历初三就偕芜荽携儿女到庙。先住在则武家前进对厅，到了初四，光国知芜荽要一间客堂敬香，在村东另一王家，临时假三间正屋，单门独户，请我一家七口团聚，体贴入微。

初四下午，则武与光国两家总动员。大厅之上，就家中所有灯彩，张挂起来，借了一轴红绸寿幛，上款是明叔盟兄，下款称如弟秉直、光国，居然摆起桃园三结义的架落来了。

踏上南迁征途

十四日当晚，适王光国兄为石琴与钱树蕙行婚礼，二哥与相伯以逃亡之人，俱作喜堂来宾，善师及戴天球也参与典礼，大家且有演说。光国何不迟不早，而为其子择在泰县乱哄哄时结婚？是拟于婚礼后即日随我逃亡。

十九日出发。善师、二哥、相伯、二嫂、小侄、丰龄、芜苎、松龄、小瓜、小瓞、王则武夫妇、王石琴夫妇、竹琴、倚琴、胡文藻、赵忠铭一行共18人，20日出发。临行前夕，光国夫人出金饰约一两许交芜苎，以防川资不足。光国复出打簧金表一只，托芜苎带沪修理。后来察觉，此表并无须修理，石琴说："家父恐包师母到沪，家中缺乏经济，可以变卖。"仁厚盛情，而以曲道行之，又不使受者当时知悉，用心良苦。所以我与芜苎在沪年余，几至当尽卖绝，而对于此金表，保全到离沪时交石琴带回。善师曾对我说："朋友相处，切勿竭忠尽欢。"我和芜苎常三复斯言。

海陵老友话别

上海既是这样危险，我在家过年有点不妥，不如乘此时机到江北看看。与戈秉直、王光国两兄商量商量。到泰县已过祀灶日，住在光国新购之屋。屋在县府前兴盛街南首，共有四五进房，但不很整齐。

光国在前后天井中新栽若干花卉树木，都是枝干很大。我说，花木过大不易活。他说："诚然，但兄知我用意吗？大树如果获活，我或可看它繁荣。树苗太小，我恐不及见它茂盛了。"我说："兄比我年轻，何出此言？"他说："我身体太差，入冬支气管炎甚剧，朝不保暮。我存儿女四人，大儿石琴不能远行，小女太幼不能离其母，大女倚琴，次子竹琴，拟随兄内迁，我将作人生的总结束。石琴留在面前，可以将我未完手续与心愿，作一代的交替。"

我闻之不禁感慨，我比他长六岁，他已作打烊计，我方欲冲锋陷阵，不知老之将至，和他对照，不免气馁。他对我独作鼓励语，他以我与他不同。他说："你虽不强健，也不赢弱。况你的事业不进则退，只有向前，不许反顾。我则不同，力不从心，挣扎一天是一天。儿女辈内迁，请予照料。使习一技之长，备将来自食其力。子孙不能不作过精穷生活的预备。"

王石琴因我坐牢

7月20日，正是阴历六月大伏天，清晨赶赴口岸，乘汽车南去，二哥及王石琴等有十余人送行。宪兵查我通行证，无破绽。

未及一周，接到二哥来信，说："在你动身后，石琴被宪翁在站上请去谈话，现正在设法告假中。"语焉不详。所谓宪翁就是指日宪兵。石琴在站被请去谈话，必被逮捕无疑。正在设法告假，是营救尚未出险。

事后有人来详述经过，是这么一回事：石琴那天绝早到站送我，未进饮食。我车开之后，送行者群向北去，独石琴向南入城。觉后面有一人拍他肩膀，回头一看，原来是日本宪兵。先指点石琴到一个日本商店内，搜查身体，幸无片纸只字查出。石琴当即通了一个电话，使家中知有这回事，后日宪吩咐跟他走。到了宪兵队，第一天滴水不给饮食，因尚未领到他的一份口粮，石琴不知究为何事。讯问者令他直说被送行者究竟是何人，是不是游击队首领？或是江南游击区要员？石琴心中猜测，我已到镇江，如供真名，固然不利，捏一姓名，又恐与通行证不符，乃从容不迫，将我假名"鲍敏松"三字供出，以免不符。问我职业，他说是江南土纸客人。问：你为何与纸客人来往？答：我营书业，与纸商有密切关系。日本兵随问随以竹鞭向他乱敲，但他始终无他供。因罪名未定，未列号数，既无号数，晚间未收进房间，就给了一条军毯，在天井旁住下。晚间日宪藤椅高卧，令他掌扇。第二天叫他将口供自录，见其字迹清秀，每晚复令誊写报告表。房内有县府张科长展云，楚囚相识，不敢交谈。此后才有饭水，不吃肚饿，吃又难下咽。大伏天既无澡可洗，又无衣可换，白衣变成黑衣。

到了第九天不知是何方力量，将他放出，到家才知找了不少人，用了不少钱。据说：有个洗衣大娘，因送换衣服与日兵私通，直进直出，颇有权威，在王未出之前，她说明天可出来，而明天果放出。是不是偶合，抑真有魔力？那就只有天晓得了。王石琴在队中，只觉不适。家人与外人则忧虑乱说，其苦倍之。石琴夫人不知流了多少泪。"包明叔"三字几或为王家的祸胎。王出语人，他在狱总算万幸，日兵不人道与畜视中国人，使人真难受。可恨，可杀。

王石琴（右二）夫妇与弟弟王竹琴、妹妹王倚琴合影

残冬风雪故人来

我到广德这五六天中，家里来了远客五人，原来是第三战区司令部有一位黄焕采科长，他是泰县人，与王光国是同乡，光国先生在我决策南迁时，已托我将石琴、竹琴、倚琴三人带到重庆读书，后来我们才到上海，光国病故，石琴等之行遂中止。

入秋黄焕采告假回泰，过张渚，我告以光国有此心愿未了，你回到战区时，酌量携王氏子女同行。黄在泰县集合了一组青年内迁，石琴因家中无人，就近在上海读大同化学工业系。

随黄来的有十余人，到我家来的五人是一小组，除倚、竹姊弟外，则是孙金钵、于耀祖、华祝彭三男生。他们在腊鼓催年中由陷区来到张渚中央自由区，感觉兴奋。黄有姨亲曹姓住张渚，决留此度岁，倚琴等五人同到万石村暂住，这年寒假我家非常热闹。当芜、乔母子病重时，我不料今年尚有额外团聚，皇天待我太恩惠了。芜芟看见这群可怜可爱的青年小侄，非常欢喜，大有助于她的回复健康。除夕，家中备好年菜，但没有什么荤肴，竹琴到街上买了些鱼肉，馆中同人颇得实惠，我的卧室中除床而外无桌椅，在镇上买了一方竹桌，又办了一对木头烛台，除夕守岁，欢天喜地吃了一顿太平宴。

成就从苦难中得来

一年之计在于春，倚、竹诸人决计内迁，桐龄要求偕行。我与芜芟商量，我们报纸在前线宣传抗战，知有危险而不顾，死固得其所，唯我们后一代不宜集中在这个死角，应尽量向内地疏散。江兴暑假毕业后，也宜向后方考大学，桐侄未随陆家子弟入赣已觉憾事，不能再把这个机会失掉，遂允其请。川资行李勉强应付，黄焕采科长为队长，他的曹姓亲眷有一位小姐名曹玉林也加入团体。

王倚琴、竹琴及曹玉林四月中随大家到上饶，因为没有高中文凭，由黄科长介绍倚、竹两人到崇安入战区学生指导所受训。曹到建阳入暨南大学先修班，未及一月复回上饶。五月中赴长官部借款，经建阳偕曹玉林三人开始跋涉：计由临都入赣州到广东曲江，乘火车复北入湘到衡阳，又南行经桂林、柳州、金城江入黔省独山到贵阳。曹留贵考入医学院，倚、竹到重庆复读高三。

第二年（三十三年），倚考入复旦教育系，竹考入中大经济系。三十四年曹因贵阳吃紧，入重庆改读上海医学院。

胜利归来，今年（三十七年）倚、竹都毕业，倚执教鞭于吴江省立师范，竹赴南洋亦复教书，曹则改入大同大学，明年毕业，但她今年春天已由曹家小姐而为王家少妇，与竹琴成为美满伉俪。如王竹琴不因我们未必取道张渚入川，则又何从与曹同行为友而成夫妇，莫知为而为，只有归之天定。

总角之交　情贯终身

——向家乡投下一颗建设性的"原子弹"

朱承伯

石琴与我同龄，自幼同窗，小学和初中均系同班同学，总角之交，情贯终身。在同学少年群中，石琴聪颖过人，显露才华，遇事有独到之见，颇具组织才能，为人潇洒坦诚，不拘小节，深得同辈敬爱，乐于亲近。现追述二三往事，可略知其一生大概。

排演文明戏

读初中时，石琴的思想就比较豁达进步。在我的记忆中，这与其接受的家教有关。当时处于 20 世纪 30 年代的旧中国，石琴的父亲思想颇为开明，开了一家大同书局，其长兄鹤琴正在上大学，具有五四运动后青年的新思想。在这样的家庭熏陶中，石琴受到了感染和启发，并在鹤琴的鼓舞和直接指导下，积极带动钱树楠和我，以及另外两三位同学排演起话剧来。当时我们也想不到"上台演戏怕丑"，劲头十足，需要的道具都是从自己家中或同学家中找来的，还在学校举办的同乐会上上演过。具体剧名已记不清，内容大体是以几个参加"五四"运动的大学生受伤住院的场景，通过他们在病榻上悲愤的对话，以及几位没有受伤的同学前来病房探视相互慰勉的谈论，控诉军阀政客的黑暗统治和国民要求民主的呼声……这在当时反动统治年代，初中生能自发地组织起来这样做是不多见的。

高福里 63 号

抗战胜利后，石琴在上海上大学，住宿在高福里 63 号的亭子间，另外在 47 号也有同学租了一间楼下客堂，作为流动同学的集体宿舍。"铁打的营盘流水的兵"，凡是当时在上海从泰州中学和"一临师"出来的前后几届的老同学大体都知道，这两处是同乡同学们平时课余"串门"的聚散地、借宿地，也是分散在各学校寄宿同学在星期节日度假休闲的欢聚场所，几乎成了"泰州同乡会"。而来来往往的同学一般都是以石琴为中心而来走动的，其中还有非泰州同乡的外地同学。当时的情况比较复杂，来往的同学中左、中、右都有，有走中庸之道的，有附和国民党的，有倾向于共产党的。后来知道，这时石琴已暗中加入民主同盟，配合地下党为党工作，在做联络和掩护进步同学的工作。在石琴当时的处境，没有一定的应变策略和能力是难以处理好身边这个"成色"不纯的同学小群体的"和平共处"，在白色恐怖下随时都有可能发生意外危险。石琴能安然坐镇在这把交椅上掩护进步同学，很不容易。

石琴高瞻远瞩，早在解放战争前后就与高优勋（即高尧）、赵兰汀等诸友好积极筹建华泰纱厂，想走兴办实业的道路，发展家乡经济。泰州解放前夕，为避免国统区的麻烦和迫害，假借祝寿为名，遮盖耳目，有组织地邀约各地"朋友"在泰州家中集会联欢，实际是团结力量，扩大声势，为繁荣家乡大计做好准备。事前，就在高福里，石琴特别高兴自豪地指着大会发言文稿上最后一句口号式的结尾对我说："让我们向家乡投下一颗建设性的'原子弹'吧！"这句话说得多么响亮有力啊！是的，新中国成立后，在党的领导下，石琴终于有机会用自己的智慧和才能，做出了毕生的奉献，在家乡的建设上实现了"投弹"夙愿。

石琴兄，安息吧，在建设有中国特色的社会主义理论指引下，我们的祖国，我们的家乡，都会取得跨世纪的辉煌发展的！

永难忘却的怀念

——与石居者与善游

凌　会

追悼会的前一天，我来到石琴身旁。在这庄严肃穆的灵堂里，鸦雀无声。陪伴他的是千百幅悼唁的挽联花圈，由衷的赞美情深意笃，令人心驰神往，我仿佛置身在缤纷的碑林之中。石琴的一生，宛如一条静穆的大河，它穿越海陵，不舍昼夜向前流去，默默奉献舟行灌溉之便利。

1937 年"七七"事变，那时石琴和我同在南京钟英中学就读。事变第二天，校长余介侯（数学家）把全体同学召集到操场上，他泣不成声，同学们无不为之动容。这时有人振臂高呼："打倒日本帝国主义！"我扭回头一瞥，此人便是王石琴。紧跟着全体同学也高呼起来。

卢沟桥事变后，紧接着"八一三"，日寇在上海又挑起了新的战端，吾邑一些留日学生和在沪求学的学生纷纷归来。爱国一家，人同此心，我们创办了"一九三七剧社"，上演抗日剧目，旨在宣传，不收门票。这时日寇又占领南京，尽管高港、张王港相继沦陷，我们却正在上演"杀到东京去！"当初，石琴和乃兄鹤琴都是剧社的中坚人物，当时演文明戏不兴男女同台，他除扮演女角外，还包揽打杂。一次有个留日女生不肯担任一出戏中的"母亲"角色，石琴就多次上门晓以大义，并终于使该女生欣然参演，并获得成功。

"四十年来烽火别，殊途曲折又迢迢"，1957 年我被视为异类错划为右派，直至 1979 年我的沉冤终于得以昭雪，退休还乡，石琴来看我时，竟恍如隔世。

世上最难叩的是心门，然一旦遇上知心朋友，只消轻轻一敲便心扉顿开。是他告诉我党的十一届三中全会从此结束了极"左"路线，现在尘埃落定，水净沙明，正是洗盏更酌时候，有他这番话我才恢复生机，走上又一段新的人生旅程。

1979 年底，在石琴倡议下，泰州民盟首开民主党派办学之风，于 1980 年初最早在江苏省内成立了由民主党派举办的振华业余学校。

1994年，石琴作为发起人之一，再次倡导泰州民盟民间办学，成立了高桥实验学校。

人们最为崇敬的莫过于战场上的无名英雄及隐姓埋名的乐善好施者。石琴关怀

王石琴（右二）同志参加泰州师范附小少先队夏令营开营仪式

他人从不谈及自己，此种高尚的品德纯然出自内心。就连他亲手扶持起的华泰纱厂、化工学校以及保护地方文物等有益于家乡的善举，一经涉及，每每回避。其灿灿业绩、煌煌功德，似珍贵之珠玉，必将载入史册，垂示永久，成为后人学习之楷模。

1952年欢迎志愿军伤病员来泰休养，他让出自身住房，并将股权及祖留的古籍文物字画等无偿献给国家。

他长期担任市级领导，光风霁月、平易近人，从没有"名位感"，这种淡泊不只是一个人的学养，也是一种境界。

石琴亲仁爱众，交游广阔，20世纪40年代他所住的上海高福里63号，是进步人士聚会的沙龙，一时胜友如云，高朋满座。在他下榻处，曾经掩护过几多白区党员如刘韧（南航）和受国民党迫害的青年学生。

石琴尊重知识，求贤若渴，曾亲自登门拜望姚际唐教授（皮研所），后姚沉疴不起，弥留之际，再三叮嘱其夫人陈若玉女士申请参加民盟。

改革开放以来，石琴凭借其海内外联系广泛的优势，为我市一些产业机构牵线搭桥，患病期间曾有电话找到我，据称北京王嘉猷教授来函致我俩，为与春兰公司谈判项目事，并叫我速告装靠恩副市长。

"大江流日月，故岳渺烟尘"，石琴离开我们越来越远了，每当我回顾和他共事的日子，或晴窗涉笔，或偶尔凝思，他的神情风貌就会浮现眼前……

日前偶检旧录民盟前辈沈钧儒老人《与石居》一诗，仿佛特意为石琴所写，谨以之献上心香一瓣，聊志祭奠。

诗云：磐磐大石固可赞，一拳之石亦可观。与石居者与善游，其性既刚且能柔，柔能为民役，刚能反寇仇。

五十多年的回忆

王天白

屈指算来，我与石琴兄从相识到永别已有 55 个春秋了。

那是在 1939 年夏天 7 月间，石琴兄嫂等三人从塘湾河南白马家中（抗日期间寓居亲戚家），我从塘湾河北外婆家一同登上泰州开往姜堰的帮船，去姜堰报考江苏省立第一临时师范学校时，我们初见面相识。石琴兄和我都是报考一临师的高中普通科一年级，结果我们都被录取了。开始石琴兄编在甲班，我编在乙班，一学期后调整班级时，我也被调到甲班，与石琴兄组合到一个班级。当时在我心目中的石琴兄俨然是一位学长。他热情诚恳，和蔼可亲，在他的关心和帮助下我被他吸引了。在他领导下，我参加过不少学习与活动。1940 年 1 月学校西南角被敌机轰炸后，从姜堰迁到泰州东门工艺厂内。泰州沦陷后学校又迁到泰兴宣堡北湖头乡下。我与石琴兄同校同班学习。后局势不稳，我们又先后奔赴上海求学，虽不同在一所学校读书，但还定期相互联系。

抗战胜利后，石琴兄在上海大同大学读书时，住在蒲石路高福里 63 号，一些苏北同学常在他那里聚会，谈论国家大事，交流学习经验。1946 年春我从福建随学校迁回上海，也曾就国内形势问题前去向他请教。就在这年暑假，石琴兄回到泰州，在他府南街家中召集各地大学生数十人，就如何创建中国文化建设协会问题开展讨论研究。在他的领导下，大家明确建会宗旨、制订章程，以促成政治民主化，经济社会化，振兴实业，发展经济。石琴兄除在泰州筹办华泰纱厂外还集资购买印刷机和一些铅字，印刷、宣传革命道理。石琴兄利用暑假期间在大浦小学组织我们部分大学生表面上开展补习班教学，实质上讲解革命理论。石琴兄又利用大家聚会时间及其他业余时间在获柴巷小学组织部分进步青年，唱革命歌曲，学跳农作舞，排演街头小戏等，以提高青年学生的思想政治水平。所有这些进步活动，对我后来的民主革命思想与社会主义革命思想有很大的教育和启发。

在石琴兄的影响下，我也曾参加过 1947 年春上海学生反饥饿反迫害的大游行活动。1947 年秋我受聘到前江苏省立泰州中学工作后，能在教学之余组织学生搞一些民主革命的文艺宣传活动。特别是在 1949 年 1 月共产党解放泰州时，我能参加一些迎接解放的活动，在党的领导下帮助复校复课等，都与石琴兄平日影响分不开的。所以说石琴兄不仅是我学业上的兄长，也是我思想上的益友。

1951 年我调往泰兴中学工作后，每逢寒暑假回泰州之便，我

王石琴

都前往石琴兄处造访，交谈思想。1983 年我调回泰州商校后，又常在一起相互切磋。1994 年 7 月下旬一天傍晚我在青年南路散步，不期遇到石琴兄正去访问一个老朋友，我们讲了几句话，想不到这竟是我们最后见面的一次机会，最后一次交谈。8 月 3 日石琴兄由泰州前往上海治病，我也于同一天跌了一跤，左腿股骨颈骨折住进泰州人民医院手术治疗，真是一个不幸的巧合。10 月 8 日惊悉石琴兄于 10 月 5 日晨上海逝世的噩耗，我心中万分悲痛。55 年相处的老学长竟成了永别的梦幻。呜呼哀哉！

悼石琴

孙 平

石琴兄因病医治无效，不幸于 1994 年 10 月 5 日在上海与世长辞了。噩耗传来，我从苏州赶到他的身旁，怀着一个挚友的沉痛心情，恭敬地向他的遗体告别。18 日，我又来到泰州石琴兄的灵堂，参加了庄严肃穆的追悼大会。在一片凄寂和阵阵令人心酸的哀乐声中，我的思绪仿佛插上了翅膀，一下子就飞回到了 50 多年前的一临师校园。

我和石琴于 1939 年秋一起考进一临师高中普通科，同班同学，直至高中毕业。那时正是抗日战争期间，学校设备很差，教学条件极为简陋，还要经常遭受敌机空袭和敌伪骚扰。可是石琴却非常珍惜这一难得的学习机会，孜孜不倦，勤奋好学，学习成绩一贯在班上名列前茅。同时，他很尊敬师长，与同学团结友爱，所以第一学期就被评为"品学兼优"的好学生。当时，班级中被评为"品学兼优"的还有纪淮、唐承哉、褚憬和我等人。学校发给我们奖状，并摄影留念以资鼓励。在石琴等人的影响和带动下，我班很快便成为全校闻名的勤学、团结、向上的先进集体。

石琴富有爱国主义思想。1940 年元旦晚上，在石琴主持和导演下，以我班同学为主，在学校大饭厅（当时学校没有礼堂）演出了一场"文明戏"。石琴在剧中扮演男主角。主题是：军民团结一致抗日。演出效果较好，使全校师生深受教育。石琴平时最爱唱的一支歌是岳飞的《满江红》。每当我们几个要好的同学一起散步时，他常喜欢拉腔拉调地高呼："我们——要——救亡——图存！"声音豪迈而悲壮。听了他的高呼，我们往往也跟着高呼。似乎只有这样，才能宣泄我们"国难当头，任重而道远"的内心沉重感。

石琴对大是大非观点明确，也敢于斗争。我们当时都寄宿在学校，每天晚自习下课铃声响了，即使是北风呼啸的冬天，也不能立即回到寝室去，而是必须先

王石琴夫妇与子女及孙辈合影

在大操场上集合，听训育主任顾瑶圃的训话。他经常随便骂人，同学们都很憎恨他。一天晚上，天空漆黑，天气严寒，我们又照例集合在大操场上，听他大发脾气，被他训斥。当时我们都默默无言。但当走出学校边门，正走在回寝室的小路上时，以石琴为首，我班全体同学齐声高呼："打倒顾瑶圃！""打倒顾瑶圃！"在夜幕笼罩下，口号声越发显得洪亮。事后校方调查谁是发起人？同学们异口同声地回答：大家一起喊的，没有人发起。校方无可奈何，只好不了了之。从那天以后，下了晚自习我们再也不需要集合了。

在我的印象中，我们读高中时似乎比现在的高中生要成熟一些。而石琴比我们懂事更多。他曾告诉我们："交友要慎重""朋友要以诚相待""既是好朋友，就应该互相勖勉，砥砺学行"。我们表示赞同，我们以后也是一直这样做的。1940年春季的一个星期日，石琴邀请纪、唐、褚和我去马沟他家的老住宅玩耍。那正是风和日丽、桃红柳绿、鸟语花香的好时节。我们五个人在石琴家欢歌笑语、逍遥自在玩了大半天。在他的倡议下，我们曾就"立志"问题展开了一番议论。经过七嘴八舌，最后一致认为：作为一个有志者，应该尽可能为社会多做贡献；我为人人，人人为我。下午，我们回到姜堰后，又去映月轩照相馆合影留念。从那天起，我们一直坦诚相待，互帮互学，共勉，离别后的半个多世纪里，虽然饱经风雨，历尽坎坷，但我们仍音讯不断，情同手足。

石琴心地善良，以助人为乐。我们的班主任常聘三老师是东北人。"九一八"之后，他不甘心当亡国奴，携家带眷外出逃亡，逐步南撤。当来到一临师任教师时，已经一贫如洗。石琴了解了他的不幸遭遇后，非常同情他。经征得家长同意，让出房间，无条件地请常老师住在他家。直至抗日胜利后，常老师才离开泰州，回到了自己的故乡。

1942年春，日寇和汪伪军侵占了我们家乡的绝大多数城镇。迫不得已，一临师一迁再迁，当时是隐蔽在泰兴县樊家堡农村，借一所小学为校舍，师生全部分散寄居在附近的农家。我和石琴及其弟弟住在一起。一日凌晨，我们忽然被枪声惊醒。霎时间，四处枪声大作。原来是日寇带着汪伪军下乡"扫荡"宣家堡附近的新四军来了。学校只好停课。石琴于是领着他的弟、妹和我们近十个同学去到口岸镇他父亲的一位朋友家暂时住下。约住了两天，局势平静，我们又回到学校复课。

往事悠悠，宛然如昨。

新中国成立后，石琴长期担任市级领导工作。他赤胆忠心为桑梓造福，胸怀坦荡无私，办事清正廉明，深受泰州市广大人民的爱戴。他是实践了"不负此生"的誓言。他必将永远为亲朋所怀念，为泰州市广大人民所景仰！

石琴兄：您安息吧！

往事如烟忆石琴

李学汾

已经是五六十年前的事了，我的中学时代，动荡和苦难的时代，泰州城正在万恶的日本鬼子占领之下，我家对门居住着王氏家族。记不清什么缘由，我经常往王家串门，王家上上下下都十分的热情友善。使我到他家感到毫无拘束，我大摇大摆地进进出出，就和在自己家中一样随便。我妹妹一家从小纪来泰城，借住了王家三间房屋。亲密得就像亲戚一般，后来果然就沾了亲。

令人大惑不解的是，大院子里还住着东北人常聘三先生一家子。直到有一天特务带人前来拘捕，我才悟出了其中的原委：常老师是因为"九一八"事变，他的家乡吉林沦陷，他不愿做亡国奴，来到关内，王家是出于对他的爱国热忱的敬仰，以及对教师的尊敬，无条件地接待了常老师一家。这种胸怀是多么宽广啊！

当时有许多富有爱国思想的人，如李维宝、王正介、谭虎门等以及竹琴，随后都纷纷出走，离开苦难的沦陷区，走出了一条条通往抗日后方的道路。在这种形势的影响之下，我不久也沿着这条路，跟着走向了后方。石琴兄则到上海读大学。1945 年日寇投降，我由重庆随中央大学迁回南京，暑假到上海在高福里 63 号见到了学长石琴兄，那里是泰州同乡们经常歇脚和聚会的地方，其中有些是党的地下工作者，他掩护革命同志，为革命做出了不可磨灭的贡献。

1947年石琴兄在上海参加地下民主同盟，1949年泰州解放他回到泰州参加革命工作，我在泰州从事青年工作，又和石琴兄经常接触。令人敬佩的是他的胆识过人，遇事当机立断，凡事都走前面。把自己的一切无私地奉献出来。

往事如烟，几十年的大风大浪，那惊心动魄的幕幕镜头永远印记于人们的脑海之中。20世纪八九十年代，我还曾在泰州西火巷多次拜会石琴老大哥，谈实在的，在他那蜗居的屋子里所见到他那难以令人相信的简朴，他为泰州的发展鞠躬尽瘁，看来他是从未考虑过自己的得失！

如今石琴兄已先我们而离去，他像一块美玉，洁白无瑕，没有争议，他的业绩，永远值得泰州人怀念！

忆石琴兄筹办华泰纱厂

高 尧

　　泰州纺织厂的前身华泰纱厂，建厂于1944年春天。在1943年秋天时，上海资本家傅耕莘先生有意在他的故乡绍兴兴办纺织厂。傅先生是我相识多年的好朋友，他邀我帮助他设计筹划办厂。

　　当时，我怀着乡土之情，劝他将此厂办至苏北泰州。鉴于石琴兄在泰州有不少祖传企业，如大德粮行、大同书店、大陆饭店等，认识较多地方商贾人士，有一定的号召力。况且，他是有识之士，早对发展家乡工业，怀有赤子之心，因此，我将这一设想转告石琴兄。石琴兄得到这一消息后，多方奔走，调查了解情况，四处联系，找人共同商议研究。认为在泰州办厂可能性大，是振兴家乡工业的可措之举。因此，石琴兄找我力促傅先生把纺织厂办在泰州。

王石琴、钱树蕙夫妇

在我的介绍下，石琴兄和我到上海找傅耕莘先生，向他陈述在泰州办厂的优势。并邀请傅耕莘先生于 1943 年冬到泰州实地调查了解原料供应、产品销售、交通运输等情况。经过多次分析比较、反复斟酌，傅先生认为在泰州办纱厂，具备了天时、地利、人和等各方面优势，最后决定将纱厂办在泰州。并确定分块集资集股。上海方面占股金 70%，泰州方面占 30%。上海由傅耕莘先生联系牵头，最后除傅耕莘入股外，还有上海荣丰纱厂的章荣初、韩志明、丁桂山等人投股。泰州方面由石琴兄负责筹股，最后同福、天福、天成泰、大德粮行等商号代理人储子安、胡季梅、戈秉直、王石琴、高质君、邓林僧等人入股。在石琴兄多方努力策划下，华泰纱厂终于在 1944 年春天建成投入生产，所以可以毫不夸张地说，没有石琴兄的直接参与，就不会有华泰纱厂。

为了筹建华泰纱厂，石琴兄不怕耽误大学学业，毅然休学一年，回泰负责建厂工作。当时他担任华泰纱厂的总务主任，从选厂址，建厂房，到购买设备，组织安装，事无巨细，日夜操劳，用极短的时间，终于建成投产。自 1944 年投产后，先后经过敌伪时期、抗战胜利、解放战争。当时政治动荡不安稳，在石琴兄的策划之下，克服了一个又一个困难，渡过了一个又一个难关，使厂站稳脚跟，巩固发展。

1947 年国民党节节败退，全国解放即在眼前。在这形势下，上海方面股东力主将厂南迁至镇江，并在镇江积极建厂房。石琴兄看到此情况，心急如火，组织厂中职工代表赵兰汀、孙步衢（工会主席）、韩忠诏、袁茂华等人领导全厂职工上书董事会，力陈迁厂之弊，进行了不懈的说理斗争，终于说服了董事会，将华泰纱厂挽留在泰州。到新中国成立前夕，面临经济困难、纱厂全部股金由上海荣丰纱厂收购，改名为丰记华泰纱厂。使华泰纱厂最终保留在泰州。

新中国成立后华泰纱厂不断发展壮大。1960 年初，国家遭受"三年自然灾害"的影响，全国经济实行调整、巩固、提高的方针，工业上部分企业实行关、停、并、转。许多纺织厂先后也关、停了。在这艰难的岁月里。泰州纺织厂领导将这不利形势变为有利形势，迎着困难上。想方设法调拨关、停办纺织厂的先进设备以振厂威。当得到"上海市纺织局在郊县有一万纱锭的较好纺织设备停产闲置"的信息以后。泰州市工业局局长余亚民同志，通过当时任泰州市副市长的石琴兄找我，设法再助家乡一臂之力，想法把设备挖回泰州，振兴家乡纺织工业。当时申请调拨一万纱锭设备的手续繁多，关卡层层，要做通各方面的工作实在不易。石琴兄帮助出主意，想办法。在我和石琴兄，以及泰州市其他领导多方做工作，共同努力之下，终于得到上海市纺织局王仲其处长、金兰玖科长大力支持，征得上海市纺织局领导的同意，将一万纱锭的设备调往泰州，使泰州纺织厂在困难时期没有倒下，反而得到充实提高，获得了新生。为以后的更大发展，起到了推动促进作用。

石琴兄"爱祖国、爱家乡"之心，从筹办华泰纱厂之事，前前后后经历，可以一目了然。这段历史在泰州工业发展史上，只有当时共事者，才能了解，故能详述。

补记：

王公石琴吾之挚友，不幸于1994年10月遽归道山。君是一个学识渊博，情操高尚之人，为社会公益建设贡献一生，今就所知略书一二以作悼念之情。

20世纪40年代初期，君就读于上海大同大学化工系，当时寄居于蒲石路（今长乐路）高福里63号斗室（亭子间）中，同居者有四人之多，生活俭朴，孜孜不倦于一室，同居学友均系生活维艰者，君以助人为己任。在泰州寓所中，每逢寒暑假，经常高朋满座，其中不乏来自四海学子，也有东北失陷流亡的爱国知识分子。常与戏言之：君有孟尝之风也！其情操之高，令人钦佩。

1943年，君又倡议"商贾兴邦、工业振国威""先跨江河，后漂海洋"之豪言壮语，广交四海共识之士，先后在泰州筹办华泰纱厂，并在泰州、苏州、无锡、上海组织东南贸易公司，连锁业务。同时又在上海集资创办永成电机厂等开展业务。本拟大展宏图，终因抗战胜利后物价飞涨，难以承受而散。追念君在世时，无时无刻不为桑梓事业耕耘、播种，工作中不为私，一心为公。品德之高贵，堪为吾辈之表率，回念前尘，历历如昨日，今书寸笺，聊寄哀思。

我听爷爷说石琴

袁海峻

我的爷爷袁茂华，1944 年被日本人抓捕，躲在上海王石琴处。我爷爷家原本盐商，后开海棠春茶社，通过王承之，结识了王石琴。

听我爷爷说，他们一共有 10 个人，跟王石琴一起结拜为兄弟。王石琴曾经在茶社写下"士不可以不弘毅"。要求兄弟们要有理想，有抱负。王石琴家境殷实，据说半个姜堰都是王家的。王石琴交游广阔，仗义疏财，结拜兄弟们有困难找他，没有不帮忙的。

王石琴在上海高福里，租有 2 处房屋，用于接待亲朋好友和投奔求助的人。据说每天吃饭的人就有两三桌。大家都说王石琴是现代的孟尝君。我奶奶陈佩玉，其父是海陵八大名中医之一陈木卿，当时夜里日本兵从屋顶上跳下来，抓捕我爷爷，陈木卿阻拦，结果被打伤。当时我爷爷在外打牌，错抓了陈木卿的大儿子陈佩瑚。陈佩瑚关押在中山塔附近，被汉奸指认出是时敏中学中国共产党领导的读书会成员，听说用了电刑。奶奶全家都焦急万分。我爷爷在上海，是王石琴出面、周旋担保，把人救出。

日本兵砸毁了海棠春茶社，我爷爷不敢再开，跟着王石琴来到了华泰纱厂。每次爷爷提到 1945—1951 年这段日子，都说是最享受的时光。临近解放时，华泰纱厂的大股东打算把厂搬走。王石琴组织我爷爷和其他职工坚决不搬。大股东无奈，要求王石琴和我爷爷等职工保全好纱厂，待他回来，会给种种好处。新中国成立后，王石琴支持国家建设，把他家的房屋土地，古籍文物连同纱厂的股份，都献给了政府。王石琴对他的结拜兄弟们每一个都有安排。我爷爷被王石琴安排在了苏北电机厂，每个月有 100 多元的工资。每年还要飞出国门去民主德国。

1966 年，民盟遭殃，王石琴被定为走资本主义道路的当权派。1968 年，王石琴被隔离审查。他的结拜兄弟们也都受到了冲击。我爷爷下放到车间劳动。工资

王石琴同志与任县级泰州市人大代表、政协委员的民盟盟员合影（第三排左三为
王石琴，第一排左二为副主委杨本义，左四为副主委许志寿）

大幅度削减，每月 40 元的生活费，全家 9 口人，需要变卖家具等物品才能维持，
生活极为困难。王石琴当时下放劳动，结拜兄弟们认为受了民盟的拖累，要求脱
离民盟或者表示当初的手续不全，不能算加入民盟。王石琴还跟以前一样，只要
开口求助的，他都竭尽所能给予帮助，并且鼓励大家加入中国共产党。

　　随着王石琴处境的改变，我爷爷在 1974 年平反，从此每年都写入党申请书，
要求入党。一直到 1981 年 11 月 16 日才获批准加入了中国共产党。依稀记得在歌
舞巷 53 号，我爷爷的住处，几位老人在一起喝茶聊天，其中的一位穿灰布中山装，
高而瘦，腰板挺直，一只胳膊有些吊着，像画中的周恩来。

我与石琴兄的一段际遇

纪　民

石琴兄的父母，我少年时期见过他们。那是一个夏天，在我家的堂前。他们都出自名门，古道可风。当时王光国（石琴的父亲）先生身体不太好，平时只食麦片粥；石琴的母亲亦瘦弱多病，不久便在泰州的寓所去世。我的母亲黄怀清太太登门悼念，深为哀痛。

过了许多年，抗日战争胜利了，我随上海法学院由屯溪回沪复课。而王石琴当时在上海大同大学就读。一次，大概是在 1945 至 1946 年之间，我去复旦大学宿舍探望在复旦的泰州同学。恰巧他也在那里，得和石琴兄见面。谈笑之间，他对我校的教务长沈钧儒（衡山）先生，备极尊崇，告诉我沈是中国民主同盟的领袖。

王石琴（右四）同志与县级泰州市委书记朱克昌、市长张人杰等同志合影

自然我对我校的教务长，原极敬爱，听了石琴兄的介绍，我进一步了解了衡山先生的政治胸怀。后来（1946 年）衡山先生在上海法学院礼堂做报告，声援上法被捕的同学，我代表同学会在讲台上作的记录。

毕业后，天各一方，我和石琴兄未能有过联系。新中国成立后，我在上海执教，听说石琴在泰州任副市长。直至"文革"开始，突然泰州有专案组成员来向我了解石琴的情况，我说我一无所知，来人说："这怎么会呢，你对他不了解？"我说："他是故乡的副市长，我是上海的一个普通教师，'浮沉各异势'，我怎么可能了解他呢！"来者不欢而退，我暗自好笑。后来落实政策，石琴恢复自由，我在沪深为高兴，觉得石琴又可以为故乡大干一番了。

1984 年我在无锡大学执教期间，常去看望我的恩师无锡民盟负责人冯晓钟先生。冯先生曾给我看了石琴兄赠给他的纪念品和写的锦幅。我一下子如见故人，深为石琴和我的老师的交谊而高兴。总想能见上石琴兄一面，然而蹉跎岁月，终未能定出梓里之行，深为悔恨。现在只能转请刘康德兄代向石琴的夫人钱女士致意了。

石琴兄明于治乱，娴于辞令，为人谦虚，作风平实，是国家的好干部，民主同盟忠实盟员。这次刘康德兄寄来泰州市民盟王石琴君纪念集征文笺，始知石琴兄亦已先我而去，不胜怆然！谨回忆与石琴兄的一段际遇，借以表示我沉痛的哀思之情。

他的精神一直在泽惠后人

黄建平

去年 10 月接到石琴兄辞世的讣告，心里非常悲痛，因信到得太迟，追悼会期已过，我只能遥望东方默默致哀。往事涌心头。

1946 年夏天，我在杭州新闻班执教。孙德卿同学从浙西来看我说，从昆明重庆复员回京沪的一批大学同学，准备在泰州聚会，讨论当前形势和中国应往何处去的问题。当时，抗战胜利已快一年，胜利的欢呼已经消失，内战阴云密布，年轻人心里都非常苦闷惶惑，前途不知奔向何方！聚会是在这样的情况下有志青年自发提出的。

7 月间我们直奔泰州，在石琴家里举行了这次聚会。与会三四十人中，多是 20 岁左右的热血男儿，大家倾诉了抗战八年流亡求学于内地的苦楚和初获胜利的喜悦，对国民党腐败压制民主与发动内战的不满。关系到国家命运的内战问题，更无比关心和焦虑。一些人认为抗战八年已民穷财尽，人民无论如何也承受不起内战的破坏了，制止内战是当务之急。另一些人则认为双方都剑拔弩张，内战已不可避免，再论战和意义已不大了。这些争论不可能得出结论。但讨论中一致的看法是：中国只有实行民主、发展经济才有光辉的前途。

回顾当年七嘴八舌地议论，多少有点幼稚，但大家敞开心怀，倾吐心声，得出即使是朦胧但非常真实的认识，这对于我们生命的旅途是有十分重大的意义的。石琴兄是这次会议的筹备人、主持人。他虚怀若谷，话语不多，但言多中肯，勤勤恳恳，待人以诚的精神，对我有很大的启迪，并从此成为良友。

1947 年，内战烽火已燃遍了祖国大地，国民党的反动和腐败的面目已暴露无遗，民主学生运动风起云涌，"反饥饿、反内战、反迫害"是我们切肤之痛所呼唤出来的声音。我们这批年轻人多数被一步步卷入革命的大潮中。这年暑假我从南京来到上海，在蒲石路高福里 63 号石琴兄的住处共住了一个多月，朝夕相处，谈论的多是忧国忧民的话题。

这时我们的心情再不是去年那种走哪条路的问题。而是如何参加到革命队伍中去。我们怀着紧迫的情绪去拜会了许多著名的民主人士如郭沫若、章伯钧、郭春涛、谭平山等，也接触到一些当时还不清楚的地下党同志。大家互相激励、热情参加到学生运动的大潮中，实心实意地为革命胜利推波助澜。泰州相聚的同学中当然也有个别人一时还认识不清，站在学生运动的洪流之外。凭借小资产家的情绪，有些同志对这些人白眼相看，嫌他们落后。但石琴兄却常说人的觉悟有先有后，我们要帮助他们而不应该抛弃他们。这种大哥哥的风度，我至今记忆犹新，并从中得到教诲。

1947年10月我在上海参加了地下党，不久长江局把我派遣回到湖南从事和平起义的工作。根据党的纪律不准有不必要的横向联系，从此石琴兄与我便音信少通，各自忙于自己的工作。新中国成立后，我一直在大学里从事教学工作，大家都非常忙，自从清查"胡风集团"以后，审干中还查问过泰州聚会的问题，为了减少麻烦，大家联系得都很少。我只是从旁知道，石琴兄在上海解放前便投奔解放区回到泰州，在那里从事市政建设和市人大常委会的领导工作，并主持泰州民盟。

月白风清之夜，我脑子里常常萦怀往事，浮现出石琴兄清瘦的身影，文质彬彬的风度，缓慢而有力的声音。20世纪80年代初我到了南京，找到了褚化鳌、赵兰汀和倚琴等泰州相聚的朋友。养吾又从江都来宁看我，我请养吾为向导，专程赴泰州看望石琴，握手相看，大家都淡淡一笑，两心相知尽在不言中。经过了几十年革命的洗礼，都过了花甲之年，可能比年轻时成熟了一点，像秋水一样更清澈，只洋溢着微波。石琴兄带我去园林处散步，指着一盆五针松告诉我说：这是宋松，经历了近千年风风雨雨。五针松并不很高大，栽在盆子里盘根错节，苍劲而难以舒展，更显得风骨嶙然。大家相处，话没过去那么多，但每一个动作、每一个眼神，大家似乎都理解得更深。

石琴兄出身于民族企业家门中，在长兄去世后排行居长，为了筹办纱厂，日寇陷沪期间，他尽力鼓励和安排弟妹奔赴大后方去念大学，自己则困守在上海，连上大学的时间也一再推迟。他对于抗日战争和民主革命不仅热情参与且毁家纾难，我们中不少青年多受其惠。他深受中国传统文化美德的熏陶，遇事秉公而执中，处处为他人着想，不偏不激，沉着实干……他的人格和行为，至今仍发挥着进步的影响。人孰无死，但他的精神一直在泽惠后人。亦永垂不朽矣。

不断奋进　无私奉献

史养吾

　　抗日战争初期，王石琴同志经常参加街头演出，印发宣传品，宣传抗日。当时，他虽不认识我，但我已对他产生了敬佩之情。有一件事，在群众中是传为佳话的。演出的戏中有女角色，若没有女演员时，王石琴就自告奋勇反串女角色，这在当时是很不为有世俗之见的人所理解的。我们认识后，我曾问他此事，他却说："梅兰芳先生不也是演女角色的吗？"为了抗日，他是一点不考虑个人得失的。

　　我真正结识王石琴同志，是在1946年的夏天。当时，我在江西南昌大学上学，他在上海大同大学上学，暑假前，我收到纪淮（纪淮后来是王石琴同志入盟介绍人之一）的信，邀我暑假回泰州参加活动。我回泰州后就参加了由王石琴和纪淮发起的集会，参加的人有泰州、苏北其他地方、上海、南京、江西等地的进步青年约40人，集会的主题是"反内战，要民主，要和平"。外地来的人多，王石琴就把他们分散安排在自己家里、同学家里和华泰纱厂工人宿舍居住。具体事务由当时华泰纱厂的职员赵兰汀负责，而饮食和其他费用全由王石琴负担。这次活动中，为了搞好宣传，王石琴发动大家捐款（他自己捐的钱最多），共400万元（法币），买了两台印刷机。

　　这次活动已经引起了国民党当局的注意。后来，1947年王石琴在上海入盟后，又回乡进行若干革命活动，终于被国民党当局列入黑名单，被迫出走，直到泰州解放才回乡。

　　1948年12月的一天，从江西来到上海的我（我已是盟员），还有从南通来到上海的纪淮，到王石琴在蒲石路高福里的住处集合，王石琴已通过地下组织安排好了我们三人去拜望罗隆基的事。下午，王石琴同我们二人一起从他的住处出来，他没有在离门口不远的公共汽车站上车，而领着我们穿街过巷，绕过了有三四站路，察看了前后左右，确知无人盯梢时，就搭上了出租汽车。当时罗隆基名为在虹口一个疗养院疗养，实际上是已被蒋帮软禁。（新中国成立后得知：那时蒋介石已密令下级"撤离"上海前将张澜、罗隆基"绑石沉江"，幸亏周恩来知道消息后设法救了他们。）我们三人来到虹口疗养院二楼的一间小屋里，那就是罗隆基住的"病房"，只有十多平方米，陈设简陋：一张病床，一张躺椅，一个床头柜。简单寒暄后，罗隆基坐在躺椅上，我们三人排坐在床沿上。王石琴、纪淮简要汇报了沪、宁、南昌等地几所大学的反蒋学运情况，接着请问罗隆基国共和谈的局势。罗隆基说："国民党没有诚意。张文白（张治中）先生不久前还在这里的。"我们又请问民盟在这样的局势面前要做些什么工作时，罗隆基说："周先生（周恩来）方面没有授意。"我们说了想到解放区去的愿望，征求罗隆基的意见。他说："到浙东根据地或苏北解放区。"我们听了后，想到苏北是我们的家乡，就决定到苏北去。事后，王石琴悄悄地又坚决地对我讲："我们从入盟的那一天起，就得有个永恒的信念：跟共产党走。"

1949年1月的一天，王石琴和我，还有王石琴的妹妹王倚琴（新中国成立后，王倚琴成为光荣的中国共产党党员），结伴而行，在镇江那儿上了一条小木船，到口岸西边的一个小码头上了岸。步行不远，就碰到了国民党军队的哨卡，几个哨兵荷枪实弹，气势汹汹地把我们围上。我们当时都是商人打扮，连自来水笔都没有带，就跟他们说是在苏南做生意的，回家过年。他们一开始不信，后来又向我们作反共宣传，纠缠了一会，正要放行，一个带班的头儿走过来拦住了说："不行！把他们送连部去！"这时王石琴从大褂口袋里掏出美丽牌香烟，沉着、机警地分送给他们，并说："长官，这是小事！何必去惊动连长呢？"就这样，那个头儿才软了下来，把我们放过去了。

我们三人步行向泰州走去，一进入寺巷口，就是解放区了。我们像出笼的鸟一样兴奋，就同声高唱起歌来。"解放区的天是明朗的天……""你是灯塔，照耀着黎明前的海洋……"饱含青春热情的歌声飘向四方。这一天是1949年1月22日，是泰州解放的第二天。我们就这样，按照"民盟"上海支部关于"保护稳定工厂学校"的要求，投身到人民革命和社会主义建设的洪流中去。

新中国成立初，泰州的新华书店一开业，王石琴就买了几本《共产党宣言》《大众哲学》，他是先读的。他认真学习后对我说："资本主义的人际关系是赤裸裸的金钱关系，我们必须坚决反对抛弃。"其实，过去他与人交往，从来不计较金钱。

他交游很广，先是以抗日，后是以反蒋为思想纽带的。他的仗义疏财之举是不少的，是从义出发的。这新的学习，使他以马克思主义理论武装了头脑而非常兴奋。他是为理性认识进入了一个新的高度而高兴，是为追求真理取得了效果而高兴。

不久，我俩分开了。他因工作需要留在泰州，我也因工作需要——"稳定学校"的需要被分配到如皋中学去了。以后的几十年，我俩虽不在一个地方工作，但除了因政治运动的影响而中断联系外，一直是来往的，经常通信，见面的次数也不少。几十年中，他的事可以写得很多很多，但有几件事是不能不写的。

新中国成立不久，他与有关同志商量后，把1946年集会时所购的两台印刷机送给泰州人民印刷厂。厂方说根据制度不能无偿接受。后来，就把作价所得款再加上另外筹集的一些钱，在抗美援朝时，用来为国家增添飞机大炮而捐献了。

王石琴的父辈在泰州、姜堰等地经营过书局、粮行、饭店、钱庄、华泰纱厂等十余家工商企业。新中国成立后，他代表全家将所有的工商股权无偿献给国家。泰州博物馆、图书馆成立时，又将祖传古籍、文物、字画全部捐赠。

在泰州，他长期担任政府部门的领导职务，他为人谦和、平易近人，没有一点官架子，生活简朴，而且像过去那样乐于助人但决不违背原则。跟他谈到这方面事时，他说："人之有德于我，不可忘；我之有德于人，不可不忘。"他所追求的是精神上的高风亮节。

王石琴对分管的各项工作总是满腔热情地投入。他主持并参与了泰州坡子街、东进路、五一路的早期拓宽工程。这工程结束不久，他邀我一起浏览市容，我俩踯躅在新拓宽的路上，我很有新鲜感，而他说："解放前泰州人有这样的老话，'东门鬼（坟多），西门水，南门城，北门人'。我们一定要改变这个面貌，四郊也要开拓建设，使农村城市化，城市园林化，到那时，就会使人有人在画图中的感觉。"我被他的理想所激动，但又想到要实现这个理想实在是太困难了。当时所谓的"北门人"，实际上也不过到西浦下河边一百米之处的燕子沟，沟以北就是一片荒凉了，夏秋之际唯见白骨青磷、荒草迷天。以后的事实证明，我的忧虑是多余的。以后的城建工作有不少是他倡导、主持和参与了的。他的理想已经大体实现。

今天，我再踯躅在泰州街头，就想到这是王石琴宣传过抗日的街头，这是王石琴花过不少力气和心血的街头；这是王石琴所描绘的街头。我对着花园般的景色，不禁有痛失贤人的悲哀，但更多的是对老友的敬佩，为老友感到骄傲的感情

县级泰州市委书记黄扬、市长朱克昌与市人大常委会全体委员合影（第一排右三为王石琴）

在心头油然而生！

　　值得一提的是王石琴有一个风格高尚的家庭。这样家庭的形成是以他本身有高尚的品德为前提的。他和他的贤内助钱树蕙同志，既是恩爱夫妻，又是革命同志，还是共同持家、培育好子女的伴侣。他从来不为儿孙的事请客送礼，拉拉扯扯，从来不因自己有一定的地位而以权谋私，为家庭谋利。这与一些搞不正之风的干部相比，真有天壤之别，在社会风气有不良倾向的今天，实在是难能可贵的。

　　王石琴同志离我而去了，但他的形象永远活在我的脑海里。在民族抗争的斗争中，在人民解放的事业中，他不断奋斗，不断前进；在社会主义建设时期，他大公无私，积极奉献。他的精神，他的品德永远鼓舞和鞭策我前进。他是一个闪光的生命，物质的生命虽然不存在了，但生命的光华永远在我心中闪耀！

石琴同志参加民盟的前后

纪　淮

　　石琴同志和我早在1939年就读于姜堰省立第一临时师范时就相识了，那时同班同学中有孙金钵、唐承哉、褚化鳖等，大家学习都很勤奋，相处得也很好，当时石琴同志年最长，我们均以兄长视之。在以后的岁月中，我们虽分处各地，但书信往还不断，相交更称莫逆。在50多年的交往中，我深知其为人性格豁达，胸怀磊落，平易近人，交游广阔。他从中学到大学时期，国家正处在抗日战争和解放战争期间，他目睹日寇的残暴和国民党的腐败，在革命思想的影响下，追求进步，投身学生民主运动，在当时曾经引起国民党当局的猜忌。

　　1947年夏，我大学毕业，从江西回到上海，我的民盟组织关系也随之转到上海。当时民盟上海市委负责人彭文应同志原是我江西中正大学的教授，我们相遇以后，我向他介绍石琴同志的情况，特别是在学生运动中的积极表现，意欲介绍其参加民盟，他甚为嘉许并要我约见石琴同志。当时国民党军队已在许多地方进攻解放区，国内政治形势已十分严峻。彭文应同志在上海的公开身份为大学教授，并创办一家贸易公司掩护其活动。石琴同志和我在预定的时间会见了彭文应同志，他向石琴同志介绍国内民主运动形势和民主同盟的政治主张，交谈甚为投机。石琴同志当即表示要求参加民主同盟，经彭文应同志和我的介绍，王石琴同志填了申请表格，履行了入盟手续，正式参加了中国民主同盟，并和我一同编入上海纺织界民盟小组参加组织活动。时在1947年秋。

　　石琴同志入盟后不久，我们又经彭文应同志的介绍，会见当时民盟总部组织部长章伯钧同志，当时国民党正准备召开"国民大会"，和谈已经破裂，不少地方的民盟组织已遭到国民党的破坏，许多民盟的报纸刊物也被封闭，不少盟员同志遭到国民党逮捕和杀害，整个民盟的活动已受到国民党当局的记恨和限制。就在这样的时候，石琴同志和我去会见了章伯钧同志。当时章住上海愚园路，一天，石琴同志和我在预先约好的时间去会见了他。章伯钧同志向我们分析了当时的国内形势和民盟的险恶处境，并告诉我们他不久即将离开上海，希望我们注意保护自己，不能暴露自己的盟员身份，否则一旦遭到国民党逮捕，总部将无法营救你们。在我们即将离开时，章伯钧同志再三叮嘱我们，要注意警惕有无特务盯梢，叫我们乘坐公共汽车时，上车时，最后一个上车，到站后，最后一个下车，如在上下车时发现有人紧跟着你们上下车，即说明可能已遭到特务的盯梢，要设法甩掉。章伯钧同志在1947年11月民盟被迫解散后不久，即与沈钧儒等民盟领导同志化装从上海到达香港，并在1948年初召开了民盟一届三中全会。

民盟被迫解散以后，当时国统区陷入一片恐怖之中，民盟组织也随之转入地下活动，当时石琴同志和我一直保持和民盟上海市委的秘密联系。并在1948年冬天，在组织的安排下，石琴同志和我还有刚参加民盟的史养吾同志一起去上海虹桥疗养院会见当时被国民党当局软禁在那里的民盟总部宣传部部长罗隆基同志，他当时已失去自由，受到国民党当局的严密监视。在会见中，罗隆基同志向我们分析国内革命形势的胜利发展，要我们注意团结进步青年，一同为人民革命事业贡献力量。并要我们迅速返回苏北，迎接解放，参加革命工作，在那次会见以后，王石琴、史养吾等同志和我即离开上海，回到各自的家乡，迎接解放，并参加了革命工作。

上海解放以后，民盟恢复公开活动，当年夏，石琴同志和我均接到民盟上海市委的通知，要我们到上海民盟华东局办理盟员总登记。因此，我们又联袂而往，在上海见到当时民盟华东局负责人闵刚候、申葆文等同志，并在他们的安排下，会见了史良同志和罗隆基同志，在和他们的谈话中得知他们在上海解放前夕均险遭国民党当局的杀害，结果都是在共产党地下组织的保护下，营救出险的。他们都指示我们今后要在中国共产党的领导下，积极参加国家社会改造和经济文化建设。在此以后，我们就一直工作在苏北。但当时石琴同志和我的民盟组织关系仍留在上海，直到江苏省有了民盟组织，我们的组织关系才从上海转到江苏。

石琴同志青年时代就追求进步，积极参加学生民主运动，并在国民党迫害民盟组织的时期毅然参加民盟组织，这在当时是难能可贵的。

可惜天不假年，石琴同志去年身染重症，不幸谢世，至今已离我们近一年矣，每念昔日友情，常有怆然之感，今特将王石琴同志参加民盟前后鲜为人知的情况，写成此文，以为纪念。

怀念石琴同志

陈维雄

石琴同志已经离开我们了，每当回想起在上海相聚的日子，其情其景，犹在眼前，久久不能忘怀。

我结识石琴同志是在 1946 年的暑假，那时石琴在上海读书，我则刚从大学毕业，在上海工作。由于老同学纪淮同志的介绍，我特地到高福里石琴的住所去看望石琴同志。他给我的第一印象是热情、朴实，有长者之风。当时，正是国民党反动派不顾全国人民的强烈反对，悍然发动全面内战，向人民解放区大举进攻的时候，石琴同志对时局忧心忡忡，对国民党政府的倒行逆施，对外丧权辱国，对内压迫人民，政治腐败，物价飞涨，深感不满，其忧国忧民之情，溢于言表。对于他的坦诚，使我深受感动，我们一见如故。从此，每逢假日，我常到高福里去看看石琴。

由于石琴的关系，我又结识了倚琴、竹琴和玉林。那时候竹琴同志在南京中央大学读书，是中央大学学生运动的进步骨干。倚琴和玉林都在上海读大学，也都是各校进步学生运动的积极分子。在玉林同志的房里，还有由石琴资助购买的一架老式的能收短波的收音机，能收听到延安的广播，有时候我们就在那里偷偷地收听新华社的广播。

石琴同志的一家是革命的一家。我去他家时，常见高朋满座，好多进步的同学在他家聚首。1947 年 5 月，在"反饥饿、反内战、反迫害"学生运动的高潮中，有的同学就在他家里印传单，木刻等宣传品，屋子里热气腾腾，充满着青春的活力，石琴总是热情地接待他们。

石琴同志对他的弟弟妹妹们也是无微不至的关心。当听说抗暴游行时，竹琴打着横幅走在游行队伍的最前面，后来又被特务学生围打时，他一心牵挂着在南京的竹琴。让我陪同玉林从上海专程去南京看望竹琴，当知道竹琴平安无事以后，

王石琴等市领导座谈讨论

这才放心。在南京，为了安全，竹琴让我住在唐承哉同志学校的宿舍里，使我有机会认识了承哉同志。近年来，承哉同志从兰州部队离休住在北京，我们得以经常相聚。

1948年，国民党反动派加紧了对学生运动的镇压，国民党特务疯狂地到处搜捕进步同学和革命师生。8、9月间，竹琴、玉林先后转移到了香港，我则北上进入华北解放区。北平新中国成立后，我随华北大学进入北平，竹琴和玉林也从香港来到了北平，从此，我们都在北京工作。那时，石琴也回到了刚刚解放的家乡泰州，长期以来，担任泰州市的领导工作，为家乡的社会主义革命和建设事业，做出了卓绝的贡献，深为家乡人民所爱戴。

石琴同志离开我们了，但他将永远活在我们心中。

石琴同志掩护了我们

刘　韧

沪渎鸥盟日，白区怀赤心。

哲人虽已没，千古播英名。

王石琴同志与我们永别了。我怀着深深的敬意和极其悲恸的心情寄此短文，以表达我对他的怀念和哀思。

我同石琴同志是1947年春节后不久，在蒋管区上海相识的。我们相处时间仅有一个多月，但他的音容笑貌，高风大度，使我永远难忘。

当时，石琴在上海大同大学化学系读书，住在圣母院路高福里63号一亭子间里，我在蒋管区的掩护人顾缉同志也同石琴住在一起。顾缉告诉我石琴是中国民主同盟秘密成员，他俩志同道合，理想一致，互相交心，无话不谈。顾缉是在我"南撤"以前一个多月，经泰县县委同意"南撤"去上海的。"南撤"前，他曾担任解放区泰县第二中学的校务委员，兼任泰县抗日民主政府参政会的参政员。由于他思想进步，工作积极，曾经顾建中同志介绍入党，已填过"入党志愿表"，并经党支部大会讨论通过，因自卫战争突然爆发，未获批准。说来十分巧合，抗战期间，石琴与顾缉两人都曾在上海读过大学，并且也都在高福里住过。抗日战争发生，两人学分都未读满，便辍学各自回泰县老家。此次他们来到上海，又都住在高福里，同时又都当上了补读学分的大学生。尽管石琴来自蒋管区的泰州县城，顾缉来自解放区的泰县农村。但他们追求真理、追求进步的政治理想与抱负却都是一致的，因而相处甚笃，亲如兄弟。

石琴为人诚实，待人厚道，助人为乐。他对顾缉和我关怀备至。当时，苏北解放区斗争形势十分紧张、严峻，正处于蒋军对我苏中三分区进行所谓"三月会剿"（指1947年3月）时期，我们回苏北不得，留在上海处境又极为艰困，吃饭成为最大的难题。石琴家居泰州城里，家境比较宽裕，于是便向我们伸出了援助之手。高福里有两处苏北籍学生租赁的宿舍：一是高福里63号的亭子间，由石琴独自租赁居住，二是高福里47号的一楼，由六七名苏北籍大学生共同租赁居住，既作集体宿舍，又作公共食堂。顾缉初到上海时，先是住在47号的大宿舍里，因囊中羞涩，交不起房金，于是石琴便邀他到63号去居住，可以免交房钱。顾缉手头拮据，一日三餐，难以为继，石琴往往替他垫付伙食费。我住在那里个把月时间的食宿费用，表面上是由顾缉垫付的，实际上石琴也有所资助。顾缉来自解放区，没有蒋管区的合法证件，为了应付国民党警方抽查户口，石琴想方设法帮他搞到一份临时证件。听顾缉说，在我离开上海后，有次泰州县党部一个人要找他的"麻烦"，诬他"思想'左倾'""共产嫌疑"，妄图敲他的竹杠。也就在这危急之际，石琴又仗义相助，通过自己父亲的老朋友关系与有关人员疏通、斡旋，从而解了这次"危"。

我在"南撤"前，曾任中共泰县蒋垛区区委副书记，因患关节炎，疼痛不能行走，两次"北撤"未遂，后经中共泰县县委决定"南撤"蒋管区埋伏养病。党组织所确定的埋伏地点是上海，掩护人是顾缉。我到高福里居住是以顾缉的表弟、地主子女、流亡学生的身份出现的。我与石琴萍水相逢，素昧平生。但他对我颇为关怀。由于高福里苏北来往的人员既多又复杂，不适宜住在那里养病；加之我的生活费用又没有着落，于是顾缉和石琴几经商量，曾准备通过石琴的一个朋友关系，将我转移到宜兴张渚镇去，另找一"栖身吃饭"之地。尽管因种种原因后来没有去成，但他的这份情谊是感人至深的。抚今思昔，追本溯源，在上海是顾缉掩护了我，而又是石琴掩护了顾缉。如果说，在上海顾缉是我直接的掩护人的话，那么，石琴不折不扣地是我的间接的掩护人。

石琴老成练达，性格内向。平时不多说话，但出言吐语，诙谐幽默，意深义长。大宿舍里的学生思想活跃，敢想敢说。每当晚餐后，就寝前，聚在一起常常议论国事。当有人抨击国民党政治腐败，经济崩溃，物价一天三涨，老百姓活不下去时，石琴便悄悄地插几句：中山先生倡导"三民主义"，如今蒋委员长（蒋介石）实行的是"四民主义"，即：民生凋敝，民不聊生，民主杳无，民怨沸腾。有人谴责国民党特务丧心病狂地迫害进步学生和民主人士时，他却主张参加学潮的同学要善于保护自己，力求避免遭到无谓牺牲。他常常说，一个思想进步的人，不需要也没有必要把"左"字刻在自己额角上，也不在乎着破衣，穿草鞋。这并

王石琴夫妇与老同学合影

不是真正的"左"派，而是犯了"左派幼稚病"。

在上海一派白色恐怖的气氛下，石琴同志能够追求真理、追求进步，矢志不渝。这是难能可贵的，也是我从内心深处对他所景仰的。不仅石琴如此，他的弟弟王竹琴、妹妹王倚琴，以及竹琴的女友曹玉林都具有这样高尚的品格。当时王竹琴在南京中央大学经济系读书，他勇敢无畏地反对国民党的倒行逆施，带头参加"反饥饿、反内战、反迫害"的学生运动。一次他亲手高举"三反"的大旗，走在学生游行示威队伍的最前列。国民党南京当局疯狂的镇压了这次学生运动，并在《中央日报》上刊登了通缉一批学生的名单（王竹琴名字也在名单之列）。这时石琴想方设法把竹琴隐蔽起来，并帮助购买船票让竹琴从上海去了香港。以后才知道当时竹琴已是中共地下党员，是取道香港转移到解放区去的。还有曹玉林、王倚琴常常到高福里来看望石琴。当时，我只晓得她们是一般的进步学生，后来才知道那时曹玉林已经参加了"CY"（共产主义青年团）。的确，石琴一家是有其光荣革命传统的。难怪在石琴临终弥留之际，写下了如下铿锵有力的遗言："王氏传统爱国爱家，拥护有中国特色的社会主义。"这是他的肺腑之言，也是他一生言行的真实写照。真是懿欤伟哉！

石琴同志安息吧！一个人活着能够受人尊敬，死去能够令人怀念，足矣！

同学　师长　楷模

徐星祥

石琴走了，他走得实在太仓促，走得让人梦系魂牵，黯然神伤。我们曾相约谈谈过去，谈谈我们的学生时代，谈谈几十年走过来的路，而他却匆匆地走了。冷酷病魔夺走了他的生命！从此，只好由我一个人来回忆往事，使人倍感悲戚，倍感沉重！

20世纪40年代中期，我们都在上海读书，他学化工，我读新闻；他住蒲石路高福里，我住南市福佑路。除了学习各自的专业，我们都读《马恩选集》《列宁文选》《列宁主义问题》《大众哲学》《新民主主义论》《论联合政府》……当时，石琴住的高福里是苏北在沪大学生的集散地之一，大家参加"读书会"，谈理想、谈学习、论形势、论时局，大多数人忧国忧民，先后都经受了爱国学生运动的洗礼。争取和平，反对内战，反对美国干涉中国内政，抗议美军暴行（沈崇事件），反对美国扶植日本。学生运动如火如荼，极大地教育和锻炼了青年学生，使许多人相继走上了革命道路。

我第一次认识石琴也是在高福里，是我的一位同学带我去玩的。很快，我们一见如故。不久，在白色恐怖的条件下，我加入了中国共产党，石琴参加了中国民主同盟。我那位同学告诉我，石琴为人正义正直，肯帮助人，所以他那个高福里成了苏北在沪同学帮贫济困的场所；石琴思想进步，他住的高福里又成了读马列书籍、团结进步学生、议论国事的讲坛。

"我们是同学，我们基本上同一时期都在上海读书，一起读进步书籍，同时参加学生运动，虽然我们不在同一所学校，我是泰州人，你是绍兴人。"这是石琴几次同我说过的话。

然而，我又把石琴当作师长。他，1920年生，我，1926年生，他比我年长；在泰州华泰纱厂，他是我父亲的同事，那时，我父亲是门市部审计员，而石琴是门市部经理，是我父亲的上级领导。特别是，石琴涉世较深，见多识广，比我成熟老练。1948年底，组织批准我从上海送母亲来泰州探望父亲，并可进入解放区径去华北。我们先到镇江华泰纱厂的联络点，一头撞见了石琴，他很热情，邀我在镇江暂歇，然后即向我介绍泰州形势。他说："泰州周围已经或即将解放，丁作彬（国民党县长）正在做垂死挣扎，泰州已成为解放战争的前沿阵地。"他又说，"你年轻，又讲的是一口'上海普通话'，加上你的穿着，很容易看出你是外地人、大学生，所以，一是衣着上要变一变，并尽量少开口；二是要尽快熟悉并学会当地方言"。这一天，我在镇江过的夜，我们几乎是彻夜长谈，谈形势、谈理想、谈人生。我们各自介绍了看过的一些书，谈到了奥斯特洛夫斯基，也谈到了爱因斯坦，他还随口读出爱因斯坦的名言："我从来不把安逸和快乐看作生活的本身——这种伦理基础，我叫它猪栏的理想"。我们谈得不少，并取得了广泛的认识上的一致。

到泰州以后，在石琴的带动下，我很快熟悉了一些人。我们几名大学生先在华泰纱厂办起了工人夜校，开展了识字、教唱，组织了民主护厂运动，一面又积极联系去解放区的事宜。我一时无法与当地党组织接上关系，好在华泰纱厂上层有石琴掩护、指导，下面有工人群众、工人积极分子的支持，我们很快打开了局面。泰州工人运动活跃起来了，在市区产生了一定的影响。联系去解放区的事宜，我和史养吾他们一直跑到海安，当地回答说：在这里的大学生都原地待命，这里都很快解放，我们党马上要接管泰州市。果真，1949年1月21日泰州解放，我被市委青委派去了泰州中学，石琴到了市工商联。没多久，他参加了市人民政府工作，我则进了中共泰州市委宣传部。

说实话，泰州一解放，我们都没日没夜地忘我工作，大家很少再碰面，偶然遇到，也不过三言两语，互致问候而已，但大体都知道各人的行踪。泰州一解放，就听说石琴献出了家藏古籍、书画、文物；交出了华泰纱厂的全部股金；把大同书局献了出来，改名为"中苏友好书店"；献出了府南街的几十间房子，先作为泰州中学学生宿舍，后成为机关干部宿舍，而他自己却住在一个很小很小的地方。当时的中共泰州市委书记周伯藩、市长顾维汉都按照党当时的政策，倒过来动员石琴保留房产，保留股票。但石琴非常坚决，他很有礼貌地回说："我原本是个学生，也一无所有，我应当自食其力，靠自己的劳动生活。我意已决，请勿再提及这些问题！"市委、市府领导对石琴的鲜明立场与觉悟，常在接近他们的干部中称颂。

石琴在泰州市任副市长、人大常委会副主任几十年（他最后任扬州市政协副主席），没有看到他穿过一件鲜亮的衬衫、笔挺的服装、油光锃亮的皮鞋，他是完全彻底的两袖清风。由于他子女多，全靠他和他爱人钱树蕙的工资收入过活，他们的人均生活水平，甚至是同级干部中较低者之一。他的住房，直到现在，也还是同级干部（地市级干部）中较差者之一。

然而石琴在工作上、事业上却竭尽全力、全心全意，无论在工商联、在城建、在工业战线上、在水利工地、在红旗农场开垦中，他都夜以继日地干，坦诚无私，一身正气，义无反顾。

就是这样一位赤诚为党和人民事业忘我工作的好同志，在"文化大革命"中被批斗、被押送，受到无辜迫害。复出以后，他却"如没事一样"，依然热衷于党和人民的事业。我想，石琴的高风亮节，源于他崇高的理想、崇高的思想境界和执着的人生追求。这崇高的理想、信念如人生的灯塔，折射出他生命中最美丽的光彩。这就使石琴成了人民的好公仆、一位一生忠于党和人民事业的优秀干部，人生的楷模，他真如蜡烛一样，从顶燃到底，一生都是光明的。

忆石琴同志

陈泽浦

光阴荏苒，石琴同志离开我们将近一年了。记得去年秋天，一个偶然的机会，我参加合成化工总厂引进新设备投产的庆典上，石琴的华婿蒋植平同志告诉我，几天前石琴因患癌症在上海住院治疗。当时听了，不知为什么，就有一种不祥的预感。果不其然，没有隔很久，正当我急切地和上海从医的学友联系组织抢救时，一个阴沉的晚上，植平同志在电话里哽咽地告诉我，石琴同志去世了。噩耗传来，顿时使我陷入了无限沉思和悲痛之中。

去年春节期间，我和老伴回泰州看望亲友，我们还专程去石琴家拜年。往常我去他家，由于他哺养众多的子女，总是节衣缩食，克勤克俭，律己很严，长期住在简陋的机关宿舍内。这次去由于子女都已外出成家立业，他们老两口也把几间宿舍做了一些修饰，使我一进门就有焕然一新之感。石琴同志也感到心情十分舒畅，加之老友重逢，拉住我的手，兴奋地和我说："我们总算等到了这样一个愉快的晚年。"当时看上去身体还算不错，就是说话时偶尔有些轻微的咳嗽，谁能想到那时可怕的癌细胞正在他身上发展，有谁能想到，我和他那次的握别就是我们今生今世的诀别呢！

我和石琴同志早在 1947 年就相识了。那是一个革命形势汹涌澎湃、内战正酣的冬天，当时我们这些莘莘学子，都是出于对祖国前途的忧患，参加了京沪线上（现在的沪宁线）反饥饿、反迫害的学生运动，被反动当局开除回乡。回来后在地下党的领导下，我们又集聚起来，从事革命活动。戚瑜和我在城里周桥一带组织青年读书活动，石琴和赵兰汀等在南门高桥创建了华泰纱厂，走实业救国之路，就是那时我们相识了，虽然我们出身不同，上学时也不在一地一校，但由于革命的驱使和对祖国兴亡的责任感，因而我们有较多的共同语言，相互之间一见如故。当时我们参加革命活动才是启蒙，头脑里存在着较多的乌托邦思想，但是我们对革命、对未来都充满了美好的憧憬。

1949年1月，泰州解放，我们在地下党储天锡同志的领导下，组织"中共泰州同志会"，配合大军，组织宣传，迎接解放。石琴同志那时奋斗在华泰组织工人进行护厂；并带头把家里祖传的几十间房屋和许多产业捐献给政府，支持国家建设。解放初期的一二年间，我们在市人代会上有较多的接触，当时，我被派到学校从事青年工作，石琴同志以新兴资产阶级代表从事工商联和对资改造的统战工作。我们虽同是回乡的革命青年，但一直在两条战线上相互配合为党工作。

1951年初，石琴同志以副市长的身份和我一同组织筹建市政府建设科（当时市政府的直属科局机构精干，只有民、财、建、教和公安、法院等几个部门），他兼任科长，我任副科长。行政上的事他抓总，党内的事我多负责，我们之间，相互尊重，密切配合，相见以诚，情同手足。在建设科的五六年间共同联手做了许多事，拓宽城市主要街道，兴建了泰州船闸，开辟了泰州公园，兴办了西门电厂，开垦了红旗农场，疏浚了通扬运河，创办了泰州牛奶场和众多的城建、农灌、交通、生产生活设施工程。与此同时，他在配合统战和对资改造方面也做了大量的和不可替代的工作。特别在三反五反期间，他以民主人士副市长的身份，经常把一些不法资本家通知到机关里来，批评揭露，声色俱厉地进行教育，起到了党内干部难以起到的作用。经常受到市委、市政府负责同志的高度评价和表扬。

1956年我调地区工作，虽然我们接触较前少了，但在家乡建设工作中仍有较多的配合，每当他到扬州参加政协、人大会议都要到我家坐坐，我到泰州时也都要去看看他，叙别聊天，无话不谈，我们在一起时开诚布公，毫无芥蒂。特别是他的为人、品德、才华和公而忘私为人民服务，廉洁奉公，严于律己，矢志不渝紧跟党走的一片至忠至诚的心，我一直把他作为我尊敬的兄长和做人的楷模。

石琴同志安息吧！你永远活在我心中。

相处久　相知深

赵兰汀

王石琴同志做报告

多年相处的石琴兄教益实多，感人之处莫能忘怀。他追求真理、爱憎分明、沪上读书时多与有识之士接触，并参加进步组织、传播革命道理、为人民解放事业做过不少有益的工作、在友朋间产生积极的深远影响。

1948年冬，泰州华泰纱厂的上海资本家拟将该厂关闭、抽移资金、并将机器运往江南，遭到全厂职工反对。石琴兄积极支持群众、并设法取得当地资本家的协力抵制，终于使该纱厂保留下来。而石琴兄却在当时复杂处境下离厂而去外地，为新中国成立后泰州纱厂的扩建与发展打下了基础。不计个人得失的坚定立场，于此可见。

泰州解放之初，公有房屋不能适应形势发展需要，医院接受抗美援朝志愿军回泰州休养房屋困难，石琴兄从革命事业需要出发，主动让出自家居住多年的房屋，让地方政府调剂，安排其他住户迁入，自己则自付房租，另找住处，事隔两年方搬进机关宿舍。一心为公的精神，实难能可贵。

自新中国成立，石琴兄始终担任公职、尽心尽力、忠于职守、廉洁奉公，1954年抗洪排涝抢险中，临危不惧，以人民利益为重，遵照地方党委部署，负责一个工地现场指挥，日夜坚持在疾风暴雨、水深及腹的岗位上完成任务，作风踏实，依靠群众，平易近人，毫无骄矜之气，在市政建设中亦留下令人难忘的足迹，有功归众，有误自承，从不居功自傲，一身廉正，两袖清风，令人敬佩。

友朋相交不求全，待人以诚，智而能容愚，博而能容浅，利人乎即为，不利人乎即止。友人处困境时，晓之以义，善为开导，或在经济上缓急相济，闻青年时有"小孟尝"之誉，此说虽不甚妥切，而广交游，疏财仗义豪情可见。当自身子女日多，负担渐重，经济拮据时仍对亲朋不吝支持，甚至向机关食堂退饭票兑得现金，周济友人之急。事虽微细，其广阔胸襟，忘我精神岂止身受者感激不已，闻者亦莫不动容。

风雨十年中处境艰困，受屈不改心，守其初衷相信党，相信群众，躬履艰辛可见节义；雨过天晴拨乱反正，国家进入改革开放、发展经济时期，仍竭心尽力为祖国建设添砖加瓦，两鬓斑白其志不衰。至1994年冬病危临终，口不能言，撑持作遗书仍恳切陈词道出一心向党之遗愿，出身于非无产阶级家庭的知识分子，多年来与党风雨同舟、肝胆相照，忠于祖国、忠于人民的赤子之心，感人至深。

相处久，相知深，梦中晤见老友，音容笑貌依然如昨，往事历历涌上心头，彼此皆垂垂老矣，以往因工作较忙，晤聚较少却都怀有"略于迹而念于心"之感，方期息肩乡里，知己重逢盘桓叙旧，寄情于山水之间，纵情领略大自然风光，寻老年自娱之乐。

不料好梦难圆，忽而魂回梦转，现实生活中老友已辞世而去，窗前明月，树影扶疏，留下的只是空虚怅惘，古人云"修短随化，终期于尽"，睹景思情感慨万千，而人生规律如此，奈何！奈何！可告慰石琴兄于九泉之下者，昔日为家乡建设的宏愿已先后实现，正向更高的目标前进，地下有知可无憾矣。

怀念杰出的爱国者王石琴同志

李连庆

去年秋天，王石琴同志离开人世，远行了。曾同他一起工作过的我，在这噩耗的面前，非常悲痛，怀念之情难以言表。

我认识石琴同志是在 1949 年初，解放军横渡长江之前。那时泰州市刚刚解放不久，我奉调到泰州市委工作，我们开始交往。我记得石琴同志比我大几岁，瘦瘦的高高个子，说话慢条斯理的，是位知识分子型的人。因为他是泰州人，对当地的情况比较熟悉，又积极追求真理、表现进步，努力支持市委、市政府的工作，市委先请他出任泰州市工商联筹委会副主任兼秘书长。后来知道他对建筑有研究、有兴趣，又请他出任市政府建设委员会副主任兼建设科长。他在这个岗位上工作，积极努力，卓有成效，受到好评。不久，泰州市民主选举市长、副市长，市委推荐他作为副市长的候选人，获得全票通过。石琴同志更加热情、积极，他把全部的精力投入到泰州市的建设上来。

王石琴同志兼泰州市人民政府建设科科长任命通知书

泰州是"汉唐古都，淮海名区"，向有"海陵红粟，仓储之积靡穷"的美誉，盛产鱼、虾、蟹、蚌的鱼米之乡，南有黄金水道的长江，北靠里下河，为商品集散之地。但是连年战祸，满目疮痍。当时泰州最大最长的一条坡子街，只有几尺宽的街道，每天拥挤不堪，已不适应新中国成立后建设的需要。为了发展生产、繁荣经济，我们市委和市长、副市长一班人，大多是二十几岁的青年，风华正茂，血气方刚，都想干一番事业，在当时困难重重的情况下，大胆决定拓宽街道，石琴同志主管建设，当仁不让，他全力投入这一重大措施之中，夜以继日地奋战，不久一条比较近代化的街道就出现在人们面前，个个拍手称赞，并立刻传遍大江南北，泰州被誉为"小无锡""小上海"。

石琴同志为人谦虚好学，他非常尊重市委领导，尊重别人意见，对党的方针、政策努力学习，认真领会贯彻。市委也很尊重他的意见，支持他的工作，有时我们市委开会也请他列席。所以我们之间的团结和合作亲密无间。

大约一两年的时间里，市委一班人先后离开泰州市，石琴同志仍一直在泰州市从事政府领导工作和建设、体育事业。

1987 年夏我从印度离任回国（注：李连庆同志此前为中国驻印度大使），有幸到离别 35 年的泰州市参观访问，此时石琴同志已任泰州市人大常委会副主任、扬州市政协副主席、民盟江苏省委委员、泰州市民盟主委等职，工作甚多。但他每天坚持陪同我们夫妇参观访问，向我们介绍 35 年来泰州的发展变化，热情地招待我们，那种同志、战友的情怀溢于言表。几天的时间，我看了许多，听了许多。最后我向石琴同志和泰州市委、市府同志说：江山依旧，面目全非，泰州变了，不是小变，而是大变、巨变。它已发展成为一个美丽、繁荣、新兴的工业和商业城市。这与石琴同志在泰州几十年坚持不懈地工作是分不开的。

以后，我们经常通信，互通情况，他寄给我文章和有关泰州的书，我也将我的著作寄给他，作为纪念，一直保持同志的友谊。

石琴同志走了，永远地走了。但他那颗热爱祖国、热爱家乡、热爱社会主义的赤诚之心，伟大精神、将永留人间。他那勤勤恳恳、全心全意为人民服务，为泰州市的建设和发展的丰功伟绩，永远值得人们的怀念。

情系海陵石琴公

徐世椿

那天早晨我接到载思的电话，告知石琴公在沪溘然仙逝的消息。

突然间我感到天崩地裂，一时抑制不住内心的悲痛，泪泉大开，两眼被真情的泪水所浸润，我怎也想不到石琴竟会这么早就离开我们这群老友，丢下满堂儿孙的美满家庭而跨鹤仙逝。往事如烟，我不禁沉浸在无限的哀思之中……

1949年冬，我由上海荣丰纺织公司派来泰州，协助华泰纱厂由南门迁至万字会新址进行扩建，石琴当时是华泰纱厂负责人之一，初次见面，他高大的身材，潇洒的风度，不凡的气质，出众的才华，渊博的知识，都留给我极佳的第一印象，从此我们之间便结下真诚的友谊，真可谓一见如故。石琴公热情好客忠厚待人，几十年如一日，我们在交往中结下深厚友谊。建国初期各方条件比较艰苦，我跟随他积极参与各项公益活动，不计名利，不计报酬，积极投入于海陵古城建设之中。

1950年初，泰州最繁华的主要商业街坡子街，狭长极窄，路宽不过三米。在车水马龙行人拥挤下，身在街东店内的人可和街西店内的熟人闲话。时任市委书记周伯藩同志有意将坡子街道路拓宽，无奈泰州才解放不久百废待兴，经济上有相当大的困难，加之群众觉悟程度还不够高，满街林立的店铺都还属于私人财产，人们的私有观念还很重，就在这样重重困难阻碍下，泰州市委把拓宽坡子街任务交给"拓宽委员会"，由石琴同志负责执行，当时我

王石琴（左三）同志与盟员徐世椿等同志合影（右三为徐世椿）

被邀为工务股长。此后大家在石琴公带领下同心协力，仅用几个月时间便将10米宽、530米长，从北门城门口到挡军楼的一段水泥马路建成了。两旁店铺也焕然一新。40多年过去了，每当我走过坡子街时，总想起当年石琴所付出的劳动和艰辛。

与此同时，泰山公园的创建也是在周伯藩书记策划下，依靠群众力量由民间兴办的。由于坡子街拓宽工作任务的出色成绩，这次公园的创建，市委仍委请石琴公负责筹建，我也应邀参与，并协助王老担任名誉副主任共同执行建园任务。我们从调查入手，搜集散放民间各处各家的山石盆景花果树木，散落的石雕石牌坊等，都在石琴公亲自参与下，利用业余时间，起早摸黑，到处去找。其间经历着与业主协商动员，说服他们自动捐赠或酌情用少量金钱予以收购。在这种情况下，规划设计新建了亭阁道路桥梁，堆砌了假山并植树栽花。在仅一两年内就形成了泰山公园的雏形。如今回忆起来石琴公当时为泰州公园的建设真可谓花费了极大的心血，记得有时我们还将自己的积蓄拿出垫作工资之需。

石琴公是一位以实际行动表现对中国共产党忠诚与热爱的典范，其赤诚之心是随处可见的。当初国家困难时期，他首先将大片房产，文物财产捐献给人民政府。抗美援朝战争刚开始时，他就在一些同事中倡议联手戒烟，把省下的烟钱捐出来支援前线。当国家号召计划生育，又是他带领我们一批人最先结扎，同去南京做了男性结扎绝育手术。所有这一切他都为我们树立了光辉榜样。

在石琴公主持民盟工作的几十年里，他不但善于从政治上团结同志，更多的是从生活上关心体贴全体盟员，从而使每个盟员都能把民盟当作自己的家。在他主持泰州民盟市委工作期间，民盟的工作始终坚持紧跟党的路线，拥护党的主张，取得了突出成绩。

正当我们离退下来，共度晚年之际，意想不到王公离位不到一年，病魔竟如此无情地强使他过早地离开人世，这又怎能不使我们老友们倍感悲伤呢！石琴公走了，带着我们深深的惋惜！无尽的悲痛和久长的眷念。

石琴公在我们市里领导岗位工作40余年，沧桑晦明、坎坷蹭蹬地忠于党的事业，他呕心沥血、忍辱负重，奋斗了一生。如今他清白地离去了，留下一串闪光的足迹。我们将以石琴公为榜样，并用他的精神激励自己教育后人。石琴公，安息吧！你的精神永远活在我们心中。

我和石琴老有缘

肖 仁

我和石琴老有缘，我们的关系最早能上溯到华泰纱厂筹办的时候。

石琴老当初是个进步青年，泰州第一个话剧团的发起人。卢沟桥事变后，接踵而至就是"八一三"，中国人恨透了日本鬼子不讲道义的侵略行径。泰州人，特别是当时的进步青年、知识青年可谓群情激愤。

当时江南打仗，石琴的哥哥王鹤琴从江南回家后，组织了"1937剧社"，剧社里群星聚会，有孙珑（孙龙父）、孙珮（泰州地下党负责人）。当时王石琴只有十多岁，在剧社的剧目《放下你的鞭子》里扮演一个小孩。他们最了不起的是创作了一个剧本，剧本的名字叫《杀到东京去》，剧本反映出当时国人的仇恨情绪已经到了极点。

1937剧社解散，又新成立了"抗日剧社"（或称"抗敌剧社"）。王石琴这个阶段是个进步青年，一个血气方刚的爱国青年。这期间，他做出的一件了不起的事情，就是在抗战后参加了民盟。民盟当时可是共产党团结的少数党派之一呀。

王家财力雄厚。有多大呢？

王家有"四大"。一是大陆饭店（以前开在大东桥东，这个饭店是泰州从旅馆上升到大饭店的标志。比当初陈毅三进泰州时居住的文明旅馆还要高一等），其余为大同书局、大德粮行和大元钱庄。

王家的"四大"在坡子街稻河街和月城门里非常有名。数一数二，了不得，响当当。王石琴只是家里的一个少爷，但他要求进步，和共产党走得近，联系非常多，参加过共产党发起的各种活动。所以新中国成立后，他就被推举为第一任民主党派的领导、第一任副市长，同时兼任市建设科的科长。

20世纪40年代兴办华泰纱厂时，主要发起人是宁波人，叫傅耕莘。他的哥哥是20世纪30年代音乐家傅耕尘，是给周璇、赵丹写《四季歌》的。傅耕莘家里开一爿书局，过去的书局有印刷厂及门市部。开在上海福州路，叫开明书店。傅耕莘的开明书店非常出名，也有钱，和商务印书馆一样出名，中国人没有不知道的。傅耕莘妻子的一个同学叫高尧，是泰州人，在南通学的纺织，经常在傅耕莘家走动。傅当时正好有钱没处投资，经高尧和王石琴动员，决定在泰州建个纺织厂，负责募集投资费用的三分之二。

投资华泰纱厂，王家拿出了相当多的资金。后来，天福布店的吴惠春、天成泰的老板也都投了钱。华泰纱厂股份有限公司筹备处的地点在后来的国副门市部对面。新中国成立前，王石琴在那儿办公，登记入股，是办事处的负责人。1944年的春天，纱厂建成投产。

大工业时代，中国落后，商业不发达，工业也不发达，泰州能有"三泰"：振泰电厂、华泰纱厂、泰来面粉厂等，这就了不得了。

傅耕莘派了几个人过来管理。1952年前，我到华泰蹲点，为工人服务，去教唱歌曲，熟悉那里的情况。傅派了章定甫为华泰的实际负责人。高航秀的爸爸高祥生，是工人的头头。高航秀后来是泰州纺织业的代表，细纱间的头头。这些人都是傅派来的。还有朱照成、钱治先等一批"蛮子"（南方人）。

王石琴做了副市长后，他一门心思都用在如何把泰州建设好上。他提出了很多建议，比如拓宽街道、造泰山公园——这是个最了不起的主张，想法高端，倘若没有对百姓生活有深刻关注的人就不可能有这样的想法。当初老泰州的百姓一天到晚都在家结网、搓绳，非常之苦。新中国成立后的泰州渔网厂，其实也就是大家一起织网，合零为整罢了。当时，我在文化馆工作。他到文化馆来，跟潘觐缋、陈寿章等商议，提出建泰山公园。

那时候的人对宗教信仰不怎么尊重，庙宇当时多驻军或成为机关办事处，光孝寺就是苏北行政公署的办公地点。受大环境和时代的影响，把光孝寺戒台拆了，弄到泰山公园，变成了歌舞台或称"音乐台"，时间大约在1959年。当时反对拆戒台的人很多，戒台是和尚求斋的地方啊。幸好，戒台于"文革"后又回归到光孝寺。

王石琴有自己的思想：要把泰山公园建成"大园"加"小园"。他要移步换景，动中看景，而不是静中观景。以前的泰山公园，只有一个建筑，即李明扬留下的蓝色别墅——国民党人喜欢这个颜色，和他们的青天白日旗有关。后来把李

右起王石琴、徐世椿、肖仁

明扬留下的别墅拆了，建了假山。石琴老除了对文艺方面有爱好，他对造园构园也有研究，有自己独到的想法。造了泰山公园，半山建有烈士祠堂，山脚下造了烈士碑亭，在泰山东侧还有一个陈毅题词的纪念塔。后来在上面加了烈士的雕像，作者是李亚如和我。我是搞雕塑的，一直搞，在上海学过，雕塑是我毕生的喜好。

王石琴说，应该把储恺（储罐的后代）的作用发挥出来。储恺是泰州当时唯一的土木工程师。后来，储恺确实为泰山公园做了一些事。王石琴常常感叹，资金不够，捉襟见肘。如果资金充裕，公园里建的九座桥全会变成艺术品，那样的话，泰山公园品格会更好。毕竟，这是个游览的地方啊。

石琴先生站得高，看得远。这也是他一生中了不起的地方。他在泰州还建了很多散落景观。比如，用过去的几块石头，让地方景观活起来。他在城建局的任上，或者说是副市长的任上，做的事情都是和老百姓的生活息息相关的。

他解放前入盟，是泰州民盟的第一人。民盟也因为他做了很多出色的事情，在全国有名。他把我们的民盟盟员推出去，那个时候"文革"刚刚结束，哪个敢啊，他敢。推潘觐缋到厦门、武汉、扬州、南京……推支振声、吴骏圣到上海、扬州、南京……各个地方去办展览，这种做法不仅丰富了老百姓的文化生活，还使得他们在全国名声飞速提升，王石琴都是重要的推动者，他是一位有思想有眼光的领导人。

记得支振声在上海办展览，地点在上海市政协，上海市委统战部长都出来了。开展当天，61辆的汽车来看展，了不得啊，当时才改革开放啊。钱俊涛（替鲁迅刻章的）、傅全香、王文娟啊，越剧名流，都是政协委员。还有吴青霞，画鱼的，号称四十年代第一人，和汪亚尘齐名的，都是坐汽车去的。石琴先生把泰州的许多书画家都推了出去，如叶大根、姜济民等，甚至俞振林。

此外在教育思想方面，石琴老另有一大贡献，他认为"文化大革命"误了一代人乃至几代人的读书学习和教育问题。他认为民主党派应该站出来，协助政府办好这件事。于是泰州民盟首先创办了振华学校。

振华学校的名字就是石琴老起的，后经《江苏盟讯》报道，全省的民盟组织都把各自所办学校名称叫作"振华"了。

当时振华学校办了71个班。最了不起的是外语班。教法语；张元令的爸爸是我从东北请来的，教日语；诸月华、叶独逸教英语。据说当时党内有规定，作为一个市长或处级以上干部，必须懂一门外语。于是我们振华办了六个外语班：三个英语班、两个日语班、一个法语班。在这六个班里曾有过十位"振华学员"先后担任书记、市长等领导职务。这应是石琴老在泰州民盟历史上的又一份光荣贡献了。

悼念王老

吴　林

　　王君石琴历任泰州市工商联合会筹委会副主任、泰州市人民政府副市长兼建设科科长、泰州市人大常委会副主任、扬州市政协副主席、中国民主同盟泰州市组织的负责人，并系泰州市历届人民代表大会的代表。

　　他早在新中国成立前就参加中国民主同盟，他拥护中国共产党，坚决服从党的领导、热爱祖国、热爱社会主义、遵守各项政策法令、爱党、爱人民、爱家乡，为泰州市的建设事业做了贡献。

　　他谦虚谨慎、办事认真、严于律己，生活在人民群众之中，为祖国、为家乡的社会主义建设事业做出了毕生的贡献！

　　他是我市领导人之一，我在他的领导下工作过多年，他与我们在工作中打成一片，他平易近人，从无官架子，在他分管的工作中，他不但按照党的方针政策进行领导、指导，而且总是自己带领干部去做具体的工作，现仅将我所记忆起的几件事例概述于下：

　　泰州解放初，他就按我党的"发展生产、繁荣经济、城乡兼顾、劳资两利"的方针政策，在民族工商业中贯彻执行，后来他将他在私营工厂中的股份资金全部献给了国家。在泰州市各界人民代表会议期间，他作为爱国民主人士，出席了历届会议，在一系列的大是大非中，他总是站在维护党和政府利益的立场上，与违反人民利益、破坏团结、违反政策法令的行为作针锋相对的斗争！

　　他为了坚定站在维护党、国家人民的利益一边，将他的私有房产献给国家。早在建立泰州专区革命烈士祠之际，他就将他家罕有的数盆很名贵的巨型五针松盆景献给了革命烈士祠（现仍有几盆保存在泰山公园内）；他倡导创建了泰州人民（泰山）公园，亲自规划设计，并到现场具体指导布局、施工，为泰州人民创造了休息娱乐场所。

在 1956 年高邮遭受水灾时，他任泰州市赴高邮灾区慰问团团长时，与全体团员和文娱队员打成一片，与灾民们同甘共苦，使灾民们深受感动，感谢泰州市党和各界人民对他们送来温暖，使全体参加慰问的人员受到了一次党和人民鱼水深情的现实教育。

在我市拓宽街道、扩建道路、新建改建桥梁、兴建船闸、建设住宅区等市政建设工作中，他均付出了辛勤劳动，做出了为人们称赞的贡献。在他的具体教导、亲自示范下，为我市培养了大批城建工作人员。

在他担任民盟泰州市主委时、亲自培养了接班人。他担任泰州市人大常委会副主任、扬州市政协副主席期间，虽已年迈，但他总是以身作则，不辞劳苦，深入基层，到群众中调查研究，访贫问苦，向人民群众宣传党的方针政策，收集第一手资料，将社会各阶层干群的意见和要求等向党和政府反映，为党政领导决策提供了参考。并起到了上传下达的作用。

他对待自己的子女以"五爱"的要求，言传身教，使其成为无产阶级的接班人。总之他是先人后己、舍己为人、遵纪守法、光明磊落、讲真话、干实事、德才兼备的公仆！

我以学习他的实干精神来悼念他，在我的有生之年，以保持革命晚节的实际行动来感谢他生前对我的教诲！尊敬的王老您安息吧！

良师 益友 好领导

邹秉和

  自 1951 年起，直到 1964 年，我都在王石琴同志的领导下工作。以后虽调往泰县工作，但每逢假日，常去探望王老，相聚畅谈。王老平易近人，知识渊博，对人循循善诱。与他相处，大有"与君一席话，胜读十年书"之感，常常使我流连忘返。去年十月，我惊闻王老不幸在沪逝世，悲痛之余，回忆 40 年来在他领导下工作和与他相处的往事，历历如在眼前，令人深切怀念不已。

  1951 年春，我到泰州市建设科工作。王石琴同志时为泰州市副市长兼建设科科长，建设科在他领导下，学习气氛非常浓厚。每天上班前，都有一小时政治学习，石琴一直和大家一齐学习，经常作启导式的发言，从不缺席或迟到早退。当时有些人称建设科"死读书""钻牛角尖"，但是马列主义的书籍怎能不精心细读呢？建设科的学习空气依旧很浓厚，不为人言所动。

  要能很好地完成本职工作，就必须熟悉本身的业务。建设科的工作技术性强，但科内专业干部很少。为了做好工作，石琴同志号召大家钻研技术业务，每天晚上根据自己的工作业务，进行晚间学习。石琴自己也每晚和同志们认真学习，并购置了不少业务书籍，供同志们学习参考，有时还到上级部门索取有关资料。以后建设科碰到不少新的技术工作上的问题，均能自力更生，迎刃而解，顺利完成工作任务。

  石琴同志当时虽然身居要职，却平易近人，从不摆领导架子。他认为，领导与被领导，只不过是革命分工不同，大家都应平等相处。因此同志们都乐于和他接近，无论在工作上、思想上遇到什么问题，都向他诉说。他总是循循善诱，勉励同志们放下包袱，安心工作。在他负责的建设科和电灌办公室，有个别同志过去曾犯过一些错误，或有一些问题，他毫无歧视，知人善任，按需要分配他们一定工作，这些同志都能很好地完成任务。

石琴同志生活朴素，和同志们打成一片，自觉地遵守各项规章制度，从不搞特殊化。举几个例子就很能说明问题，我经常随他出差到南京、扬州等地，均住在招待所，有时招待所客满，就住一般低档旅馆。有一次在南京，低档旅馆无空铺，当时新

王石琴（居中）同志与泰州城建老工程师储恺（盟员）、邹秉和合影

街口有一家新中旅馆，档次较高（其实每夜也不过三四元），石琴坚决不肯住，在新街口糖坊桥、年富路一带跑了十几家小旅馆，才找到了一家一二元一夜的旅馆住下。又一次，我和他住在南京军区后勤部招待所，我们请招待所代购去上海火车票，购来的是软席车票。石琴同志请招待所退换，招待所同志知道石琴同志为副市长，说不必换了。后来到了火车站，石琴同志还是坚持把票退了，重购了硬席票。和他每次到公社工作，都在公社食堂吃便饭，按公社规定付钱和粮票。有一次到张甸公社，正值该公社电灌站竣工出水。那时电灌站竣工，是公社的一件大事，照例要杀猪摆酒庆贺。石琴同志不肯参加吃喝，就在旅馆内吃了一餐便饭。由于他以身作则，在他影响下，建设科及电灌办公室的同志们都能自觉遵纪守法。1952年"三反"运动，建设科有钱有物，又常与资本家打交道，而且不少干部由旧社会而来，属于所谓"深山密林"。但由于党的教育和石琴同志以身作则，经过几个月内查外调，并未发现"老虎"，以后历次运动中也很少发现什么贪污、违法乱纪的情况。

石琴同志工作上勤勤恳恳、兢兢业业并勇于创新。建国初期，在他主持下，进行了对旧城镇的改造，在苏北各县中率先制订了街道拓宽计划，先后对市内主要街道坡子街、彩衣街、篮行街、孙家桥、演化桥大街、东大街、西仓大街、城中大街、南门大街、府前路、五一路、青年路、通扬公路泰州段进行了拓宽改造。虽然道路标准已不能适应现在的要求，但在当时，实属壮举，并为日后旧城改造积累了一定经验。泰州城区桥梁大部为石拱桥、高出街道地面，交通非常不便。

如泰州南门高桥，高出街道四五米，远近闻名。这些桥均先后改建为平桥。泰州稻河、东草河尾间伸入市区，已成为臭沟。在石琴主持下，建成涵洞通到上河，利用上下河水差，引上河水入下河，使死水变成活水，改善了环境。市区内缺少游息场所，又在泰山旁小西湖处（当时已成阴沟塘）建成了泰山公园，并将一些古文物，如回教翁仲牌坊、九龙桥储䌷墓前石人石马、光孝寺戒台等，均移建到公园内，供人观赏。

石琴同志在泰州城市建设中做出的贡献，实在难以尽述。尤其值得一提的，是他勇于创新的精神。1956 年，为了支持农业发展，进行旱改水，增加灌溉面积，市里决定兴办电灌工程。当时电灌事业在全国并不多见，省内只有珥陵电灌站和常熟金家大圩等为数不多的机电排灌站。扬州地区也才由专署水利局试办了一座黄金坝电灌站，江都电灌站也刚在省、扬州水利人员设计之中。泰州当时既无创办经验，又缺少该项工程专业技术干部，石琴同志勇于承担了该项新兴事业，组织大家边干边学，多方外出索取有关设计参考资料和书籍。当时基建工程设计文件编制要求高，他亲自参与编制、报批。文件设计量大，刻写油印工作非常繁重。石琴同志亲自四处请人帮助刻印，有时还自己动手。在他的领导下，同志们愉快地克服了一切困难，日夜奋战，顺利完成了设计任务，迅速投入施工。泰州、泰县的机电排灌事业得以迅速发展，大大地支持了农业生产，同时农村用电得以解决。

王石琴同志工作中有着高度的责任心和事业心，特别是在 1954 年防洪斗争中，更为突出。当年狂风暴雨，江淮并涨，上河水位高达 4.95 米，高出下河地面三四米以上。当时沟通上、下河的鲍家坝闸、九里沟涵洞均为病闸病涵，一旦倒塌，形势将不堪设想。石琴同志亲临现场，率领干部、民工冒着狂风暴雨奋力抢险，后又协助附近泰县宫家涵堵口，界沟河堵口，经过几个月的奋战，终于取得了抗洪斗争的胜利。

在石琴同志领导下工作十余年，交往 40 余年，石琴同志种种感人事迹，特别是对我个人的教益，令人难以忘怀。如今遽失这样的良师、益友、好领导，回忆往事种种，又怎不令人悲恸难禁。石琴同志虽然离我们远去了，却将永远活在我们心中。石琴同志，人民不会忘记你，你安息吧！

兄长　公仆　楷模

石　林

时间过得真快，转眼间，王石琴同志离开我们快一年了！去年九月，我和载同、载风一道赴上海看望他，他与我们共进晚餐时的音容笑貌和乐观情绪，仍清晰地浮现在我的眼前。他笑着说："我现在被'隔离审查'，但我自己并不感到有什么病，没有疼痛，饭也吃得下。请你带信给人大的各位同志，不必到上海来看我，谢谢他们！"回泰州后，我曾对不少同志讲：从王老吃饭、走路的情况看，都不像有病的样子。后来手术后传来的信息也是很好。真想不到国庆节一过，竟突然传来了噩耗！

王老的追悼会刚结束，就听到很多党内党外的同志议论：这次追悼会很感人，很有教育意义，建议有关方面编印一本有关王石琴同志的纪念集，而且当时扬州的几位同志自告奋勇表示愿意参与其事。在王老的亲属和生前友好关心下，现在终于具体筹办这件事了。由于参与这件工作，有关王老的往事经常出现在我的记忆里。

最早结识石琴同志，那是在 1949 年初泰州刚刚解放的时候。国民党反动军队刚刚逃离泰州城，解放军将进泰州而尚未进城的时候，王石琴同志与韩连康、徐星祥、陈泽浦等从苏南白色恐怖下回到泰州，热情地组织了迎接解放的活动。他们写欢迎标语欢迎解放军进城，庆祝泰州解放，组织歌咏队教青年学生唱革命歌曲……当时，我是省泰中高二的学生，十七八岁，而他们是二十几岁的老大哥（石琴同志就是二十八九岁）。歌咏队唱歌的地点在天禄街泰州浴室对门一个百货公司的会场，韩连康同志脚踏风琴，陈泽浦同志领着大家唱，最早唱的歌是：《垦春泥》《你是灯塔》《解放区的天》《白毛女》插曲。王石琴同志虽然不教唱，但他总是经常参加。他年龄最大，我们自然而然地把他看为领头人。从那时起，他在我心目中便深深留下一位值得尊敬的老大哥的形象。

不久，学校开学了，我们积极参加了欢迎解放大军南下的活动，每天傍晚到西汽车站夹道欢迎解放军。这个时候，我有幸参加了泰州市人民慰问团到姜堰、曲塘、白米沿线慰问解放军，石琴同志的长妹王倚琴（当时任城东小学教导主任）是妇女代表，我是青年代表，我们一道儿参加慰问活动一个星期。在省泰中我又熟悉了石琴同志的小妹王凤琴同志和他的侄女王曼君同志。在石琴同志影响下，她们政治热情很高，都是当时的青年积极分子，在1949年都入了团。后来王老的三个弟妹都入了党。难怪他们在石琴同志去世后，作为亲属，没有提出任何个人的要求，只要求组织上能否满足石琴同志的遗愿：追认为共产党员，因为三个弟妹的入党都有石琴同志的重要影响啊！石琴同志不管在家里，还是在社会上，一位关心、教育后辈的兄长形象是深入人心的！

20世纪50年代我在部队工作又到上海读书，那时石琴同志担任泰州副市长兼建设科长之职。我有时回乡探亲，常听人谈及石琴同志的情况。其中印象最深的有这么几件事：将府南街自家的大面积住宅让给国家使用（为了安排志愿军休养人员）；将华泰纱厂中自有股份自觉献给国家；组织拓宽泰州主要街道——坡子街、海陵路，路下面建设泰州历史上从未有过的大型下水道；建造泰州历史上

中国民主同盟泰州市第四次盟员（代表）大会（主席台中央为王石琴同志）

未曾有过的泰州船闸……不管他为泰州做了多少事，但他本人总保持了一个普通人平常人的形象：穿着朴素，布衣布鞋，走起路来总是不快不慢，待人接物，平易近人，一点儿看不到官架子，真正是数十年如一日。

20世纪60年代初，由于"左"的影响，有几位同志分别受到不公正的对待回到泰州，身处逆境。石琴同志身为副市长，并不歧视，帮助安排到民办海陵中学工作。在社会各界包括石琴同志的关心下，那个时候，泰州三所民办中学（海陵、青年、下坝）曾为泰州的教育事业做出了历史性的贡献。

"文革"期间，市委市政府的领导大多靠边了，这个时期的石琴同志当然也靠边站了，但是他仍然身着布衣布鞋，不快不慢地走在大街上。他坚信不正常的混乱时期总会过去，党的正确领导终将恢复。

1976年"四人帮"被粉碎了，1978年党的十一届三中全会举行了，20世纪80年代，地方各级人大常委会建立了，石琴同志又被推选为市人大副主任，继续履行他从20世纪50年代开始作为泰州人民公仆的职责。几十年来，他为泰州人民的建设事业，出了多少主意，想了多少办法，做了多少实事，做了多少好事，没有办法去作一个精确的统计，但是，追悼会上挂满灵堂的挽联挽诗，一直排放到殡仪馆大厅外的数以百计的花圈，很多同志是相互转告，闻讯前来参加追悼会的，所有这些不都是充分反映了泰州人民对自己的这位公仆的深切怀念之情吗？人民的公仆，人民是不会忘记的！

20世纪80年代以后，我与石琴同志接触最多的是有关民盟的活动与工作。党的十一届三中全会后，经过"拨乱反正"，党对历史上许多问题都做出了正确结论。党的统战工作也进入了一个新的历史时期，我个人历史上的一些是非也得到完全纠正。石琴同志（还有杨本义、许志寿等老同志）按照中共泰州市委和统战部的部署，着手恢复民盟组织的工作。由于历史的原因，当时人们对于参加民主党派还有不少疑虑，最普遍的是：民主党派是个什么性质的政党？是不是资产阶级政党？参加民主党派和参加共产党是个什么关系？参加民主党派还能不能参加共产党……对于这些问题，石琴同志领导下的民盟市委在统战部王启智部长等的协助下，通过多种形式耐心细致地深入地做好思想工作，我清楚地记得，他说得最多的是一个意思，即：民盟在20世纪40年代初建立，就是响应党提出的建立抗日民族统一战线的政策而建立的。民盟长期以来一直在共产党的领导、帮助下，与共产党风雨同舟，荣辱与共。他说："我本人就是 1940 年代后期在共产党领导下参加反对美蒋反动派的斗争中参加民盟组织的。现在历史进入社会主义现代化建设的新时期，发展民主党派组织是党的工作的需要。如果不是党的工作需要，我王石琴绝不会跑出来拉山头，扩大民主党派的队伍。"统战部的王启智老部长也宣传党的政策："资产阶级作为一个阶级在我国已经消失，皮之不存，毛将焉附？资产阶级政党也就不存在了。新时期参加民主党派，不是离共产党远了，而是离共产党更近了。"

我们不少同志参加民盟，并不是仅仅因为听了石琴同志等人口头上的宣传，主要是对民盟一些代表人物的景仰。全国的如张澜、沈钧儒、陶行知、李公朴、闻一多、史良、华罗庚，泰州的如王石琴、杨本义、许志寿等，他们确实是爱党爱国爱人民，德高望重，堪称知识分子的楷模。与其说是因为接受民盟的章程而要求入盟，倒不如说是因为仰慕像石琴同志这样的楷模而要求入盟。大家认为，这样的人是信得过的。榜样的力量是无穷的。

石琴同志数十年来与党亲密合作，在民盟组织内经常教育盟员牢固树立党的领导的观念，所以，民盟泰州市委及各基层盟组织都能继承了这一好的传统，认真接受党组织的领导，各有关党组织也多方关心民盟，从而为民盟开展各项工作创造了良好的条件，其中牧校、师范、省泰中、实小、一职中、二职中等单位的党盟关系配合得相当默契，省泰中党支部、民盟支部都曾多次分别在省里有关会议上介绍过经验，其他不少单位也分别在有关会议上做过介绍或受过表彰。

王石琴同志作为泰州民盟的一颗"种子"（泰州只有他一个人是解放前参加民盟组织的），在泰州这块土地上生根、成长、发展、繁殖。由于"种子"是颗"良种"，他成了所有盟员的楷模、榜样。

今天，他虽然离开我们快一年了，但他作为一位值得尊敬的兄长、勤劳俭朴的人民公仆、广大盟员的楷模，将永远活在我们心中！安息吧！石琴同志，我们将更认真地继承您的遗志，把泰州民盟的工作做好，为泰州的现代化建设事业做出我们应有的贡献！

好领导石琴同志

王孝林

王石琴同志是我参加工作以来，遇到的一位好领导、良师、益友。1951年我从店员工会调到市府建设科工作。他当时是市政府副市长兼建设科长。

往事记忆犹新，令人崇敬。

他是泰州民盟主委，是共产党的诤友，四十余年与党共事，一贯始终同呼吸、共命运。他与当时的市委领导人如周伯藩、顾维汉、张少堂、杜文伯等同志均能相处融洽，相互尊重。平时聚会，谈笑风生，亲如家人。

他对党的各项政策衷心拥护，身体力行，在历次运动中，立场坚定。我记得土改时，他亲

王石琴、钱树蕙夫妇

自带领我们到老渔行北面各乡村进行实际锻炼、接受教育。住宿在北天滋庙里的稻草堆里。在肃反时，他认为不如此大张旗鼓地搞，我们的政权就不能巩固，社会秩序就不能稳定，又怎能谈建设呢？他要求科里同志必须坚决划清敌我界限，检举揭发暗藏的阶级敌人。他在痛斥"高饶事件"时的激扬慷慨，愤怒陈词，使我为之动容。体现出他热爱党和毛主席的真诚意念……他不愧是一位民主人士的楷模。

他身为副市长兼建设科长，为泰州人民的建设事业，做出了很大贡献。工作上严谨认真，脚踏实地。泰州刚解放，百废待兴。坡子街的拓宽、工人新村的新建、招贤桥和高桥的改建、地下管道的铺设、泰山公园的规划设计，无不在他的亲自关怀和指导下进行的。那时没有汽车代步，他四条腿走遍了全城。记得一次，天降大雨，他率领工程技术人员和我们一齐到老福音堂附近的一个大阴井盖旁，他掀起笨重的阴井盖，亲自带头钻到下面，站在臭气熏天，污泥浊水的地道中，检查污水是否流畅，检查地沟的倾斜坡度。这种认真踏实的工作作风，实在难能可贵！

"文革"期间，我们又走到一起来了，同在渔场"五七干校"三工区劳动。他和我都是瘦弱身躯，他勤勤恳恳劳动毫无怨言。后干校迁到南门外，他负责管理林木，50多岁的人还爬到梯上剪枝，此外他还养过鸡，管理过图书，干什么都很负责。他夫人钱树蕙是位贤妻典范，也在干校，虽处逆境而泰然自得其乐。他们的文化素养亦为人们所敬佩。由干校回到市里，有时我到东门他家住所，畅谈平生，实感快意。

石琴！永别了，你泉下有知，我们都在怀念你。安息吧！

无限的情思　永远的怀念

成　平

王老与我们长辞了，怅惘与追思，时时萦怀。

去年 6 月 12 日，我参加市委老干部局组织的体检后去看望王老，告之体检之事。并问他有无收到通知。他说还没有，我说得赶紧快点，过时不候。

不久，接到王老夫人树蕙老人的电话："你是石琴的老友，不能不告诉你，石琴体检发现肺部有一肿瘤，现住上海胸科医院，准备手术。"短短数语，似晴天霹雳，使我惊愕不已。我默祷吉人天佑，早日康复回泰。又暗自叹息，厄运为什么会降在这位德高望重的老人身上。

事与愿违，噩耗终于传来。那天话别，竟成永诀，我失去了一直敬佩的良师益友，深为悲痛。

我与石琴同志相识于解放初期市府大院内，相随于 1954 年夏抗洪斗争中，40 多年岁月中，除一段时间是隶属关系，更多的是师友情谊。他对我的帮助和教诲，使我受益匪浅。

他忠于党的事业，为人民的利益义无反顾。1954 年夏，淫雨成灾，7 月 6 日晚 7 时起，至 7 日中午止，降雨 212 毫米。通扬河水位涨达 4.96 米，下河水位 3.17 米，上河水沿通扬河向里下河漫溢。时任副市长兼防汛防旱总队部负责人的石琴同志，坚持执行上级"保住里下河粮仓，不让洪水肆虐"的指令，带领组织起来的干群，冒雨奔波在界沟、九里沟、鲍家坝等地险工险段上。当毗邻的泰县苏陈区宫家涵出险时，他不以地域之分，主动带领我们与泰县苏陈区人民共同奋战。经市委、市府号召发动，机关、企事业单位，城市居民，纷纷运送碎砖、碎瓦，及其他堵口物资，经过数个日夜奋战，终于堵住决口，减少了里下河人民生命和财产的损失。在这场抗灾斗争中他不仅是指挥员，更多的时间是与干群奋战在前线的战斗员。

他忠于党的事业，对革命工作兢兢业业。为改善农业生产灌溉条件，推动农业耕作的改革，即"上河旱改水，下河沤改旱"，同时为农村电气化打下基础。1955年苏北地区电灌尚处于萌芽状态。时为副市长兼建设科长的石琴同志，就在泰山村的蒲田，设计建造了一座电灌站作为试点，积累经验。1956年4月泰州市、泰县联合组建电灌委员会，王老是领导成员之一，主持具体工作。由于受电源制约，只建成泰州的鲍坝、花园、泰县的三忠三处电灌站。1958年泰州县建立，改组机构为机电灌办公室。截至1961年，全县拥有电灌站52座，电灌船3条，总马力5816.6匹马力。灌溉面积17.2万亩。抽水机船318台套，8495.5匹马力，灌溉面积28.3万亩。还兴建姜堰电站一座，架设3.5万伏高压线路10公里，全县39个公社基本上都有了电源干线。部分农村社员家庭，晚上有了电灯照明，在苏北地区，泰县机电灌事业，走在其他县市前面。当时一座电灌站，设计灌溉面积都在万亩以上，每座电灌站的建设，施工前要经过查勘、设计、批准，取得国家列项投资（渠道建设经费国家拨款），主要机电设备，建筑材料，要列入国家计划。施工中，所需物资要及时送达工地，所需各种施工力量要及时组织到位。并要确保在当年5月20日前完工，才能不误农时。因此，建成每座电灌站，来之不易，它不仅需要人力、物力、财力的大量投资，而且在时间上，要求工期短，在工程质量上，要求质量高，这给组织者和施工者的工作压力很大。王老在领导我们大干机电灌事业的几年中，指挥得当，工作虽繁忙错杂，但历尽艰辛后，都能胜利完成。在泰州县期间，机电灌取得的飞速发展，是与石琴同志的个人努力是分不开的。

石琴同志有较高的文化素养，有专业知识，又一直处于领导岗位上，但对人却平易谦和，与同志真诚相见。同志间有什么难处，在他力所能及的范围内，总是竭力相助。我和他相处40余年来，他一直是我的良师益友，在这里，记下与他相处之中难以忘怀二三事。

我老家在海安农村，解放初期，家有寡母、妻子、孩子和年幼的弟妹。生产者少，而食之者众。正常年景，勉可温饱，遇到旱涝灾年，生活就难以维持。1951年春，我向代理市长黄达同志反映家庭困难情况，请求组织帮助17岁妹妹进城务工问题时，恰巧石琴同志也在黄市长处，黄市长听我反映后，没有表态，我心中忐忑不安，怏怏而退。时隔不久，王老找我，要我通知我妹妹来泰州去华泰纱厂上工，我闻后深为感动。王老对同志济危解困的事例很多，但从不宣扬标榜自己，甚至对自己的家人也不提及，就像做一件平常和应该做的事一样。

两泰行政区域因地缘关系和工作需要，几经分离和组合，1962 年又恢复泰州市和泰县建制，农水系统工作人员，除留极少数人员外，绝大部分人员去泰县工作，我也离开了相随多年的王石琴副市长。泰县水利局领导成员中，我算得上年富力强，因而有幸常年带领民工战斗在各处大型水利工程上。工作中，我时记王老的教诲，既要大刀阔斧，又要缜密细致，特别是要做好人的工作。因而每次工程任务都能率先完成，泰县治淮工程团的工作，也屡受上级主管部门的表扬，对这些他老人家很感欣慰，我也经常得到他的勉励。

　　1976 年泰县中干河套闸工程动工兴建，成立工程处。县委将我从邵伯船闸工地调回主持工程处工作：该闸原计划两年建成。可我们提出两年任务半年完成的豪言壮语。开工在即，备料物资五吨 5 号石油沥青尚未落实，势必推迟开工。大家心急如焚。我只好到泰州向王老求援。王老二话没说，和我同去南京，在南京奔走有关厅局数日，未能解决。情急之中，想起省化工厅有位邵处长以往工作中有过接触，家住我们旅馆附近，晚上摸到住在四层楼上的邵处长家，幸遇处长。在王老一番动人的陈述之下，处长很受感动，当即提笔批转南京炼油厂供应。真是"山重水复疑无路，柳暗花明又一村"。我见沥青解决像久旱逢甘霖一样，心中十分高兴。当年王老已年近花甲，长期身患胃溃疡，硬饭不能吃，走路无力，而为我的事，在南京奔波了几天。他这样做不能单纯看作是对我个人的情分，而是应看到王老对党的事业的无限忠诚，对水利事业的热爱，对泰县人民的友谊。五吨沥青现在看起来没有什么了不起，可当时人们普遍认为它比黄金还要贵，有了它才能按时开工。为提前完工，赢得了时间。最后，经过多方努力，终于实现了两年工程半年完成的豪言壮语。经费只花了 96 万元，与同期开工，同规模、同形式的海安三里庙船闸（交通部门主办）相比，经费节约 100 多万元，为水利建设史创造了一个奇迹。县委为此开了个数千人参加的庆祝大会，并向全县人民实况转播，我们得到很高的荣誉，又怎能忘记王老的帮助呢？

　　泰县水利局下属企业水利机械厂，也是在王老竭诚相助下获得较快的发展。该厂原是治淮工程团的一个修理车间，维修保养水利工程机械。1977 年夏更名为泰县水利机械厂，一度生产挖泥机船和挖土机。随着大型水利工程逐年递减，该厂开工不足，濒临解体。为求生存，转产液化气钢瓶。而原材料特殊钢板市场紧俏，时常缺货，不能持续生产。为开辟钢板供应渠道，我又求助于王老，他慨然允诺，当即写信给他的同乡同学，在重庆钢铁厂工作的柯总工程师，因而促成两厂联姻，从此，泰县水利机械厂有了充足的钢板供应，生产得到大发展，现已成为拥有一万平方米厂房两千余职工的企业。

王老不仅对我工作上给予指导和帮助，在对一些问题的看法上，也能及时指点迷津，使我能在人生道路上，沿着正确的方向前进。1980 春，组织上决定调我至江苏省泰州市畜牧兽医学校任副校长。对这一任命，我既兴奋又苦恼。恰切地说，苦恼多于兴奋。因为在我革命生涯中，过半时间是在水利战线上度过的，对学校工作十分陌生的，自己文化水平不高，担心和知识分子打交道力不从心。在彷徨、犹豫中，我找王老，聆听他的意见。他就像兄长一样和我娓娓交谈。先讲学校教育工作的重要性，又分析了学校发展的前景，同时说明教师的社会地位，以及个人服从组织的重要性等，说得我心悦诚服，坚定了我去学校工作的信心。转眼十多年过去了，实践证明，还是王老的话正确。这几年中，我对学校的贡献虽然不大，可学校的同志对我却十分厚爱，知识分子不是我想象中那样难于相交，关键是以诚待人，相互尊重，相互关心。1990 年底我离休后，学校的领导，从政治到生活上都很关心我。

以上是我与王老从相识、相随、到相知 40 多年的片断回忆。就我的认识而言，他的一生是光辉的一生，紧跟共产党艰苦创业的一生，算得上是一个高尚的人。

石琴同志安息吧，你永远活在我们心中，我们将继承您的遗志，以你的光辉人生为榜样，发挥余热，使我们祖国更加美好，人民生活更加幸福。

城建树鸿猷　心怀同璞玉

王化南

　　石琴同志是我的领导，又是我的良师，他离开我们近一年了。他那缜密细致的工作作风，平易近人的仪态，虚怀若谷的气度，才华广博待人之宽的素养，革命热情的崇高精神，至今记忆犹新，历历在目。

　　和王老相处 38 年矣，特别是他担任建设科长和副市长分管城建期间，对我帮助很大。记得在 1954 年筹备泰州建筑站时，他高瞻远瞩地说："泰州要建设，要振兴，要发展。没有一个施工单位不行，将来还要几个大公司才能承担呢！"（此话真的实现了，目前已有四个公司）当时要我任建筑站副站长，担任这一任务我确有困难，他循循善诱地启迪我，帮助我说："遇到困难多请示领导，多依靠群众，自己再下定决心努力工作，没有办不好的"。就这样建筑站成立起来了，首先承建的是烈士祠和烈士碑亭工程。我坐镇指挥，实际上王老每天都来工地指导，有时一天来几次帮助检查质量、安全，安排进度。他常对我们说："烈士祠是为纪念为国捐躯的烈士而建的，一定要保证质量。"可见王老对烈士的崇敬心情。在他的严格要求下，经广大职工努力提前 30 天按质、按量完成了任务。受到了各界人士和专署负责同志的好评。

　　泰州解放初期，道路狭窄，坑坑洼洼。群众中流传着："道路不平，电灯不明，电话不灵"。王老非常重视城市建设。在市委、市政府的领导下，作为分工负责城建的王老和建设科一班人承担起第一次拆迁拓宽街道的任务。他身临前线指挥，坚决执行市委决定，采取说服动员，反复宣传政策，亲自和工作人员登门拜访的方法，夜以继日地工作。不少群众深受感动，主动让房拆迁。在这过程中还有段小故事：一刘姓老太，正在屋内搬东西，王老也帮助她搬，并询问道："老太太这次拆迁拓宽街道，政府的政策和做法你满意吗？"老太太笑着说："据说是王副市长亲自上门动员，亲自替老百姓安排，再有意见就不凭良心了"。老太太的儿子回家看到王老帮助搬东西，连声喊道："王副市长你歇歇我来搬"。老太太惊讶道："你就是王副市长？哪个朝代有市长帮老百姓搬家的？"由于工作做得严、细、实，在1951年仅用了40多天时间，就于5月1日前拓宽了扬桥至八字桥、大林桥至大校场的道路，全长达3000多米。我市是江苏省第一个拓宽街道的城市。接着对稻河路全段，扬桥至赵公桥，八字桥至高桥等全部进行了拓宽，都顺利地完成了任务，大大缓解了交通拥挤状况，加强了城乡物资交流，繁荣了市场经济，促进了泰州的发展。

1954年的梅雨季节，不断下着瓢泼大雨，河水上涨，不少地方遭淹，市指挥部接到宫家涵告急的电话，随即由王老带领100名建筑工人前往支援，记得当时宫家涵是严喜同志坐镇指挥的。听了情况汇报，看了凶猛的河水直向里下河倾流而下，水落差1米多，情况十分危险。为了摸清河底深度，王老身先士卒跳上木船率领我、储恺工程师和十名工人，把船向急流处撑去，谁知水流过急，船被旋涡卷走，向下流急飘，横冲直撞，幸亏工人们拼命抓住树枝，有的工人被荆棘划破了，也不叫一声苦，才避免了一场翻船危险。后来经王老等讨论，决定以木排为浮桥，用打桩，草泥围坝的方案，保住了宫家涵，保住了里下河，由此可见王老对群众的一片赤诚之心。

王老在分工负责城建期间，遵照市委、市政府指示，在岳墩、小西湖的旧址上开辟了泰山公园，修复了体育场，兴建了工人文化宫第一座二层工字大楼等，丰富了全市人民的文化生活。泰州在三步桥，首建工人住宅区，建成后王老曾和其他领导一起向首批进宅的搬运工人致贺。王老因工作需要调任市人大副主任，仍分管城建工作。在我市新建的几座大桥和主要道路都凝聚着王老的汗水。如改建西门桥，他多次和我们一起深入现场查勘，进行方案比较，征求多方面意见，最后决定利用原4米宽的西门桥，在北侧加宽的方案。从扩建设计、审批报告，王老均逐一过目和修改。此项工程为国家节省投资40万元，受到省建委的赞扬。

吃水难，是老泰州人共知的。市委、市政府为了解决群众吃水难问题，由王老负责筹建泰州自来水厂。他亲赴上海联系设计，又领我们去上海嘉定县参观同类型水厂。回泰施工时，他经常到工地检查、指导，帮助解决问题。当时因木材紧缺，由王老、技术人员、工人们共同研究，清水池外模板，是用砖头代替的，并获得成功。为了连续浇筑混凝土，王老和我们一样度过了许多个不眠之夜，胜利地完成了建设水厂的任务。当全市人民吃到清泉而感谢党、感谢政府时，也忘不了王老为建水厂所做的贡献。

王老工作上，认真负责，一贯联系群众，因而在城建系统职工中享有崇高的威信，人们都尊重他，敬佩他，一致认为他处理问题，既有原则又不盛气凌人，是一位礼贤下士的好领导。吊装工人革新能手郑忠爵有病，他知道后去医院看望他，郑忠爵流下了感激的泪水。病愈后不但工作干得出色，逢人便说共产党好，人民政府好。泰州市第九届人代会选举代表时，我任选举办主任、王老是第一选区的候选人，结果一建公司1600多名职工全部投了他的票，他以100%的全票当选，此例，在全市选区中为数是不多的。

弹指一挥间，历史的车轮滚滚向前，当人们看到泰州经济、文化的发展、市场繁荣、百业兴旺，看到宽阔平坦的林荫大道，碧波荡漾的东河风景区，鳞次栉比的住宅群，船只如梭繁忙的船闸和高耸入云的高楼大厦以及新建的218米高的电视塔，谁又能忘记王老为城市建设所做的贡献呢！所以人们称赞他，纪念他，怀念他，我更是难以忘却这位好领导。本文只能是挂一漏万，文字凌乱，不能记王老在城建工作的光辉一生。哀思绵绵，意犹未尽。撰挽联以表哀思：

城建树鸿猷，心怀同璞玉，志节坚贞，声威具著，清风两袖心血瘁。

追随承教诲，仰先驱遗范，生涯淡泊，名传方圆，正气一身咏高风。

他的高尚品行永留人间

宗 宇

　　1954 年我主持中共泰州市委工作时，与王石琴同志相识，到 1956 年秋我调离泰州前，因工作关系接触较多，以后仍有交往。1983 年实现市管县新体制后，我在扬州市政协驻会工作，王石琴同志是副主席，交往增多，到 1994 年，我们已是有 40 年交往史的老朋友了。1994 年 6 月，曾同黄扬同志一道去看望了王石琴同志，当时从外表看身体似乎尚好，大家比较高兴。一个多月以后，得知他因病去沪诊治，没有料到，竟于去年 10 月因诊治无效与世长辞，对于有深厚友谊的老朋友的逝世，内心是非常难受的。

　　在长达 40 年的交往中，深感我国知识分子的传统美德在王石琴同志身上得到了充分的反映，更难能可贵的是，他不仅热爱伟大的祖国，也热爱中国共产党，深刻体会只有在党的领导下实行社会主义制度，祖国才能繁荣富强，人民群众的生活才能幸福美满，并积极投身到伟大社会变革中来。石琴同志是出身于剥削阶级家庭、生长在国民党统治区并读完大学的知识分子，从青年时代起即成为一位爱国主义战士，由于向往光明，追求进步，最后锻炼成愿为共产主义实现而奋斗的光荣战士。他的精神，他的品行，永远值得人们学习。

　　抗日战争爆发后，泰州在 1940 年即为日伪军占领，在中学读书的石琴同志就冒险参加了抗日宣传活动。新中国成立前的解放战争时期，石琴同志是上海高等学校的学生，他不是闭门读书，而是冒着被逮捕被迫害的危险，积极参加了由我地下党领导组织的"反饥饿、反内战、反迫害"爱国民主运动。1947 年参加了主张同中国共产党合作，反对国民党专制独裁、反对内战的中国民主同盟。当时在蒋管区参加这样的组织也是会遭到国民党迫害的。

　　1949 年初，蒋必败我必胜虽已成定局，但国民党政府及其残存大军仍统治着长江以南祖国半壁河山，并进行最后挣扎。这年 1 月泰州解放了，当时在蒋管区的王石琴同志秘密穿过国民党军队封锁的长江回到泰州，参加党领导的各项运动并很快正式参加工作，迈上了新的征途。

石琴同志参加工作后，能正确对待出身于剥削阶级家庭这个现实，自觉地投身到社会主义革命风暴中，在实践中考验自己，锻炼自己，提高自己。新中国成立不久正进行民主改革，社会主义改造尚未开始，对私营工商业尚未进行全行业公私合营，对个人多余房屋尚未进行房屋改造之际，他在1951年、1952年先后将祖先经营的大同书局及华泰纱厂的股权全部献给国家，同时将数十间私有房屋无偿献出，支持政府新建治疗抗美援朝伤员医院。石琴同志在参加工作后不久。当时机关工作人员实行供给制，在党和政府没有发动的情况下自觉献出股权与数量较多的私人房屋，是追求进步，加强自我锻炼的可喜举措。

石琴同志参加工作后，工作认真负责。在政府长期分管城建工作，对泰州古城的管理建设做出了较为显著的成绩。党发挥石琴同志的优势，让他主管工商联工作，他总是耐心教育工商界朋友们，努力学习奉公守法，积极参加社会主义改造与建设活动。主持泰州市民主同盟时，较好地贯彻了党的"长期共存、互相监督"的方针。

石琴同志对家庭成员政治上要求也很严格，要求王氏家族成员都要拥护中国共产党的领导，热爱伟大祖国，努力工作，为国家多做贡献。他的弟妹王竹琴、王倚

政协扬州市二届一次会议合影（第一排右起第四位为王石琴同志）

琴、王凤琴三人均参加了中国共产党，他的子女大部分也参加了中国共产党，有的是模范党员。据我所知，一个大家庭中主要成员特别是像石琴同志这样的家庭，其成员多为中共党员是少见的，这是王氏大家庭的光荣与骄傲，这既是党组织教育培养、入党者自己努力的结果，也与石琴同志对家庭成员的帮助分不开。他要全家人不仅思想上热爱党，行动上拥护党，且在组织上参加党，成为光荣的共产党员，期望成为现实。从这件事也反映出石琴同志同党的深厚感情与对党的忠诚了。

"文化大革命"时石琴也受到"四人帮"在泰州的爪牙的冲击，三中全会后落实了政策，石琴同志能正确对待，对党毫无怨言，继续在党的领导下，愉快地进行工作。

石琴同志本人也多次要求参加共产党，1956年我在中共泰州市委工作时，曾与我个别交谈，说明从他读书时起亲身的感受，只有在中国共产党的领导下，只有坚持社会主义制度，祖国才能繁荣富强，愿认真学习，加强锻炼，早日成为中国共产党的一个成员。1990年他又向泰州组织提出入党申请，在他病危时，又表达了希望入党的心愿。在1956年我坦率地同石琴同志交换了意见，作为一个青年学生，经过斗争与社会主义改造的考验，已基本上符合中共党员条件，但党的统一战线，需要众多的像他这样的人发挥作用，建议他还是以民主党派身份开展工作，更有利于党的事业，石琴同志从大局出发同意了我的建议，以后泰州市委主要领导人也是从这方面考虑的。

石琴同志爱党、爱国、爱社会主义，党和人民也信任他、重视他，早在20世纪50年代即被选为泰州市人民政府副市长，以后被选为民盟江苏省委委员、泰州市主委，党的十一届三中全会后被选为泰州市人大常委会副主任，扬州市政协副主席，在较长时间内是泰州市、扬州市的领导人之一。

石琴同志虽然离开了人间，但热爱伟大祖国，热爱中国共产党，热爱社会主义的高尚品行，将永留人间。留下了值得后人学习的财富。

最后赋诗一首以寄哀思。

不见音容已一年，凝思不禁泪泫然。

海陵共唱同心赋，邗水笑读统战篇。

拥党至诚存肺腑，忠贞真理蕴心田。

正拟联袂倾余热，鹤驾云飞叹逝川。

泰州民盟的优秀领导人

王　云

用"鞠躬尽瘁，死而后已"的名句来评价王石琴同志对党对人民事业的忠诚、勤勉的品格，是很恰当的。王老离我们而去已届一年，然而王老的好思想、好作风，永远活在我们心中。我在泰州工作的十余年中，约有七年，即从1986年1月至1992年10月，是在泰州市委统战部工作。由于组织上分工要求，能与市各民主党派、工商联保持密切联系。因而亦有机会与担任市民盟主委的王石琴同志有较多接触与交往。我由泰州市人武部政委转业到市委统战部时，更多地向王老等知名人士请教。在党的"长期共存、互相监督、肝胆相照、荣辱与共"方针指引下，我们度过了一段难忘的岁月。我与王老最后见面时是1992年10月底，我奉调即将离泰去省工作时，专程到王老住宅去向他老人家辞别。未料到，这一别后，我再也未能见上王老。忆往昔，深为王老关心党的统战工作，致力民主党派建设的精神所感动，为自己曾与这位忠厚长者共事而欣慰。谨记下片断回忆，以作纪念。

坚持共产党的领导

党的十一届三中全会以后，市民盟的组织发展工作有了新的进展。至1986年，盟员由原来的10余人增加到90多人。但有些新入盟的同志，由于对中国特有的政党制度不太熟悉，一度对"共产党领导的多党合作制"领会不深，甚至有些误解。作为市民盟主委，王老十分重视对新盟员进行思想教育。王老亲自组织新盟员培训班，邀请有关部门负责人做报告，与新盟员谈心等，耐心向新盟员作传统教育和思想疏导。在一次培训班上，王老曾联系民盟的历史说：解放前，民盟因反对国民党独裁统治，被宣布为非法，后在共产党的关心帮助下，才得以生存、发展。没有共产党，就没有新中国，也就没有民盟的今天。新盟员通过接受培训、教育，普遍增强了坚持党的领导的观念。在王老带领下，盟市委一班人自觉服从中共泰州市委的领导。基层民盟组织也自觉地尊重、支持所在单位中共党组织。在党的领导下，积极稳妥地搞好合作共事。

努力发挥民盟的重要作用

王石琴主委生前十分重视根据《中共中央关于坚持和完善中国共产党领导的多党合作和政治协商制度的意见》要求，充分发挥民盟的参政党作用。凡属中共泰州市委或市委委托有关方面请王老参加的有关参政、协商或情况通报活动，他都准时到会，根据会议中心议题，积极发表意见，敢于讲真话，能实事求是反映社情、民意。会议形成决议后，他自觉执行，严格保守会议秘密。

1987 年和 1991 年，泰州市人大、政协换届，王老主持盟市委会，按规定程序物色、推荐适合人选，作为市人大代表候选人和市政协委员人选。民盟成员中的人大代表、政协委员当选后，为泰州市政权建设、民主政治建设做出了贡献。与此同时，王老、盟市委培养推荐的几位参加市特约参政活动的盟员，为端正党风党纪、推动法制建设做了许多有益工作，受到了好评。

泰州民盟组织内，集中了一大批高中级知识分子。多年来，王老总是启发引导他们为振兴泰州多干实事。这些高中级知识分子不负王老期望，他们除出色完成岗位任务外，还通过参加办学、科技咨询服务、调研、视察等，扎扎实实办了许多好事。他们在振华学校内培养各类人才，已达 1000 多人。王老还亲自担任市民盟办的经济函授大学泰州分校负责人。积极发动学员入学，聘请教员讲学。分校学员在校率最高时达 300 多人。泰州许多重点企业的经理、厂长、党委书记先后成了分校的学员。

帮助盟员解决实际问题

王老不仅从政治思想上、工作上关心盟员，还重视帮助盟员解决生活实际问题。1991 年冬，原副主委许志寿同志病重。由于许老退休早，原单位劳保条件差，办理住院手续时遇到困难。如不及时送许老住院、治疗，后果难料。王老知此情况后，不顾自己身体也较差，先后来民盟、统战部，与我们共同商量解决办法。由于王老亲自关心，市教育局及所属单位重视，在政策制度允许范围内，解决了医疗费用的报销问题。使许老得到及时住院治疗。如今，许老已是92岁高龄，健康状况尚好。盟员、高级美术师叶大根，在市商机厂获得落实工资政策后，仍存在身边无子女问题。王老亲自到有关部门、单位求援，获得支持，终于将叶老在姜堰的儿子调来泰州工作，使叶老夫妇俩身边得以"老而有靠"。如今，叶老虽已年近80岁，却仍老骥伏枥，耕耘不止。在书法、篆刻、国画创作上，连年有佳作问世，为精神文明建设事业继续奉献自己的劳动。

进退听从组织安排

早在新中国成立前，王石琴同志已加入民盟。1956年，泰州建立民盟组织。王老先后担任市民盟主要负责人长达40年。深受党和人民、民盟人士的信赖，享有盛誉。先后担任省人大代表、民盟省委委员、泰州市人大常委会副主任、扬州市政协副主席。他身居高位，不忘人民的重托，以全局利益为重，正确对待去留。1991年10月，民盟泰州市第四次盟员代表大会召开前夕，王老怀着对党的统战工作高度责任感，从对市民盟领导班子长远建设考虑，积极推荐新人担负重任。亲自去省向民盟省委陈敏之、任江平等领导陈述市民盟人事调整设想，表示自己不再担任市民盟主委的请求，获得上级组织的支持和统战部门的理解。在王老等老一辈领导人的多年培养下，市民盟新的领导骨干迅速成长，市民盟现任主委石林还担任市人大常委会副主任，副主委丁培荣担任了市教育局副局长。市民盟在自身建设、参政议政、为四化服务方面，迈出了新的步伐。市民盟与党的合作共事优良传统正一代接一代，继往开来。正是：长江后浪推前浪，世上新人超旧人。当我们为失去王老感到非常悲痛之际，又为泰州民盟发扬了王石琴主委好传统好作风，取得了新的成绩而深受鼓舞。

一把伞 一棵树 一本书

陈文海

1962年，我从南京工学院（现东南大学）城市规划及建筑专业毕业，分配到泰州市城建局负责市政建设维护工作。1964和1965年冬春绿化季节，我和园林管理处的汪镜民、周振平同志被临时抽调到市"绿化办公室"工作。王石琴副市长负责协调指挥，我初步接触到这位慈祥和善而又务实睿智的领导。

王副市长当时分管城市规划建设和交通水利工作，和我们一起工作不只是领导与部署指挥，还和我们具体研究工程技术和实施方案，工做报告和总结都是他亲自动笔成稿。他和我们相处十分融洽，没有一点领导架子。他思维缜密，工作大刀阔斧并鼓励年轻人放开手脚干，我们有什么想法就直接说出来，没有丝毫顾忌。在王副市长直接指挥下，在办公室周密组织下，冬春群众绿化运动，既轰轰烈烈又扎扎实实。

当时的泰州，城市建设还比较滞后。"一条大街两座楼，一个公园两只猴"是当时城市状况的真实写照。那时候城市建设经费十分紧张，全市一年只有三万元城市维护费，只能处处精打细算，对街巷道路只能修修补补，维护工程队的施工人员都是自己捡拾砖头子儿，敲碎铺路，雇用临时工来拉滚子（碾子）碾压，叫泥结碎砖路，我还曾写过一篇文章，介绍泥结碎砖路的施工流程，叫"雨止穿花鞋"，说起来真有点寒碜。

通过两年的冬春绿化运动，市政府大力发动群众，全民动手植树改善城市环境，取得了显著成绩，建成了东郊公园和东车站广场、西车站广场、常汪、俞家园和工人新村五处游园。当时，连红旗农场驻泰部队也前来支援，他们跑步而来，奋战一天，完成了东大街（现东进路）觉正寺上下河涵洞的土方任务，充分体现了军民鱼水情。

环城路还未修建时，沿着旧城墙脚栽植松树，这是王副市长定的树种，市政府前府南街一段道路的行道树也是栽的黑松。晚上，王副市长和我们一起拉粪车，给新栽的树施肥。拉了三个晚上，我记得，月光下我们拉着粪车畅想着泰州城市的美好未来，信心十足。两年的城市绿化成果群众的反映良好。

泰州人都知道，王副市长把泰州华泰纱厂股份以及自家的房子都捐献给了国家，但他自己的生活却十分节俭，居住条件更是简陋。他住在老市政府西面，中山公园老灯光球场旁边，七架梁的平房。后来政府在南边西火巷附近建了两层楼职工住宅，对王副市长家跟普通群众一样作了安置，才改善了拥挤的住房条件。王副市长有六个子女：两个女儿，四个儿子。他的工资是100多元。家庭人多，是老困难户。听说年底政府给予补助，他却不要，说他自己能够克服。

听建设系统老职工说，解放初期王副市长当时兼任建设科科长，他对建设科的同志及维护工程队的工人都非常关心。城建局有个叫夏富朝的工作人员，有间歇性精神病。该同志工作很认真，不发病时工作有板有眼，一发病就身不由己。夏去王副市长家时，不拘小节，常常睡在王副市长的床上。王副市长不但不计较，反而更加关心他，安排人陪护他，并积极安排治疗，这个同志非常感动，更加努力工作，在群众中传为佳话。

据老同志介绍，1952年王副市长组织指挥城市改造，雷厉风行，卓有成效。五一路、府前路、城南路、城中路、城北路、下坝路等，由原来的5米至6米，拓宽至10米，这是苏北地区旧城改造的第一个城市。那年的五一劳动节和国庆节开大会、游行，还有提灯晚会都是在新拓宽的道路上举行的，群众反响热烈。当时的路牙、路沿用的是铺路条石，以前条石街的石头发挥了作用，麻石、青皮石悉数派上用场。泰州拓宽之后，扬州才开始拓宽，但他们拓宽到12米。后来到1958年泰州市将西仓路、东大街拓宽到14米。

"文化大革命"中，王副市长与其他市领导一样，受到冲击，因为他平时人缘好，又低调实干，没有遭到大的批斗，被下放到泰州纺机厂劳动。在这期间，王老拜城建局会计陈秀云的儿子为师傅，认认真真做好应做的活儿。后来他调回交邮建局"三废办公室"（即后来的环保办公室）工作，当时，我在局任生产组副组长，与昔日的老领导一起工作，很是高兴。我依然把王老当成领导，局里有两个年轻人，直呼王老为"老王"。我听到后立即纠正他们，要求他们尊称"老首长"。我一直带头喊王老为"老首长"，当时在我们系统，甚至市里不少同志都这样称呼，我很开心。

和王老一起工作多年，我倍感欣慰。那段时间，我经常向他请教。记得王老告诉我，做好工作的前提是要切实执行党的方针政策和规章制度，要胆大心细，更要尊重人，要虚心倾听别人的想法，肯定他人的正确主张，有不同意见，也要委婉提出，做出来的决定让人家容易接受，这样形成合力，把工作做好。

王老后来调任市人大常委会副主任，一如既往地辛勤工作。他能处理好各种关系，特别是民主党派和政府的关系。他能积极谋划，对市委的决定坚决拥护执行。他做官做事，称得上不卑不亢，不倨不傲。"上能接待中央首长，下能接待普通群众"，这是当时群众对他的评价。

王老胃病比较顽固，他一米八的身高，体重只有98斤，瘦弱得很。因为胃痛，他常常佝偻着身子坚持工作。人民医院的医生给他开过药方，甚至让他吃青霉素粉，依旧治不好他的胃痛。平时，王老身上带着饼干，上午九点和下午的三四点会拿出来吃点，缓解胃病。后来，我给王老找了一个偏方：痢特灵加维生素 C，再加医生的科学配比，歪打正着，竟然治好了王老的胃病，我真高兴。

王老的妻子钱树蕙，贤惠有加，王家清正的家风，也潜移默化地影响着每一个孩子。他的子女们都很低调，默默做事，不事张扬。儿子王载康、王载同分别在市自来水公司、市政公司（后来调至经委）工作，为人低调，工作勤奋，从来不打父亲的旗号，在各自的单位均受到好评。

我今年已经83岁，精神还好。提到老领导往事就鲜活地显现在我的眼前，恍如昨日。在我心中，王石琴是一位慈祥的老人、慈爱的父亲。对待部下，他就像对待自己的子女一样关爱呵护。

他似一把伞，给部下遮风挡雨，让他们放开手脚去干。他又像一棵树，不光能遮风挡雨，还给人果实，昂然挺立，给人以高大美好的印象。他更是一本书，经常读他，能汲取精神营养，会影响一个人的工作状态，感悟到做人的真谛。

人之有德于我也，不可忘也

王临生

泰州民盟创始人王石琴，江苏泰州人，1920年生。1947年毕业于上海大同大学，被授予学士学位，1949年参加革命工作。在抗战时期，上中学的王石琴就追求光明和进步，积极参加进步青年在泰州街头进行的抗日宣传活动。解放战争时期，在上海积极参加"反饥饿、反内战、反迫害"的学生爱国运动，阅读、传播革命书刊，掩护过当时受到国民党反动派迫害的中共党员和进步学生。1947年秋，经民盟上海市委负责人彭文应等人的介绍，王石琴加入民盟组织。入盟不久就在上海愚园路会见了民盟总部组织部长章伯钧，章分析了当时的国内形势和民盟的险恶处境，希望盟员不要暴露身份。1948年冬，王石琴等盟员去上海虹桥疗养院秘密会见被国民党软禁在那里的民盟总部宣传部长罗隆基，得到迅速返回苏北、迎接解放的指示。1949年初，泰州新中国成立后的第二天，他就穿过封锁线，回到泰州，参与地方的进步活动。

新中国成立以后，王石琴先后担任过泰州市工商联筹备会主任兼秘书长、市政建设委员会副主任兼建设科长、副市长、副县长、副市长兼体委主任、市建设局副局长、市人大常委会副主任、民盟泰州市委主委、扬州市政协副主席。

王石琴近50年的革命生涯，向我们充分展示了他向往光明，对进步执着求索的精神风貌。王石琴终生信仰共产主义，坚持真理，拥护中国共产党，多次向组织表示入党愿望，出于统战工作的需要，组织上将他留在党外工作。他身在党外，心在党内，时刻以一个共产党员的标准严格要求自己，把"思想上入党"作为自己的座右铭。直至1994年10月临终前，仍然心向党组织，留下了"我未能入党，心向往之"的遗言。王石琴在《庆党六十周年有感》一诗中这样写道：

十月炮声响，五四震燕京。群丑徒挣扎，腊尽春意生。

细流汇七一，奔腾万里程。几番历艰险，不废大江行。

道路穷探索，正鹄飞镝鸣。真理凭实践，愈辩且愈明。

思想凝高志，功垂青史名。日月容亏蚀，无损其琼瑛。

三山赖推倒，散沙聚成晶。生民歌大有，吾围若金城。

猗欤新风尚，可喜沧浪清。试难数千载，谁堪共话评。

今当一周甲，决议旨恢宏。玉宇迷雾拨，神州画备呈。

胸怀顿爽朗，运筹益深闳。原则坚持紧，同心苦经营。

中兴业已达，小康奚难成！遥期凌绝顶，笑语八荒平。

耄矣未言老，犹自竭忠诚。区区片瓦意，愿得伴雕甍。

乐律非我擅，滥以弄竽笙。敢羞音韵涩，聊抒祝嘏情。

字里行间，可见他对中国共产党的信念与忠诚。

王石琴出身于一个地主兼工商业者的家庭。父辈先后在泰州、姜堰等地经营过大同书局、大德粮行、大陆饭店、大元钱庄、华泰纱厂等十余家工商企业。他利用这种条件，积极为发展家乡经济做贡献。1943 年，他在上海求学期间，为泰州与上海工商界人士合作筹办华泰纱厂牵线搭桥，动员父辈朋友参加投资，协助将机器设备从上海运至泰州。关卡林立的敌伪时期，此举实属不易。1947 年上海股东力主将华泰纱厂南迁，他代表全体员工上书董事会，终于将华泰纱厂保留下来，为泰州工商业发展铺垫了一块基石。新中国成立后，他代表全家将祖留所有工商股权，无偿捐献国家。泰州博物馆、图书馆成立伊始，又将祖传古籍、字画、文物全部捐献给国家。在他的影响下，当时泰州爱国工商界掀起了捐赠热潮。1952 年，泰州市接受志愿军伤病员，筹办康复医院。当时他身兼建设科长，为保证原美德小学内住户按期全部迁出，毅然让出了自己全部住房供居民过渡。王石琴利用自己联系广泛的优势，对在台湾、港、澳和海外的同学和泰州同乡，宣传党的爱国统一战线方针，提高泰州在海外的知名度，为祖国统一和家乡建设做出了贡献。在担任政府领导期间，他从不以职权谋取私利，还主动放弃国家在困难时期对他的特殊照顾。

王石琴长期担任政府部门领导职务，对分管的各项工作勤勤恳恳、兢兢业业，对党和人民的事业高度负责，满腔热情，对泰州的建设做出了很大的贡献。主持城建工作时，在他的倡导下，先后创办了泰山公园、果场、渔场、自来水厂，主持并参与了坡子街、东进路、五一路早期拓宽工程。创办了泰州化工学校，为泰州市化学工业培养了一批骨干。保护了光孝寺戒台、御史牌坊和胡人石刻等一批有价值的历史文物。1954年7月，泰州遇到罕见的洪涝灾害，鲍家坝坝堤危险，可能造成对里下河的危害。当时王石琴担任抗灾现场指挥，提出"不让一滴水流入里下河"的口号，亲临抗灾前线，冒着倾盆大雨与抗洪的广大干群奋战在一起。王石琴平时经常深入基层，接触社会，联系群众，关心群众的疾苦。

泰州民盟老主委石林在回忆文章中写道："不管他为泰州做了多少事，但他本人总保持一个普通平常人的形象：穿着朴素，布衣布鞋，走起路来总是不快不慢，待人接物，平易近人，一点儿看不到官架子，而且数十年如一日。'文革'期间，市委市政府的领导大多靠边了，石琴当然也靠边站了，但是他仍然身着布衣布鞋，不快不慢地走在大道上。他坚信混乱时期总会过去，党的正确领导终将恢复。粉碎'四人帮'后，石琴同志又被推选为市人大副主任，继续履行他从50年代开始作为泰州人民公仆的职责。几十年来，他为泰州人民的建设事业出了多少主意，想了多少办法，做了多少实事，做了多少好事，谁也没办法去作一个精确的统计。"

王石琴是泰州民盟的创始人，历任民盟江苏省泰州市直属支部主委、民盟江苏省泰州市筹备委员会负责人、民盟江苏省泰州市（县级）第一、二、三届主委。他德高望重，为泰州市民盟的发展做出了很大的贡献。特别是党的十一届三中全会以后，王石琴按照中共泰州市委和统战部的部署，着手恢复民盟组织。由于历史原因，当时人们对于参加民主党派还有不少疑虑，最普遍的是：民主党派是个什么性质的政党？参加民主党派还能不能参加中国共产党？对于这些问题，王石琴带领盟市委一班人，在统战部门的帮助下，通过多种形式，耐心细致深入地做好思想工作。自此，泰州民盟队伍不断壮大。作为市民盟主委，王石琴十分重视对新盟员进行思想教育工作。他亲自组织新盟员培训班，邀请有关部门负责人做报告，与新盟员倾心交谈；他经常联系民盟的历史，开展优良传统教育活动。在王石琴的带领下，盟市委、盟的基层组织以及广大盟员自觉地服从中国共产党的领导，积极稳妥地搞好合作共事。王石琴数十年来与中国共产党亲密合作，经常教育基层组织和广大盟员牢固树立中国共产党领导的观念，教育盟员继承民盟的优良传统，接受党的领导，从而为民盟组织开展各项工作创造了良好的条件。在王石琴的领导、教育和影响下，泰州涌现出一批党盟关系先进集体，不少单位受到表彰。

王石琴十分重视发挥民盟的参政党作用。他经常深入基层，进行调查研究。他关注民生，了解民情，反映民意。凡中共泰州市委组织的参政议政活动，他都准时到会，并根据会议中心议题，积极发表意见。

泰州民盟，集中了一大批高中级知识分子。多年来，王石琴总是启发引导他们为振兴泰州多干实事。这些高中级知识分子不负期望，除出色完成岗位任务外，还通过参加办学、科技咨询服务、调研、视察等，扎扎实实为地方"三个文明建设"办了许多好事。就民盟办的"泰州市振华业余学校"而言，培养了各类人才一千多人。王石琴还亲自担任民盟办的经济函授大学泰州分校负责人，分校学员最多时达 300 人。

王石琴重视帮助盟员解决生活实际问题。1991 年冬，90 岁高龄的原副主委许志寿同志病得很重。由于许老退休早，原单位劳保条件差，办理住院手续时遇到困难。如不及时送许老住院、治疗，后果难料。王石琴得知此事后，主动与有关领导共同商量解决办法。由于他的亲自关心，市教育局及所属单位很是重视，在政策制度允许范围内，解决了医疗费用的报销问题，使许老得到及时治疗。盟员、高级美术师叶大根，在市商机厂获得落实工资政策后，仍存在身边无子女问题，王石琴亲自找有关部门和单位，终于将叶老在姜堰的儿子调来泰州工作，使叶老夫妇俩身边得以"老而有靠"。

王石琴先后担任市民盟主要负责人长达 40 年。深受党和人民以及广大盟员的信赖，享有盛誉。先后担任省人大代表、民盟省委委员、扬州市政协副主席、泰州市人大常委会副主任。他身居高位，不忘人民的重托，以全局利益为重，正确对待去留。1991 年 10 月，民盟泰州市第四次盟员代表大会召开前夕，王老怀着对党的统战工作高度责任感，从对市民盟领导班子长远建设考虑，积极推荐新人担负重任。亲自去省向民盟省委陈敏之、任江平等领导陈述市民盟人事调整设想，表示自己不再担任市民盟主委的请求，获得上级组织的支持和统战部门的理解。在王老等老一辈领导人的多年培养下，泰州市民盟新的领导骨干迅速成长。

他常说：我之有德于人也，不可不忘也；人之有德于我也，不可忘也。王石琴就是这样，怀着一颗对中国共产党的赤胆忠心，怀着一颗爱民之心，勤勤恳恳地工作，公而忘私地工作。王石琴的一生正如马国征在《悼念王石琴老》诗中写的那样："一心向党，公仆形象，勤勤恳恳，造福乡邦。"

那个布衣翩翩的人

唐卫华

在城建档案馆编辑出版的《记忆中的乡愁——镜头里的老泰州》一书中，有一组 1951 年坡子街拓宽改造的老照片。14 张照片，完整记录了从地下到地上工程施工的全过程。尤其是工程接近尾声时的几张照片，再现了坡子街沿街的老字号，可以略窥 20 世纪 50 年代时坡子街的商业繁华。

根据《泰州城建 30 年大事记》记载，1951 年 5 月起，泰州城区动工铺设道路，年内完成各类型道路 25328 平方米，其中：重点修建了坡子街水泥路 2290 平方米，在修筑道路的同时，配套了排水系统，兴建各种规格的下水道 2551 米，排水沟 1000 米，人孔 17 只，窨井 30 只，解决新拓道路的排水问题。

从 1951 年起，陆续有一批对泰州后来发展、对群众生活产生影响的建设项目：

1951 年 5 月，开辟游泳场。利用体育场西城河浅滩，设立竹、木栅栏，圈置游泳场地，并架设了土跳水台，搭盖临时更衣室。

1951 年 10 月，改建南门高桥为平桥。原高桥为石拱桥，坡度达 45%，车辆过桥，需要人抬，改建时，拆除石拱，利用旧石桥台，加铺木桥面，改建成长 30.3 米，宽 7.1 米的平桥，坡度改为 17%。

1951 年泰山公园开始园林建筑，与革命烈士建筑物连成一体，泰山公园初具规模。

1952 年 8 月，开始兴建第一批工人住宅区。在华泰纱厂北面建集体宿舍平房 4 幢，面积 851 平方米。在俗称"花子窑"的三步桥建家属宿舍平房 12 幢，120 间，附有厨房 120 间，面积 2760 平方米，由各工厂、企事业推荐优秀工人居住。

1952 年 9 月，泰州船闸工程开工。9 月 25 日开始土方工程，其余工程量跨年度完成。

到 1958 年，实施通扬公路泰州段改线工程，疏浚通扬运河，修建天滋路、五一路车行道，新建下坝及城南小菜场，垫高天滋路，拓宽西仓大街，整治府南街，铺筑口泰路等，在一系列建设工程的壮丽画卷中，我看到一个人的身影——王石琴。

地方文史专家黄炳煜跟我说："王石琴这个人可了不得，在泰州城建历史上是做出过重大贡献的。"

朋友李良跟我说："梅兰芳到泰州，王石琴是出过大力的。"

文友李晋跟我说："王石琴家是有很丰厚祖产的，1949年后，将华泰纱厂、大同书局、大陆饭店等交给国家，家中的房产、文玩字画也交给了国家。"

我的脑海里一直盘旋一个问题，王石琴是个什么样的人？

——一个追求进步的人。陈社先生在《王石琴：功载史册》一文中描述：中学时代，他积极参加抗日救亡运动。大学时代，他在白色恐怖的上海，他掩护和资助过多位共产党员和地下党外围组织成员。泰州解放前夕，他冒着危险渡过长江封锁线，骗过国民党哨兵的盘查，一路步行，唱着《解放区的天是明朗的天》等革命歌曲，奔向泰州——抵达时正是泰州解放的第二天。

——一个率先垂范的人。王石琴的老部下王化南有一段回忆特别有代入感：1954年的梅雨季节，不断下着瓢泼大雨，河水上涨，不少地方遭淹，宫家涵告急，王石琴带领100名建筑工人前往支援。凶猛的河水直向里下河倾流，水落差1米多，情况十分危急。为了摸清河底深度，王石琴身先士卒跳上木船，率领工程师和十名工人，把船向急流处撑去。水流过急，船被旋涡卷走，向下游急漂，横冲直撞，幸亏工人拼命抓住树枝，才避免一场翻船危险。

——一个充满睿智的人。1949年到1951年在华泰纱厂事务所工作的钱治先先生曾回忆：王石琴在纱厂的股票连同原新泰布厂的股票在泰州解放初就主动献给人民政府。还有一座祖产住宅也献给人民，大部分家具送纱厂使用。王石琴的夫人钱树蕙说：王石琴对自己家中的古书、字画、玉嵌屏风等文物古籍，毫不吝惜，交博物馆收藏。祖遗住房20余间，占地近450平方米，为抗美援朝志愿军回泰休养，毫不犹豫借给公家。能够如此风轻云淡处置不菲的私财，非有大智慧不可。

想起民国老报人包明叔在《抗日时期东南敌后》里记述王光国的一段话，大概意思是：儿女之辈使习一技之长，备将来自食其力，房屋田产将来终是要上交，子孙不能不作过精穷生活的预备。王光国，王石琴的父亲。1941年李长江投敌前夕，包明叔携王石琴等离泰南行，临行前，王光国夫人出金饰约一两许交包明叔夫人，以防川资不足。王光国复拿出打簧金表一只，托包明叔夫人带沪修理。后来包明叔察觉，此表并无须修理，王石琴说："家父恐包师母到沪，家中缺乏经济，可以变卖。"仁厚盛情，而以曲道行之，又不使受者当时知悉，用心良苦。观王石琴的为人，果为善道传家。

特别喜欢王石琴胞妹王倚琴的一段回忆："儿时和青年时代游玩时，二哥是我们兄弟姐妹的带头人和组织者。春日融融的星期天，二哥常带我们去光孝寺内或寺外野餐，菜肴便是几碟花生米、蚕豆等，野餐毕，就在附近踏青嬉戏，家附近的昭昭汪旁，有一片空地是我们运动场，在那儿开家庭运动会。抗日战争初期，泰州城里遭日机轰炸，我们兄弟姐妹随家人避难到乡下，白天同读诗书，读罢，或泛一叶轻舟，荡漾河心，或玩空谷传声游戏，月明之夜，坐在河边的踏板上吟哦诗词。"

我分明感到，那个布衣翩翩的人，虽早已逝去，但又行走在了当下，月光之下，高高大大的身影，那样洒脱，那样淡泊。

补记：

我刚到泰州市城建档案馆任馆长时，计划编辑一本《记忆中的乡愁——镜头里的老泰州》，在搜寻城建档案馆馆藏老照片时，意外发现《泰州城建三十年大事记》的油印本，大事记中详尽记述了新中国成立后泰州城建30年的重要事件、重大项目，对厘清新中国成立之初泰州城建发展史十分重要。我对这本油印小册子如获至宝，并收进《记忆中的乡愁——镜头里的老泰州》一书，与老照片互为参照，让读者更能感受到泰州这座城市的沧桑巨变。

最近我才知道，《泰州城建30年大事记》的作者就是王石琴，这是他在左臂骨折在家休养时，独手奋笔，用几个月时间完成的，是他亲身经历城市建设的回忆。

永恒的记忆

张执中

1993年5月出刊的《江苏盟讯》（总49期）《五彩人生》栏目中，刊登了我写的专访王石琴同志的一篇文章：《一个老盟员》。文章登载之后的一年零五个月，王石琴同志因癌症突然与世长辞。一年零五个月的时间并不长，然而，我却永远再也看不到他的身影。但是，我去采访他的情景，像一只永恒的航标，永远停泊在我的心海之上，成为我永恒的记忆，也是我永恒的怀念。

《一个老盟员》的全文如下：

王石琴同志是民盟的早期成员之一，是泰州市的第一位盟员，也是泰州民盟组织的一位老领导。新中国成立以来，历任省、市人大代表、政协委员，曾担任泰州市副市长、人大常委会副主任、扬州市政协副主席等职，很有声望。

最近，我有机会走访了王石琴同志。他的住所是一座普通旧楼房，小小的天井里有些花草，居室没有装潢，显得整洁宜人。他的外表没有什么可供文学描写的特别之处，瘦高个儿，上背微弓，长方脸上有些风霜皱褶。言谈举止，温和端庄，平和中透着几分睿智。

王老今年74岁，1947年毕业于上海大同大学。学生时代热情、进步、曾参加"反饥饿、反内战、反迫害"的学生运动，拥护党的爱国统一战线主张，支持和掩护过一些共产党员及其活动。1947年经民盟上海支部负责人彭文应教授和纪淮同志介绍参加民盟，先后与史良、罗隆基、闵刚侯等民盟高层领导人有所接触。而后，响应上海学联"回家去，把运动带到农村去"的号召，在泰州先后举办"泰县联合补习学社"和"华泰纱厂同乐会"，启发青年投入全国学生运动，促进学生和工人的联合。由是，引起国民党当局的猜忌，被列入黑名单，被迫出走，漂泊苏南。1949年1月22日，王石琴同志与盟员史养吾、妹妹王倚琴一同冒险渡过长江封锁线，于泰州解放的第二天返回泰州。按照民盟上海支部关于"保护、稳定工厂、

王石琴同志参加盟员书画家活动并讲话

学校"的要求，投身到人民革命和社会主义建设洪流中。

新中国成立初，泰州工业生产普遍不景气，仅有的华泰、泰来和振泰三家工厂，设备陈旧，资金不足，岌岌可危。市委书记周伯藩找他商量良策。他是泰州华泰纱厂的筹办发起人之一，经合计由他去上海做"说客"，周书记给予他"全权处理，见机行事"的信赖，并派一位总工会副主席同行。他受命于危难之际，及时赴沪，开展工作。经过反复恳切磋商，争取到原占三分之一股权的荣丰纱厂总经理的支持，但提出要独资经营，政府负责扩建厂房，工人参加基建只发生活费等附加条件。他权衡左右，认为可以接受，当即达成协议。回来后得到市委领导的赞许。纱厂全体职工也大力支持，愿意克服暂时的困难，支持党和政府渡过难关，终将此事圆满解决。另外，在改建振泰电厂、稳住泰来面粉厂方面，王石琴同志也出谋献策，起了积极作用。他不但对恢复泰州经济做出应有的贡献，而且也为泰州工业的发展奠定了良好的基础。

在担任泰州市政建设委员会副主任期间，拓宽街道、开辟泰山公园、修复体育场以及兴建工人住宅等市政建设项目中都留有他的足迹和汗水。1951年配合周伯藩市长抓好拓宽市区南北、东西主干道工程，迄今40多年，路面仍然完好，继续造福全市，有口皆碑。当时，泰州是江苏省第一个拓建街道的城市，给以后市政建设的发展做出良好的开端。

泰州农村电气化的开端，也始于他的努力。1955年王石琴同志任泰州县副县长兼电灌办主任，为兴办水利和农村电灌事业，他走遍全县每一个村落。一次在大伦乡搞安装，坐骨跌裂，同行的县委曹盛荣书记劝他休息，他却忍痛坚持工作。至今每逢阴雨天气，旧伤仍然隐隐作痛。

民盟泰州组织的创建和发展，都始自王石琴同志。起初，泰州只有他一个盟员，直属上海民盟支部。江苏成立盟省委后，转归省民盟领导。1956年，在中共泰州市委统战部的直接关怀支持下，经过他深入细致的努力，吸收文教科技界代表性人物杨本义、孟鸣、许志寿等同志加入民盟，建立了泰州盟组织的第一个小组。经过二三十年有效的工作，产生了广泛的影响，团结了一大批知识分子，于1981年建立泰州盟市委。泰州市民盟发展到今天已拥有14个支部，一个直属组计162名盟员。

我去采访他，他说没有什么可写的，没有做出惊天动地的伟业，不值得介绍。王老的革命生涯始于20世纪40年代，迄今已达半个世纪。在此期间，中国正经历着翻天覆地、震惊世界的大变动、大变革。回首往事，王老平静地说："我所做的都是平常的事，几十年来就是这么平平常常，稳稳当当地过来的。"是啊，在这长达半个世纪之久的岁月里，有的人被大潮吞没，有的人被历史抛弃，有的人磕磕绊绊，有的人飞飞扬扬，而他，一如平常。我以为平常也是世间最可贵的。他把一切都归之于平常，都浓缩在平常之中，包括这次我对他的采访。

今天，我写本文时，王石琴同志已过世快一年了，可是，总觉得他并没有消逝，他的音容笑貌、行动举止，仍旧活在我的心中，仍旧是那样一如平常地存在着。

王石琴二三事

李 良

今年是王石琴先生诞辰 100 周年。王老是泰州杰出的乡贤，德高望重，身兼多重身份。他既是有 50 年革命生涯的爱国人士，也是泰州民盟组织的主要创始人，华泰纱厂的发起人，主持城市建设的老领导；等等。王老虽然没有在文化部门工作过，但他本人崇文重史，非常关心地方文化事业，为城市文化建设做了不小的贡献。

王老出身书香世家，父亲王光国是地方名人，母亲钱蕴清是一位诗人，他本人毕业于上海大同大学，是当时少有的高级知识分子。王老有很深的传统文化素养，对地方历史文化倾注了大量心血。新中国成立后，创建泰州博物馆，王老主动将祖传古籍、字画、文物全部捐献出来，丰富了馆藏。在轰轰烈烈的城市建设中，王老还主持保护了光孝寺戒台、御史牌坊、胡人石刻、储罐墓石刻等一批珍贵的文物，给后人留下了宝贵的文化遗产。

王老非常重视政协文史工作，尤其注重泰州籍海内外名人资料的收集。20世纪 80 年代，王老曾请泰州乡人上海文史馆员王退斋先生，多方联系在外乡贤，如：计算机专家支秉彝、文字学家罗君惕、数学家夏道行、邮电通信专家侯德原、电力工程专家王恺谋、海外侨领单声等人，征集文献著述和文史资料，为桑梓增光，积极吸引在外乡贤为家乡建设助力。

王老还有一件鲜为人所知的事迹。梅兰芳是泰州的杰出乡贤，梅先生 1956年返乡祭祖演出能够成形，王老在其中发挥了重要的作用。梅先生与故乡的联系，由于时间久远等原因，已不太紧密。当时梅先生在全国各地为群众巡演，家乡人民希望梅先生能回乡演出，但缺乏邀请途径。1956 年 3 月，梅先生在南京演出。王老就带着全市人民的期盼，找到了时任省文化局长的李进，请他帮忙邀请和动员。李进是泰州人，又是王老的好朋友，王老出面相请，李进先生自然全力以赴，

梅兰芳返乡演出期间与王石琴（右）合影

最终梅先生临时改变行程，返乡演出。

　　梅兰芳返乡演出，是泰州历史上的一件大事。原县级泰州市政协编的《梅兰芳与故乡》一书，征集梅兰芳与家乡的史料，王老写了《回忆梅兰芳回乡访问演出》一文，却只字不提自己在其中的功劳，可见他为人处世是多么的谦逊退让、虚怀若谷啊！我之所以知道这件事情，是20多年前听李进先生亲口讲述的，他说，王石琴让他去请梅兰芳，是"将了我一军。请不成，我怎么向家乡人民交代啊！"

　　以上所写，仅仅是我个人所经历或了解的点滴事迹，挂一漏万在所难免。在几十年前，王老就有了崇文重史的远见卓识，并付诸行动，他保护、存留下来的宝贵文化遗产，至今仍在嘉惠后人。纵观王老一生，他行胜于言，堪称"爱党、爱国、爱家乡"的典范，王老百年，百年王老，他将一直活在我们后人心中。

石琴先生的派头

李 晋

十多年前，我寻觅民国泰州工商业资料时，看到王石琴先生的一些事迹。过了许久，我才看到石琴先生的照片，年近古稀的先生穿着中山装，笔直地站立在松树前，目光炯炯，且不失柔和，儒雅的形象颇有派头。有一句话叫"相由心生"，这种骨子里的高尚，与背景、服饰皆无关联。

世家子弟，这是石琴先生身上一个显著的标签，其父王光国既是民国地方上知名的实业家，又是学养深厚的诗人，参与创办过《消闲周刊》，帮助《新江苏报》报人在泰州办过报。石琴先生继承了家族的优秀基因，不仅学业优异，在工商业经营上也有过人之处，华泰纱厂能落户泰州他功不可没。值得一提的是，在华泰纱厂选址问题上，起初定在南山寺佛殿内，股东之一的戈秉直则提出要保护古迹，建议将厂址建在高桥北的济泰当铺，石琴先生充分尊重了戈氏的意见，石琴先生的宽广胸襟可见一斑。

有石琴先生故交说，先生在旧时代里，多次利用他的身份，花费若干金钱，去伪政府的"局子"里"捞人"。没有谁非得要他这么做，但他却义无反顾地去做了，想必这里面不仅是友情的成分，更多地反映了先生内心对光明的向往。

新中国成立后，石琴先生主动将祖遗的工厂、店铺、房屋交给人民政府，又相继向文博部门捐献了一大批的珍贵文物字画。在慷慨捐交这些资产时，石琴先生定是洒脱的，在他看来，把这些身外之物交给令人信任的政府，能发挥更大的作用。遥想当年在移交函上签字时，外面阳光正盛，而石琴先生的心情也一样灿烂。

石琴先生的后半生几乎与泰州的民盟事业一起发展成长的，在他担任民盟泰州市主委期间，吸纳了支振声、潘觐缋、叶大根等老艺术家加入民盟，在包括石琴先生在内的党和政府、社会各界的帮助支持下，老艺术家们如虎添翼，在人生和艺术的道路上不断攀登，成为闻名遐迩的一代大家。如今，这几位老艺术家虽

王石琴同志当选"苏北首届各界人民代表会议代表"通知书

已归道山，但他们的影响力还在，他们留下的作品，是这座城市亮丽的文化名片。

石琴先生后来做到了扬州市政协副主席，妥妥的厅级干部，虽位列高位，但他的生活一直平凡朴素。据其家人回忆，先生平日里喜以醉泥螺、芙蓉蛋、淡菜瘦肉汤佐食，白酒黄酒都能喝上一点。冬天有客人拜访，常以涮羊肉火锅接待。饮食看似简朴，却有小讲究，透过石琴先生的饮食，能看到先生身上兼具江南士大夫与海派文人的一些特征，真可谓"是真名士自风流"。

石琴先生的一生，充满坎坷曲折，具有传奇色彩。他的派头、他的故事无法复制，正因为如此，他才值得更多的人去纪念，去怀念。

王石琴：功载史册

陈　社

泰州现代工业的发端，人们耳熟能详的是"三泰"：泰来面粉厂、振泰电灯厂、华泰纱厂。说到华泰纱厂，人们自然忘不了一个人——王石琴。

作为华泰纱厂创始人之一的王石琴先生，属于载入史册的一位功臣：

一、定址泰州。1943年秋，上海商人傅耕莘欲在其家乡绍兴投资兴建纱厂，请毕业于南通纺院的高尧设计。高尧是泰州人，与时在上海大同大学读书的王石琴是朋友，两人便商量，争取说服傅耕莘将纱厂办到泰州来。石琴先生随即多方奔走，调查研究，向傅力陈在泰州办厂的种种优势，邀请傅来泰实地考察原料供应、产品销售、交通运输等方面情况。傅耕莘几经权衡，最终心悦诚服，将建厂地点改为泰州。

二、负责筹建。1944年夏，傅耕莘牵头成立了由他及高尧、王石琴等人组成的发起人会议，确定分块集资，上海方面占70%，由傅耕莘负责筹集。泰州方面占30%，由王石琴负责筹集。石琴先生毅然休学一年，回泰负责筹建。他首先动用祖产入股，接着动员父辈朋友参与（泰州有同福、天福、天成泰三大绸布店及大德粮行等商行代理人合资一千万元），随后选厂址、建厂房、购买设备、组织运输安装……千头万绪，日夜操劳，为华泰纱厂的建成投产立下了汗马功劳。

三、力阻外迁。1947年，因物价上涨、资金短缺，上海方面的大股东欲将工厂迁至国民党江苏省会镇江，已赴镇江选址。石琴先生心急如焚，立即联络泰州方面股东，组织管理人员和职工代表联名上书董事会，剖析迁址之弊，进行说理斗争。终于得到董事会认可，把华泰纱厂留在了泰州。

四、无偿捐赠。泰州解放初，社会主义改造尚未开始，石琴先生即代表全家将祖传的10多家工商企业股权无偿捐献国家。并和大妹赶赴乡下，当众烧毁地契，将祖传田产赠给农民。为安置志愿军伤病员，他主动让出20余间自住房，家里另租房居住。泰州博物馆、图书馆成立伊始，他又将祖传古籍、字画等文物全部捐赠。在他的影响下，泰州工商界掀起了捐赠热潮。

自 1949 年起，石琴先生历任泰州市工商联筹委会副主任兼秘书长、市政建设委员会副主任兼建设科长、副市长、市人大常委会副主任、扬州市政协副主席等领导职务（其间同时担任民盟泰州市委负责人），直至离休。

泰州建设史上，拓宽坡子街、兴建泰州船闸、开辟泰山公园、围建万亩渔场、开垦红旗农场、疏浚通扬河等具有开创意义的重大事件，保护光孝寺戒台、御史牌坊和胡人石刻等具有历史价值的重要举措。石琴先生或为主事者，或为主要参与人，居功至伟。1954 年梅雨季节的洪涝灾害中，江淮并涨，上河水位高出下河地面三四米，当时连通上下河的鲍家坝闸、九里沟涵洞发生险情，一旦溃塌，将危害里下河。时任抗灾现场指挥的王石琴副市长在倾盆大雨中叫响了"不让一滴水流入里下河"的豪迈口号，他率领干部、民工冒着狂风暴雨奋力抢险，后又协助邻县的宫家涵、界沟河堵口，前后奋战数十个日日夜夜，终于取得了胜利。诸如此类的事例还有很多，常为人们津津乐道，以至于在他逝世 20 多年后的今天，人们依然不能忘怀，依然不时说起这位贡献非凡的创业者和建设者。

然而，人们又有所不知，石琴先生首先是一位激情燃烧的革命者。

中学时代，他积极参加抗日救亡运动，张贴抗日标语、演出《放下你的鞭子》等抗日话剧、编印《涟漪》抗日刊物、组织学生辩论会，以"应先安内后攘外，还是先攘外后安内"为题，宣传我党团结抗日的正确主张，而被日军抓走关押……

大学时代，他与共产党人志同道合，惺惺相惜。在白色恐怖的上海，他掩护和资助过多位共产党员和地下党外围组织成员。他的住所，既是革命者的落脚处，又是进步同学的会聚地。他们在这里收听解放区广播，举办读书会，学习革命理论，编印《新青年丛刊》《拿饭来吃》等书刊画册及"反饥饿、反迫害、反内战"的宣传品。当年在沪得到他掩护和资助的刘韧同志（时任泰县蒋垛区委副书记）清晰地记得他说过的话："中山先生倡导'三民主义'，如今蒋委员长实行的是'四民主义'，即民生凋敝、民不聊生、民主杳无、民怨沸腾。"

在白色恐怖的泰州，石琴先生利用暑期召集就读于各大学的老同学、老朋友以及他的弟妹们聚会，讨论"中国应当向何处去"等问题，统一了认识：第一，发动内战的责任在国民党。第二，社会腐败现象的根子在上面。第三，国家的前途在和平民主道路。根据大家都是大学生的特点，筹划组建中国文化建设协会。

此后，他经民盟上海市委负责人彭文应等同志介绍，加入了民盟组织，会见了章伯钧、罗隆基等民盟中央负责人（当时民盟已转入地下活动），此后一直保持与民盟组织的秘密联系，了解革命形势，坚持反对美蒋反动派的革命立场。

大学毕业回乡担任华泰纱厂负责人期间，他在厂里举办工人夜校，教工人识字，讲解革命道理，举行工人与学生同乐会和春节联欢晚会，唱革命歌，跳秧歌舞，演进步节目……由此引起国民党特务注意，被迫去无锡、上海等地边工作边从事革命活动。

解放军在苏北节节胜利的喜讯传来，石琴先生等人冒着危险渡过长江封锁线，骗过国民党哨兵的盘查，然后一路步行，唱着《解放区的天是明朗的天》等革命歌曲，奔向泰州——抵达时正是泰州解放的第二天。从此，他的人生掀开了新的一页。

此后，作为资深革命者的石琴先生，服从中共泰州市委的安排，留在党外工作了一生，也为党嘉许了一生。他数十年如一日，忠心耿耿、孜孜汲汲，成为一位杰出的"党外布尔什维克"和"爱国民主人士的优秀代表"……他在这方面的贡献，亦已载入史册。

在王石琴同志追悼会上的悼词

朱爱群

（1994 年 10 月 18 日）

时任中共泰州市委书记朱爱群在王石琴追悼会上致悼词

同志们：

今天，我们怀着十分沉重的心情，在这里举行隆重的悼念仪式，沉痛悼念王石琴同志，深切缅怀他孜孜追求进步、追求理想、热爱祖国、热爱中国共产党、热爱家乡、忠诚于党和人民事业的革命一生。

王石琴同志，江苏泰州市人，1920 年生，1994 年 10 月 5 日凌晨 1 点 55 分因病医治无效，在上海逝世，享年 75 岁。

王石琴同志，1947 年毕业于上海大同大学，被授予学士学位，1949 年参加革命工作。在抗战时期，上中学的王石琴同志就追求光明和进步，积极参加进步青年在泰州街头进行的抗日宣传活动。解放战争时期，在上海积极参加"反饥饿、反内战、反迫害"的学生爱国运动，阅读、传播和印行革命书刊，掩护过当时受到国民党反动派迫害的中共党员和进步学生。他坚决拥护党的爱国统一战线主张，1947年，王石琴同志与一批进步青年秘密会见了当时民盟中央的主要负责人史良、章伯钧、罗隆基，同时加入了民盟组织。1949年初，泰州新中国成立后第二天，他就穿过封锁线，冒险回到泰州，参与地方的进步活动。新中国成立以后，他先后担任过泰州市工商联筹备会副主任兼秘书长、市政建设委员会副主任兼建设科长、副市长、副县长、副市长兼体委主任、市城建局副局长、市人大副主任、民盟泰州市委主委、扬州市政协副主席，1993年12月离休。

王石琴同志近50年的革命生涯，向我们充分展示了他向往光明，对进步执着求索的精神风貌。他虽然是一位党外人士，却终生信仰共产主义，坚持真理，拥护中国共产党，多次向组织表示入党愿望。出于统战工作的需要，他长期留在党外工作，身在党外，心在党内，时刻以一个共产党员的标准严格要求自己，把"思想上入党"作为自己的座右铭。直至临终，仍然心向党组织，留下了"我未能入党，心向往之"的遗言。晚年王石琴同志仍然认真学习邓小平同志建设有中国特色社会主义理论。临终时，要求子女发扬传统，"爱国爱家拥护有中国特色的社会主义"。

王石琴同志长期与我党肝胆相照、风雨同舟，不愧为我党的诤友和得力助手。他出身于一个地主兼工商业者的家庭。父辈先后在泰州、姜堰等地经营过大同书局、大德粮行、大陆饭店、大元钱庄、华泰纱厂等十余家工商企业。他利用这种条件，积极为发展家乡经济做出贡献。1943年，在上海求学期间，为泰州与上海工商界人士合作筹办华泰纱厂牵线搭桥，动员父辈朋友参加投资，协助将机器设备从上海运至泰州，当时，敌伪时期，关卡林立，此举实属不易。1947年，上海股东力主将华泰纱厂南迁镇江，他代表全体员工上书董事会，进行不懈努力，终于将华泰纱厂保留下来，为泰州工商业发展垫了一块基石。新中国成立后，他代表全家将祖留所有工商股权，无偿捐献给国家。泰州博物馆、图书馆成立伊始，又将祖传古籍、字画、文物全部捐赠给国家。在他的影响下，当时泰州爱国工商界掀起了捐赠热潮。1952年，泰州市接受志愿军伤病员，筹办康复医院。当时他身兼市建设科长，为保证原美德小学内住户按期全部迁出，他毅然让出自己全部住房供居民过渡，所有这些公而忘私的举动，得到了党和人民的赞扬。王石琴同志积极利用自己的广泛联系，对在台、港、澳和海外同学和泰州同乡，宣传党的爱国统一战线方针。提高泰州在海外的知名度，为祖国统一和家乡建设做出了贡献。在担任政府领导职务期间，从不以职权谋取私利，还主动放弃国家在困难时期对高级党外人士的特殊照顾，真是一位与党同心同德，患难与共的好同志。

王石琴同志长期担任政府部门领导职务，对分管的各项工作勤勤恳恳，兢兢业业，对党和人民的事业高度负责，满腔热情。对泰州的建设做出了很大贡献。主持城建工作时，在他的倡导下，先后创办了泰山公园、果场、渔场、自来水厂，主持并参与了坡子街、东进路、五一路早期拓宽工程。创办了泰州化工学校，为我市化学工业培养了一批骨干。保护了光孝寺戒台、御史牌坊和胡人石刻等一批有价值的历史文物。1954 年 7 月，泰州遇到罕见的洪涝灾害，鲍家坝坝堤危险，可能造成对里下河的危害。王石琴同志担任抗灾现场指挥，提出"不让一滴水流入里下河"的口号，亲临抗灾前线，身先士卒，冒着倾盆大雨与抗洪的广大干群奋战在一起。王石琴同志平时经常深入基层，接触社会，联系群众，关心群众的疾苦。从第一线退下来以后，仍积极参政、议政，是一位德高望重的老同志。

王石琴同志的逝世，使我们失去一位热爱祖国，热爱家乡，公而忘私的典范，使我们党失去了一个忠诚的朋友和诤友，这是我市人民的重大损失。今天，我们悼念王石琴同志，要化悲痛为力量，学习他忠诚于中国共产党、热爱祖国、热爱家乡、献身社会主义革命和建设的崇高精神，学习他联系群众、坚持原则、忠于职守、与时俱进的工作作风。学习他廉洁奉公、严于律己、艰苦朴素、平易谦和的优良品德，为建设美好富饶的新泰州做出贡献。

（朱爱群　时任中共泰州市委书记）

王石琴与泰州民盟

111

难忘的记忆

NAN WANG DE JI YI

难忘的记忆

钱树蕙

石琴，当我拿起笔来，想写点回忆你的文章，我的心就在颤抖。往事历历，涌上心头。60多年过去了，虽岁月漫长，然而在历史的长河里，还是短暂的。往日欢乐的情景，而今竟成了痛苦的回忆。

你十岁时失去了慈母（也就是我的姑母），因而你寒暑假就在外婆家度过。我家住农村，没有高等小学，所以就读泰州城东小学，住在你家，从此我们就朝夕相处，一起读书，一起游嬉，真所谓青梅竹马，两小无猜。当时一起读书的有倚琴、竹琴，

王石琴、钱树蕙夫妇

还有我的堂兄树材。我们五人在一起，你就是我们的领头人，又常以小先生自居。有一次我们同做作文，我的一篇文稿中的一段，你硬行要替我改动，我偏不让，后来交给老师，这段文字，老师不但没有画去，反而在上面加了许多圈圈，似乎认为还是警句。其实并非佳作，只是两人笔法不同而已。抗日战争期间，学校停办，敌机经常在城区骚扰，我们一同回到老家乡下，专攻古诗文一类书籍。我的姑父叫我们分头读各种不同书籍，以便没有老师时，相互交流，求得比较全面的知识。你读经史多，我读古诗词之类的书。你写文章或往来信件，比较严谨认真，写好后，常叫我复看一遍。有时我或增减一、二字，你就说："你是一字之师啊！"我则说："你是智者千虑，必有一失；我是愚者千虑，或有一得耳！何敢言师？"我们就这样

一直沉浸在风趣、安详、和谐的生活中。如今不但失去了亲人，还失去了一位良师益友，怎不叫我悲痛？！

1939年夏，我们同时考进省立第一临时师范，高中又是同学。在学校里，你勤学苦读，成绩名列前茅，担任学生代表或学生自治会主席一类职务，积极参加校内各项活动，在黑板报"学生园地"专栏中发表抗日救亡文章。我记得唐承哉同学写了一首"跃马试吴勾，挥尽离愁，阳关西去不回头，终为国仇犹未雪，家室休留。"多么豪迈！以后该同学参加了抗美援朝保家卫国战争。你交了多少像这样的知心朋友。他们都是学有专长，术有专攻的人才。

1946年在上海读大学时，你住在上海蒲石路高福里63号，交游广阔，凡是苏北的同学，常在那里集中，谈论时事，交流学术。从而使不少同学明确了青年的政治方向，参加了反饥饿、反迫害的学生运动。可以说高福里63号是当时苏北大学生的一个联络点。

当年暑假你回到泰州，在府南街63号家中书房里召集各地大学同学约40人，着重就国民党发动内战，有志青年该何去何从的问题，展开了讨论，使大家进一步坚定了政治方向。此后所有这些同学，没有一人走向歧途，而都投身到革命阵营里。接着，你又利用暑假和回泰州的同学在大浦小学开设补习班，实际上宣传革命道理。你常常在明江路上（今人民路）汽车站送往迎来或送同学前往解放区。引起了日本鬼子的怀疑。早在1942年夏，你就被鬼子认为是抗日分子抓去关在鬼子司令部（现人武部）九天。新中国成立后我们住进市政府内，就住在曾经关押你的那房子的对面。你曾笑着对我说："昔为阶下囚，今为座上客"。你说话时所流露出来的爱憎分明和民族自豪感，我至今记忆犹新。

由于你活动频繁，泰州国民党当局在一次党政军联席会上，将你和竹琴列入共产党嫌疑分子的黑名单，你被迫到苏南无锡暂避风头。即使在这种困境里，你还是临危不惧，经过朋友共同集资，买了印刷圆盘机和不少铅字，印刷革命宣传品，宣传革命道理。新中国成立后你主动将机器无偿捐赠给了泰州人民印刷厂，当时人印厂表示制度上不能接受捐赠，你后来将人印厂作价款项另加一些集资，抗美援朝期间献给国家增添飞机大炮专用。

泰州新中国成立后第二天，你就冒着危险从上海出发，越过国民党军队封锁线赶回来了。你欣然地说："终于解放了！这是我梦寐以求的事啊！"当时我们一家人伴着街道里欢庆解放的锣鼓声，长期沉浸在一片欢乐之中。迄今难以忘怀。

你一直关心家乡的建设。解放前为争取泰州有一所省立中学。你经过多少周折，克服了多少困难，乃至通过同学的父亲，才终于获得了省泰中的创立。你常说："教育是培育人才的手段，是立国之本。"你学化工，你想实业报国，建设家乡。你毅然停学一年，从上海回到泰州，筹办华泰纱厂（当时泰州只有泰来面粉厂、振泰电厂），华泰纱厂的建立，充实了泰州薄弱的工业基础。

你参加革命工作后，在工作中勤勤恳恳，一丝不苟。在建设科工作期间，创建泰山公园，对公园的布局设计、景点安排煞费苦心。你几乎每天都要去公园看一看，哪怕是一棵树栽到什么地方为宜，也要反复推敲。假山堆得如何，草皮长势怎样也要关心。在搞水利时，要搞水网化，搞电力灌溉。当时泰州县农村面积广阔，你身患严重的胃下垂、胃溃疡，却带病不怕苦和累，跑遍每个公社。有一次天寒地冻，河水结冰，装运水利上急需的器材船无法通行，岸上工人束手无策，你当机立断，跳下河中，工人们跟着也纷纷下去，大家推着船前进。其实你哪有气力？但是你带了一个好头，起到了极大的鼓舞作用。又有一次，安放一台机器，你也参加劳动，不料桩绳断了，你跌裂了尾椎骨，卧病了好些天。1954年大雨，鲍家坝堤告急，崩溃的危险性很大。你带领工人抢救坝堤。你在现场响亮地提出："决不让一滴水流入里下河。"那时倾盆大雨，你站在水中，既是指挥员，又是战斗员，和工人同志们并肩作战，浑身湿透。晚上，文化馆在现场鼓动宣传的老王同志深受感动，用火烤干了你的毛线背心。1979年冬日，你左臂骨折，动弹不得，卧床一周，稍有缓解，就忍痛用右手查找资料，撰写了《城建三十年大事记》，现尚存放在建委档案室内。凡此种种，你爱国家，爱家乡，对工作极端负责，忘我的劳动精神，是我们全家人做人的榜样。

你一心为公，毫不利己。一次你参加建设科搞卫生，打碎了一块玻璃台板，随即将家中的一块赔了公家。而对自己家中的古书、字画、玉嵌屏风等文物古籍，却毫不吝惜，交博物馆收藏。为了安排抗美援朝志愿军回泰休养，解决国家房屋紧张的困难，你毫不犹豫地将祖遗住房20余间借给了公家。同志们、朋友们对你的两袖清风的作风，无不从内心表示赞颂和钦佩。我也为你的高尚情操而感到自豪。而今，你留给我的那书架上的书卷和那常用的书写的笔墨，这是多么珍贵的财富啊！我将永久地珍藏它。

我们是多子女的父母，生活一直节约朴素。常言道："俭以养廉。"在艰难的岁月里，我们在机关食堂吃饭，常常是全家七八人，只买一个荤菜。衣服也很简陋，在国家困难时期，有一年每人只发一尺六寸布票时，市政府办公室主任送来两丈布票，说是让我们修补修补。我当时哭了，我并不是苦痛，而是对党的温暖关怀感激涕零。当时我没有收下，后来我告诉你，你说我做得对，并说我们何德何能，不应该特殊。现在改革开放的大好形势下，生活有了很大改善，儿女长大，成家立业，在这苦尽甘来的时刻，你却悄然离开我们而去，我将抱恨终天，又以何对你弥补呢！

　　你常常说："我之有德于人也，不可不忘也；人之有德于我也，不可忘也。"因而你帮助别人，从不要报酬；人对你帮助，你却总记在心上。你也曾说过："士为知己者死。"党委你以重任以来，你一直勤勤恳恳做好工作，联系群众，联系知识分子，联系海内外人士，宣传执行党的统一战线方针政策。尽心竭力，鞠躬尽瘁。做好党的助手。直至临终，弥留之际，你写下遗言："王氏传统，爱国、爱家、拥护有中国特色的社会主义，老老实实干事，清清白白做人，诚恳待人，严于律己。"回顾你的一生，确实是这样做的。这不仅是遗言，这是你一生的自我

王石琴夫人钱树蕙与家人合影

总结啊！

你留下了这一件件感人的事迹，对党和人民的事业无限忠诚，对同志朋友满腔热情，使多少人对你怀念，又经常对我关心慰问，这都是你的余泽，以贻后人。又有多少同志朋友写了回忆你的文章。我虽有千言万语，却不知从何说起，矛盾的心情，还是写了，好像写了似乎能挽回一点什么。然而纵使文山堆叠，也只落得一纸空文。悲夫！

我伏在案前，这是你经常看书写字的地方。我移坐堂前长沙发上，这又是我们二人每天各坐一端，谈论过多少国事、家事的所在。每一件事物都使我触景生情。我常凝视这一切，我再也看不到你那高大的身影，听不到你那熟悉的脚步声和那听惯了的咳嗽声。人去楼空，寥落的庭院，凄凉寂静。或到闹市走动，人海茫茫，何处觅知音？苍天何极，如此弄人！天地虽大，却无有我容身之地。我虽有宽大胸怀，却安放不了我这一颗孤寂的心。

你走了，走得那么的远，没有留下地址，天涯海角，我到何处追寻？此身愈远，此心愈近。这是你的名言。我深深地体会了。没有倾心的交谈，就是孤独。留给我的将是无尽的思念。万分的悲痛！

（钱树蕙系王石琴同志夫人）

别后随感

钱树蕙

一

（1995 年 1 月 21 日，冬至前一天。为石琴安葬，我在墓前百感交集……）

石琴！我在你的墓前伫立，往事历历，都上心头。60 年来风雨同舟，相依为命，而今知音已去，无所依存，只有无尽的哀思。安息吧，等着我的归来！

二

（1995 年 1 月 21 日，小雨夹雪。送葬归来，而作）

茫茫人生路，曲折又坎坷，风刀复霜剑，更着雨和雪。
再无同路人，相互来勉励，艰难独自行，何日到尽头？

三

（1995 年暑假，孙子、孙女、外孙女都来家中陪我，有十五六人，热闹得很，然而暑假一过又是寂寞。有感而发）

暑假相聚济济一堂，歌声笑语，欢乐超寻常，慰我忧伤。开学逼近，纷纷散去如云。人去楼空，寂寞仍依旧。去年今日，哪堪回首，满腔悲痛凭谁诉，唯有泪暗流。

泰州解放初，王石琴夫妇与子女合影

深情的怀念

王倚琴

我饱含热泪读完悼念亲爱的石琴二哥的挽联汇编，唏嘘长叹，情不自禁地伏案痛哭，肝肠寸断。挽联的内容是他革命一生的写照，他一身正气，两袖清风，爱党爱国，爱有中国特色的社会主义，是我们的楷模，永远活在我们的心中。

眼前显现的是他鲜活微笑的面容，我怎能相信，又怎能接受这个残酷的现实，亲爱的二哥，真的与我们永别了吗？

这几年，我常去二哥家，一住就是一个多月，笑谈儿时趣事，遍寻儿时踪迹，对唱革命歌曲，同背古代诗词，随后是前俯后仰，一阵哈哈大笑，天伦之乐，其乐无穷。他常带二嫂与我去逛马路，很兴奋地指点家乡发展情况。每次离家时，二哥总是一再挽留，恋恋不舍，依依惜别，互道珍重。

儿时和青年时代游玩时，二哥是我们兄弟姐妹的带头人和组织者。春日融融的星期天，二哥常带我们去光孝寺内或寺外野餐，菜肴便是几碟花生米、蚕豆等，野餐毕，就在附近踏青嬉戏，家附近的昭昭汪旁，有一片空地是我们的运动场，在那儿开家庭运动会。抗日战争初期，泰州城里遭日机轰炸，我们兄弟姐妹随家人避难到乡下，白天同读诗书，读罢，或泛一叶轻舟，荡漾河心，或玩空谷传声游戏。月明之夜，坐在河边的跳板上吟哦诗词。

二哥和我们除有亲密的手足之情外，还有深厚的革命感情。在党和革命形势的教育下，我们并肩战斗在白色恐怖的国民党统治区。

1948年1月，我与三弟竹琴，放寒假回泰州家中，与石琴二哥、凤琴妹、曼君侄女及一些从事革命活动回乡的同学在白色恐怖的日子里，在泰州华泰纱厂与工人同志在一起举行春节联欢晚会。演进步节目，唱革命歌曲、跳秧歌舞。举办工人夜校，教工人识字，讲述革命的道理。从此，二哥与竹琴被泰州反动当局列入了黑名单。二哥当时是泰州华泰纱厂的职员，当时华泰纱厂资方要关闭纱厂，遭到工人的反对，关厂未成，怀疑二哥在背后策动。为避开反动当局的注意，他向华泰纱厂提出离职停薪，于1948年春又去了上海，住到蒲石路高福里63号一个小亭子间里。他冒着生命危险，掩护革命同志的地下活动，他的住处又是一些地下党员从事地下革命活动的大本营，同学或熟人中一些被学校开除的或是被反动当局通缉的地下党员，为了更好地在上海继续从事革命活动，便住在二哥那儿，这里是他们进行革命活动的联络地点。三弟竹琴在中央大学的革命同志在高福里63号筹划"5·20反内战反饥饿反迫害"活动，编印反对国民党反动统治的革命漫画集。上海地下党外围秘密组织"新青联"1947年底建立，1948年初为适应革命形势广泛宣传党的政策，"新青联"决定出版一个《新青联丛刊》，油印发行《新青联丛刊》等工作，也是在高福里63号内进行的。经常出入于高福里63号的还有两位老解放区的干部，党组织批准他们在上海治病。高福里63号由于来往人员较多，引起了当地反动警方的注意，有时半夜去查户口。二哥他又冒着生命危险，机智地掩护了革命同志，掩护了革命工作。

1948年12月底，我由吴江到上海二哥住处，当时三大战役正取得辉煌胜利，我和二哥商量，是留在上海找个工作做掩护，做党的地下工作，还是到解放区去？当时在上海从事地下革命工作的同志对我们说"在上海找工作不容易，苏北大片地方都将解放，解放区很需要革命青年。"我和石琴二哥便决定到解放区去，其时同行的还有史养吾同志，我们化装成商人，取道镇江一线，冒险渡过长江封锁线。到达江北江边某地步行时，遇到几个荷枪实弹气势汹汹的国民党军队的哨兵问我们去往何处。二哥泰然自若地说"我们是泰州人，在外经商，年关已近，回家过年。"国民党的哨兵又说"你们去要被共产党杀头的"，并做出杀头的姿势。史养吾同志从容答道"试试看"。蒋帮哨兵要带我们上连部，二哥沉着机警巧妙地应付过去。我们三人终于冲破了国民党的封锁，踏上了解放区的土地，二哥无限喜悦地笑了，迈开大步，恨不得一步跨到泰州城。我们怀着革命的激情，高歌猛进，唱起了《解放区的天是明朗的天》《你是灯塔》等革命歌曲，步行十多里到了泰州城，那时已是万家灯火，是泰州解放的第二天。不久，我们去见了泰州市文教科的领导同志，表示了我们参加革命的愿望，从此我们便在泰州解放区参加了革命工作。

去年7月，得知二哥的病情后，便一直担心，夜不能寐。噩耗传来，我浑身发抖，心跳加剧，陷入了无限的悲恸之中。我失去了一位可敬可爱的兄长！

王石琴夫妇与王倚琴合影

去年此时，二哥正日日盼我去泰州，兄妹团聚，共享天伦之乐，知道我确切归期后，站在门前翘首以待。既见面，高声对家人讲"倚琴归来了"，笑迎入座，共进午餐。

今年此时，我又将归去，不见二哥，却去扫墓，悲怆凄凉，我将会哭倒在墓前，二哥地下有知，定会与你亲爱的妹妹抱头痛哭。

二哥，我以后会经常去看你，今日每念及亲爱的二哥，就会黯然神伤，潸然泪下，悲伤绵绵无尽期。

（王倚琴系王石琴同志胞妹）

亲爱的二哥永远活在我的心中

王竹琴

二哥，亲爱的二哥，他并没有远离我而去，他谆谆的教导，仍在我的耳边；他和蔼的容貌，仍在我的眼前。他热爱祖国，热爱共产党，为抗日救亡，为人民解放，为社会主义鞠躬尽瘁的精神，永远鼓舞我前进。他永远活在我的心中。

去年8月，收到他从上海胸科医院写来的亲笔信，详细介绍了病情，确诊为肺癌。我惊呆了，怀着异常不安的心情，马上在北京向肿瘤专家请教。知他的癌症属于早期，尚未扩散，尚可根治。我稍稍放下了心，连忙写信安慰他。后来又接到他的信，信中说："蝮蛇螫手，壮士解腕……"字里行间对手术根治充满乐观和信心。我立即回信，鼓励他提高战胜疾病的信心。我经常从在南京的姐姐处

兄弟情深

了解他的病情，听到一点开刀后病情稳定的好消息，就比较心安，打算 10 月中旬去上海探望他。突然他的病情急转直下。10 月 5 日凌晨 3 时，噩耗从上海传来，我悲恸万状，当天即赶去上海，我为未能在他生病期间，特别是弥留之际见上一面，抱恨终生。

我们兄嫂姐弟已有半个世纪未在一起欢度春节了。1993 年我办了离休，没有工作上的牵挂了，邀请姐妹等去泰州与二哥二嫂团聚，欢度春节，共叙天伦。但二哥考虑苏北冬季严寒，没有取暖设备，怕我身体吃不消，待天气转暖再团聚，我满怀希望地等待这一天到来。1994 年 7 月得到消息，却是二哥病重，接着便是可怕的永别。

二哥的一生，正如他临终前遗言嘱咐我们的"爱国、爱家、拥护有中国特色的社会主义"。我从小受二哥爱国主义思想的影响。1935—1937 年他读中学时，就跟随大哥搞抗日救亡运动，深夜到大街小巷贴宣传抗日的标语，组织"1937 剧社"演出《放下你的鞭子》等抗日话剧，在学校里联合爱国同学创办《涟漪》文艺刊物，在我们家中编辑印刷，他经常对我讲解抗日救亡的道理。1941 年家乡泰州沦陷后，二哥带领我们弟妹等在上海租界内读中学。1941 年 12 月，太平洋事变后，上海租界也被日军占领，为了不做亡国奴，二哥又带领我们弟妹等离开上海到苏北泰兴樊家堡读中学，离开上海前夕的 12 月 12 日，二哥与我及抱有爱国心的好友六人组织了"星星社"，当时取名"星星"，因为星星是黑暗中照亮世界的光明，它出现在黎明的前面，大家结成永恒的友谊，互相帮助鼓励，共同去追求抗日胜利的光明。

抗战胜利后，我在革命形势和进步学生运动的影响下，参加了革命。

1947 年暑假，我与刘楠、李学汾等一批回泰州过暑假的有进步思想的大学生在大浦小学内创办了"泰县暑期联合补习学社"，义务为中学生补习功课，特别是为应届毕业生复习考大学的课程。我们的真实目的是广泛联系青年学生，宣传革命思想，争取在家乡撒下革命的种子，我们鼓励他们考取大学，期望他们能够成为学生运动中的新生力量，我们还在王式曾、李学汾家中设立了秘密图书流动站，利用补习班的师生关系，组织他们传阅革命书籍。二哥积极支持并直接参加补习班的筹备工作，十分关心教学的进行情况，常常去补习班看看，补习班在社会上起到了良好的作用，1948 年暑假又办了一期。

二哥支持革命，掩护革命同志。1947 年底，上海地下党为了广泛地团结进步青年发展我党组织，决定成立新民主主义青年联盟。新青联的主任委员是赵寿先，副主任委员是郑显芝和焦伯荣两位同志（以上三位均为我中央大学同学，中共党员、革命烈士）。新青联是上海地下党领导的进步青年组织。1948 年初，赵寿先同志考虑为适应革命形势，广泛宣传党的政策，新青联应出版一个刊物，于是就由焦伯荣同志负责出版《新青联丛刊》。当时在上海找不到适合的住所来进行这一工作。二哥知道后，毅然提供了他在上海读大学时所租赁的房间，作为《新青联丛刊》出版发行的场所。《新青年丛刊》先后共出了十几期。《新青年丛刊》经常刊登毛主席的文章和党的文献。二哥还资助买了一台可以收听短波的收音机。焦伯荣同志经常在此住所利用短波收音机收听解放区的广播，然后编为时事综述，刊在《新青年丛刊》上，及时把解放区的消息传给新青联的成员，鼓舞大家的斗志。

1947 年 5 月，在南京国民党的心脏爆发了"五·二〇"反饥饿、反迫害、反内战学生运动。南京中央大学科系代表常设委员会委员黄鹤桢同志因为参与领导了中央大学"五·二〇"运动，被学校开除，跑到上海后，就住在二哥让出的租赁房内，继续从事革命活动。1948 年 6 月以后，南京反动政府策划对革命学生进行大逮捕。当时中央大学有些地下党员同志也常在那里联系工作。

这里还需要特别提一下，在 1947 年"五·二〇"学生运动以后，南京中央大学学生自治会把国民党在"五·二〇"学生运动中的暴行，由游涌、伍霖生同志负责编辑出版了《拿饭来吃》的画册。这本画册的印刷出版工作，就是在二哥为他们提供的住地进行的。现在这本画册，一直陈列在中国历史博物馆和中国军事博物馆，成为解放战争期间，在国民党的心脏南京政府所在地开辟的"第二战场"的历史见证。

1947 年冬，民盟被迫解散后，我当时担任中央大学民盟工作委员会委员，与上级失去了联系，为了保持与盟员的联系，并适当开展一些活动，我们几位盟员在中央大学创办了一份油印刊物《周闻》，每周出版一次，油印数百份，在校内散发。为了出版，需要一架手推油印机和若干纸张，这些费用都是二哥资助的。

1948 年 1 月寒假期间，倚琴姐与我和黄腾蛟、王式曾、潘遵谱等一些有进步思想的大学生回家乡泰州，其时二哥在华泰纱厂任职，在他的支持与参与下，春节期间在华泰纱厂与职工开联欢晚会，唱革命歌曲，跳《王大娘补缸》《兄妹开荒》

等革命舞蹈，在二哥支持与筹备下，倚琴姐等在厂里组织工人夜校，教工人识字，传播了进步思想，宣传组织了工人群众。

1948 年 6 月初，国民党大逮捕。南京地下党知道我已经上了黑名单，决定把我和玉林送到浙东解放区。8 月初，我的联络人被捕，我就想请二哥帮忙找个工作来掩护。那时二哥在无锡办事。当我找到他时，他把当时（8 月 20 日）《中央日报》发表的国民党特种刑事法庭传讯名单拿给我看，上面有我的名字。这样，在蒋管区找工作是不行了。在二哥的帮助下，让我暂避在上海褚化鳌同志家中，找陈维雄同志弄了化名"曹永福"的身份证。二哥资助我部分生活费，又替我买了船票。我通过地下党的关系去了香港，继续从事革命工作，二哥以革命的情谊掩护了我。

建国前夕，我从香港调回北京，分配在中国人民政治协商会议全国委员会秘书处工作，后调到市委会工作。1979 年 1 月，中美建交公报发表以后，为了统一和振兴中华大业，我在工作中比较侧重开展海外联络工作。1987 年 6 月 9 日中央大学北京校友会成立后，我一直担任副会长兼总干事。我在北京联络到的"三胞"校友、乡亲，他们有的要寻找亲属，有的要求落实政策，有的要购房迁居泰州，还有不少"三胞"在泰州的亲属要求在工作和生活上解决一些具体困难，凡此种种，都得到二哥的大力帮助。有的"三胞"到泰州了解投资环境，研讨投资意向，也先与二哥联系，有的海外知名学者与二哥联系给家乡寄赠自己的著作，不少由海外回乡探亲的老同学总要去看二哥，二哥总热情接待。二哥在海外联络工作上花费了很大精力，牵线搭桥，联络感情，增加了海外同乡同学对家乡对祖国的怀念和向心力。

我与二哥都忙于工作，见面时间不多，我每遇到从家乡来的亲友，我都要向他们了解二哥的状况，大家有口皆碑，称道二哥在家乡社会主义建设事业中的贡献。

二哥的一生，是革命的一生，他一身正气，两袖清风，他永远活在我的心中，鼓励我前进。亲爱的二哥，安息吧！

（王竹琴系王石琴同志胞弟）

二哥对共产党的一片赤诚

王凤琴

1992年12月，我去北京开会，恰好石琴二哥随春兰集团到北京参加信息发布会。在分别前一天，我陪他去圆明园。二哥多次到京都没有机会到这里来，这次我满足了他这个心愿。73岁高龄的二哥，一步步爬上那凄凉的废墟，抚摸着那断垣残壁，仔细观看着展览厅的陈列品，他是那样地感慨系之。第二天他与同伴们冒着鹅毛大雪一起回泰州。不想这竟是我与二哥最后一次见面。1994年10月5日凌晨3点电话中传来……我真不敢相信，我从来也没有想象过我亲爱的二哥就这样匆匆地与我们永别了。我只有急忙回乡悼念亡灵，可是一切都太晚了，太晚了呀！

二哥比我年长15岁，父亲在我7岁时就逝世，在我幼小的心灵中，除了母亲之外，他也是我的保护人。我刚过11岁时，为了读一个省立中学，他动员我去考江苏省镇江中学，并亲自送我去就读，那时他在上海读书，路过镇江时总是来看望我。新中国成立前，他从上海回乡，与同事们、同学们共同创办实业，组织工人夜校，举办学生寒暑假补习班，在这些活动中常常唱一些革命歌曲和抗日歌曲。那时我已转到省立泰州中学读书。新中国成立以后，他被党和政府吸收担任泰州市的领导工作。我因工作需要抽调出来做学生工作和青年团工作，直到1954年去北京读书。我和二哥有很长一段时间共同生活并在工作中有一定的联系。后来的岁月里我常回家探亲，并与二哥不断书信联系。他在我的心目中既是一个慈祥的兄长，又是一个清贫廉洁赤诚奉公的好干部。

泰州刚刚解放，他就动员母亲和大嫂到工厂劳动，成为自食其力的劳动者。在1949年4月与姊妹一起把家中的田亩还给农民，下乡当众烧毁了地契；新中国成立后不久他代表全家把父辈留下的资产捐献给国家，使私营企业中有了公股，成为公私合营企业；他带领全家老小，毅然搬出旧居，花钱另租住房，把房屋让给原住医院内的住户，腾出医院房屋，供抗美援朝志愿军休养员居住，至今那些房屋仍是机关职工家庭住房。这些事情在我青年时期的思想上打下了深深的烙印，对我们全家人也都产生了深远的影响。家中人抛弃私有观念，人人从事劳动奔向革命的队伍。加入中国共产党成了家中年轻人的共同追求，入党当然也成了二哥毕生的愿望。在我和二哥的思想交流中，他的入党愿望是贯穿始终的。

当党在秘密状态下奋斗的时候，他掩护党的干部，为地下党的干部提供生活条件和经济资助。泰州解放后的第二天，他冲过封锁线回到家乡。以后，就是配合党组织欢迎、欢送解放大军渡江作战。我们的住家就成为组织这一活动的据点之一，我们一家老小跟在后头忙着做红花、学唱革命歌曲，每天去路旁向进泰州的解放军献花、那慷慨激昂的情景，今天仍历历在目。

当事业顺利发展的时候，他像一个真正的共产党员那样的工作，他对家乡的一草一木、一砖一瓦的建设事业的忠诚，向党递交着一份份入党申请书和思想汇报。我深深地理解哥哥这份深厚的感情。新中国成立前，如果不是家庭中上有寡母、寡嫂，下有弟妹在内地上学，子侄的牵挂，家中这一切确确实实需要他来支撑的话，他早已追随革命队伍去了。

县级民盟泰州市委主委石林与王凤琴（王石琴胞妹）、王曼君（王石琴侄女）合影

1956 年，他写信告诉我，泰州市委领导说已经对他的历史和表现作了全面审查，认定他的条件可以入党。不过，动员他暂时还是做一个"党外布尔什维克"，有利于统战工作。当时他是那样感谢党组织的信任。

"十年动乱"中，他和二嫂一起被"打倒在地"，送到渔场劳动。逆境中，他从没有动摇过对党的追求，在落实政策以后，二哥给我写了一封长信谈自己的感受，他理解党和群众，表示对党的信念决不会改变。难怪有的家乡人告诉我："王老这个人太好了，家乡的人舍不得打他，在逆境中，他没有遭到多大的皮肉之苦，通过曲折的过程，思想反而得到了净化。"

1969 年母亲在非正常的情况下病逝，二哥对我就更加关怀，有时千里迢迢请人捎来当时稀少的大米，甚至带上一瓶我爱吃的泰州醉泥螺。关于他的入党问题仍然是我们常常交谈的内容，我知道这个问题是他的一块心病。这个执着的追求不会随着时光的消逝和年岁的增长而淡漠。他告诉我，现在的市委领导对他十分关怀，但了解他过去情况的同志都已调离或不在人世。他说，这个问题我还是会提出来的。

二哥去世以后，我们在他的文件堆中翻到了一份给党组织的信底稿，那是 1990 年 1 月写的，信中说明自己一生对党"心向往之"和过去申请入党、组织谈话的经过，并再次表示坚决要求加入中国共产党。在最后的时刻，在病榻上弥留之际他留下了"我未能入党，心向往之"的遗言，这是出自肺腑的用生命写成的呀！这是一种升华了的、远远超出一个"民主人士"的心态。

二哥走了，他抱着"心向往之"的遗憾走了。但这颗火热的心却永远在跳动、在燃烧。人们理解他，他在人们的心田中，已经用毕生的行动留下了一个平凡的、扎扎实实的、深深的脚印。

二哥走了，他那对党对人民的一片赤诚永远鼓舞着我。我永远怀念我亲爱的石琴二哥。

（王凤琴系王石琴同志胞妹）

我对父亲的永恒思念

王载思

在悼念父亲的追悼会上，面对着数百名前来吊唁的各级党政领导和父亲生前的亲朋好友，我带着万分悲痛的心情，读着父亲弥留之际留下的遗言："王氏传统，爱国爱家拥护有中国特色的社会主义，老老实实干事、清清白白做人，诚恳待人，严于律己"时，不禁控制不住自己的感情，热泪盈眶。

回顾父亲的一生，他就是这样身体力行地为人处世，兢兢业业、忠心耿耿，为党为人民奉献出自己的一切，他也是以这样的准则，从小教育培养我们。

新中国成立后，我就读在泰州城东小学，1954年小学毕业。当时，我一心向往考上省立泰州中学。会考后，由于成绩稍逊，发榜后以备取生第三名，列于榜尾。当时父亲在市里任副市长，照现在的观念，打个招呼，又不违反原则，进省泰中毫无问题。但父亲从不以职权谋私，不因自己的子女升学问题，找关系，走后门，使子女进入省泰中，或进入成绩要求低的其他中学。因此，我补习了一年，到1955年才重新考取了中学。当时，许多同学，包括我自己都很不理解，凭父亲这样的身份地位，为何要耽误自己的子女一年学业呢？现在深思起来，父亲之所以要这样做是他"严于律己"的表现，他要让子女在人生的道路上自己奋斗，自己走自己的路，不要凭借父辈的"影响"去走人生捷径。

从小学到初中，家中经济来源靠父母工资收入。我弟妹共计七人，吃饭、穿衣、上学开销大，负担重。但在寒暑假中，父亲总是从有限的生活费中，抽出一部分钱，送我和妹妹去补习老师那儿学习。主要是读诗词、学古文。他一心要我们学好国文，为今后学好其他各门功课打下良好基础。"生我所欲也，义亦我所欲也，二者不可得兼，舍生而取义者也""古之君子，其责己者重以周，其待人者轻以约""业精于勤荒于嬉，行成于思毁于随""先天下之忧而忧，后天下之乐而乐"等等正心、诚意、修身、齐家、治国的至理名言，至今幼学如漆地深深印在脑海之中，这对我们以后健康成长，起到了良好的作用。

1961年我考上了南京化学工业公司化工学院，由于受"三年自然灾害"的影响，国家对整个国民经济实行调整、巩固、充实、提高的方针，部分高等学校实行关、停、并、转。1962年高教部决定南化化工学院停办。当时有政策，城市户口的学生，可以留在南化公司就业，由于那时我一心想接受高等教育，不甘心半途失去继续学习的机会，在南京也没有和家里多加商量，就毅然放弃留厂工作的机会，决定回家自学来年再考。到家后，我向父亲说了上述情况，虽然他很惋惜我失去了在南化大公司工作的机会，但并没有过多的责备我，而是尊重我的选择，鼓励我好好学习，来年再考。父亲历来就是这样，凡事只要不违背大原则，他总是支持我们子女的人生选择，让我们自己闯天下去经历人生的沧桑锻炼，自己奋发图强，自己教育自己，在游泳中学会游泳，经受生活实践的磨炼，成为国家有用的人才。

1966年"文化大革命"中，我二妹曼蓉在扬州护士学校毕业，当时患有肺病，尚未完全康复，她执意要参加分配去工作，父亲虽然不愿意她带病就职，但在她一再坚持下，又迫于当时的形势，父亲也就不再强加阻挠。二妹后来分配到叶甸农村医院做护士。由于"文化大革命"逐渐深入发展，父亲连自身都无暇顾及，更无力关怀照顾有病的妹妹。妹妹在条件较差的农村医院，夜以继日的工作，病情愈来愈恶化，终于不治，于1970年病故，时年24岁。这是父亲一生感到最遗憾的一件事，白发人送黑发人。以后烟消云散之时，当我们回忆二妹时，我总是看到父亲含着眼泪沉默不语或言语呜咽。

"文化大革命"中，家庭受到强烈冲击，弟妹们在学校里上学，常常被同学指着鼻子骂"狗崽子""地主阶级的孝子贤孙"。他们受不了这样的侮辱，三弟初中没毕业，就弃学踏上了"上山下乡"之路，到高邮插队；四弟初中没上完，就停学在街道上参加了工作。我们兄妹七人，虽然各自走的人生道路不同，但在父亲"爱祖国，爱家乡，老老实实干事，清清白白做人，诚恳待人，严于律己"的家教熏陶下，在各自的工作岗位上勤奋工作，注意品德修养，都多多少少做出了一些成绩。先后有五人光荣地加入了中国共产党，两人加入了共青团。父亲看到我们后辈遵照他的训导，健康成长，一定会含笑于九泉。

1963年我以优异的成绩考上了天津大学化学工程系。我学化工专业，是受了父亲的影响，早年他读大学就是学的化工专业。少年时期，家中的书橱里，成套

王石琴夫人钱树蕙与家人合影

地放着化工方面的专业书籍，我经常好奇地翻阅着各类国内外化工资料，对里面通过各种化学反应，使一种物质生成另一种新物质，感到高深莫测，因此引起了我对化学产生了浓厚兴趣，最终选择化学这门专业。父亲在市里主要担任城建工作，但他对他所学的专业总是念念不忘。1958年大跃进年代里，大办工业的热潮如火如荼，父亲积极奔走，出谋划策，先后筹建了泰州药厂，创办了化工研究所，成立了化工学校，培养了一批化工人才，使泰州的化学工业从无到有，为泰州市的化学工业发展奠定了基础。

1966年6月，父亲出差到北京，返回泰州时路过天津，停下来到学校看望我。当时学校里"文化大革命"运动正搞得热火朝天，校园里处处贴满了大标语、大字报，那时我正处于"革命"的狂热兴奋之中，滔滔不绝地谈论革命的大好形势，学校里斗、批、改情况。父亲平心静气地听我讲着的一切，沉默不语，不加评论，从他眼神中看出似乎有什么心事，深深地思考着什么，光顾吃着我从食堂里买来的简单饭菜。父亲在学校里仅停留了几小时，就匆匆踏上返泰的归程。临别时只叮咛了我一句，要"站稳革命立场"。这句话在当时是极平常的一句话，现在回味起来，那时父亲对这场史无前例的无产阶级"文化大革命"，是有自己独特的政治见解和鲜明的阶级立场的。他是衷心地拥护中国共产党，热爱社会主义，对林彪"四人帮"的倒行逆施行为，从内心中是感到十分不满的。

1967年10月，我趁串联之机回家一趟，父亲已被关押在专政大队里隔离审查了。因为当时父母工资扣发，家中经济已十分困难，我仅带了几包劣质香烟去专政大队（现公安局对过）看望他。父亲被关押在一间低矮的平房内，进去时他坐在地铺上看着一本学习材料，一年多不见，父亲苍老了许多，华发增添了不少。见我来看望他，脸上才露出一丝笑容。我向他讲述了我和家中的近况，他叮咛我不要荒废学业并安慰我说他在那儿很好，要家里人放心。父亲一直是这样，心里想到的总是别人，虽然在专政大队里，他受到精神和肉体的折磨，但从来没有吐露过半点，他对革命充满了必胜的信心。相信党、相信人民，一定会拨开乌云，重见天日，还他历史本来面目。

雨过天晴以后，父亲重新被安排工作，无论安排的职务高低，在每个岗位上，他都勤勤恳恳，兢兢业业做好每件工作。他的认真负责的工作态度，开拓踏实的创业精神，以诚待人的生活作风，乐于助人的高尚品德，将一代一代地影响我们子子孙孙，他的遗言将永远铭记在我们心中。

（王载思系王石琴同志长子）

二叔维系着我们这个大家庭

王曼君　王载欣

岁月匆匆，光阴荏苒，不觉间二叔已经离开我们一年了。蛰伏于我们内心深处那熟悉的音容笑貌、历历往事，仿佛又浮现在眼前。

我们的家庭是一个大家族，祖父经营许多企业，他非常重视对子女的教育，父亲和两位叔叔、姑姑都接受了大学教育，父亲在上学时就投身于抗日救亡活动，不幸逝世于 1937 年抗日期间兵荒马乱中。父亲去世不多年，祖父也病故了，二叔不得不出来撑持门户。由于二叔早年受了进步思想的熏陶，所以在他的带领下，把我们这个家庭一步步引向革命道路，也使一个地主兼工商业的家庭顺利地过渡为社会主义劳动者的家庭。

当时的二叔很年轻，交游广阔，抱负远大，还在他上学时就联系了一批热血青年致力于发展实业建设家乡，将上海纺织界已确定在绍兴建设的纱厂改址到泰州，使泰州有了第三家现代化企业（另两家是泰来面粉厂、振泰电厂）。由于父亲与祖父相继病故，二叔只好在大学毕业后放弃了更好的个人发展机会而回乡工作。就我们而言，全家人顿时从茫然无措中解脱了出来。抗战期间，半个中国在日寇侵略下，有的老师、亲朋为了躲避日寇烧杀，先后逃难到我家，三叔和姑姑在"大后方"上学，需要经济供给，二叔煞费苦心，艰难地维持着这个大家庭。

抗日期间学校有的停办，有的迁往内地，叔叔姑姑都随学校迁到重庆，在学校里参加学生运动接了革命思想，并按各自的理想实践。二叔更是领着全家实践祖父的"自食其力"的遗训，他常以"君子之泽，五世而斩"来鞭策自己和教育我们，说先人的遗产好比是借来的东西，随时要准备退还给人家，又常说"良田万亩，不如薄艺随身"。

二叔在统一全家思想的基础上，主动于 1949 年 4 月和倚琴大姑母回到泰县马沟乡下，将祖产田契在佃农们的面前一一烧毁。又将祖遗的工商业股份奉献给政府，顺应了革命形势的发展。抗美援朝期间，泰州承担了安置部分志愿军休养员的任务。二叔又主动将家里全部住房让出来给搬迁居民居住，腾出了病房使志愿军休养员得到及时治疗和休养。此后，这些住房又被辗转作为省泰中教工、学生宿舍、政府职员住房……为解决家乡房屋困难尽了一分力量。

1949年姐姐参加苏北建校，投身革命工作。1951年抗美援朝战争爆发后我正好初中毕业，便响应祖国号召参军。1955年复员后二叔劝我不要急于工作，继续上高中读书。在此期间母亲不幸因工伤引发心脏病去世，我的生活与学业都失去了经济来源，工厂也有意让我顶替母亲的定员指标，二叔又动员我继续完成学业，并与姑姑、姐姐共同负担了我的生活和学习费用。我大学毕业想参加全国统一分配，到重点单位工作，二叔又动员我好好参加重点建设。1980年军事工业逐渐调整转轨，我想回乡工作，二叔又帮我联系接收单位，办理调动手续。刚回到家乡那两年，我一家人就和二叔及他的子女们挤住在一起，二叔更是对我们问寒问暖，像对待自己的子女一样。

抚今追昔，二叔仿佛仍在我们中间，我们这个家族的成员虽已散居在天南海北，但由二叔维系着的大家庭的纽带仍牢牢地维系着各个小家庭，亲情不断，仍是一个凝聚友爱、共同进取的大家族。二叔关心我们、指导我们成长，我们也把上一代人的亲情、遗训传给下一代，希望他们也像我们一样得到关心和成长。

（王曼君、王载欣系王石琴同志侄女、侄子）

二舅王石琴

张晓京

2020 年是我的二舅王石琴 100 周年诞辰，时任泰州市政协学习文史联络委员会副主任的李良先生在《泰州晚报》上撰文详细记述了一段往事：

"梅兰芳先生 1956 年返乡祭祖演出能够成行，王老在其中发挥了重要的作用。梅先生与故乡的联系，由于时间久远等原因，已不太紧密。当时梅先生在全国各地为群众巡演，家乡人民希望梅先生能回乡演出，但缺乏邀请途径。1956 年 3 月，梅先生在南京演出。王老就带着全市人民的期盼，找到了时任省文化局局长的李进，请他帮忙邀请和动员。李进是泰州人，又是王老的好朋友，王老出面相请，李进先生自然全力以赴，最终梅先生临时改变行程，返乡演出。原县级泰州市政协编写《梅兰芳与故乡》一书，征集梅兰芳与家乡的史料，王老写了《回忆梅兰芳回乡访问演出》一文，却只字不提自己在其中的功劳，可见他为人处世是多么的谦逊退让、虚怀若谷啊！"

我在网上找到了《回忆梅兰芳回乡访问演出》一文，在这篇 2000 多字的文章中，二舅只用短短 27 字描述了他邀请梅兰芳来泰州演出的过程："梅兰芳愉快地接受了泰州的邀请，在宁演出一结束就回泰州来了。"

我在网上还找到一张当时梅兰芳及梅剧团成员和泰州市政府领导们的合影照片，照片中梅兰芳雍容尔雅，时年 36 岁的二舅俊朗帅气。

二舅 1920 年出生于江苏泰县白米镇。我的外公当时在镇上经营田产，著有诗集。我的外婆也是一位远近闻名的诗人。

二舅先是在泰县读小学，后来随外公到泰州读书。二舅在时敏中学读高一。这所中学后来发展为省泰中，不少著名人物从这里毕业。二舅学业优良，担任过学生会主席。二舅还有一个话剧表演的特长。抗战开始后，二舅积极投入抗日救亡运动。1942 年夏，日军曾将他抓起来关押了 9 天。1942 年 8 月，二舅考入上海大同大学化工系。大同大学是民国时代上海一所著名的综合性私立大学，尤以"理工"著称，时有"北南开，南大同"之美誉。

1943年，二舅停学一年回家乡筹建泰县华泰纱厂，事无巨细日夜操劳，为华泰纱厂的建成投产立下汗马功劳。华泰纱厂是泰州工业史上号称"三泰"（泰来面粉厂、振泰电灯厂、华泰纱厂）的三家老厂之一。

纱厂建成后，二舅回到上海继续他的学业。他在上海的住所——蒲石路高福里63号一个小亭子间——成为青年学生们经常聚会的地方。1947年5月，在南京中央大学读书的三舅和他的一些同学到了上海，在高福里63号筹划了5月20日举行的"京沪苏杭四区16所专科以上学校挽救教育危机联合大游行"，就是人们所称的"5·20反内战、反饥饿、反迫害游行"。当时的宣传品《拿饭来吃》后来被军事博物馆收藏。后经民盟上海市委负责人彭文应介绍，二舅加入了民盟组织。

1947年10月，二舅大学毕业后回到家乡担任华泰纱厂事务部长。举办工人夜校，教工人识字，教唱革命歌曲，引起国民党特务的注意。二舅到无锡一带暂避风头，后又辗转到达上海。1949年初，民盟总部宣传部部长罗隆基指示二舅他们一批来自苏北的盟员迅速返回苏北迎接解放。据我舅妈回忆："当时我们一家人伴着街道上欢庆解放的锣鼓声，长时间沉浸在一片欢乐之中"。

泰州解放之初，社会主义改造尚未开始，二舅随即将祖传的10多家工商企业股权无偿捐献国家。他和大妹（我的母亲）到乡下当众烧毁地契。后为安置志愿军伤病员，又主动让出20余间自住房，自己租房居住。泰州博物馆、图书馆成立伊始，他又将祖传古籍、字画等文物全部捐赠。

自1949年起，二舅历任泰州市工商联筹委会副主任兼秘书长、市政建设委员会副主任兼建设科长、副市长、市建设局副局长、市人大常委会副主任、民盟泰州市委主委、扬州市政协副主席等职，直至1993年离休。

二舅主持城建工作时，在他的倡导下，先后创办了泰山公园、果场、渔场、自来水厂，主持并参与了坡子街、东进路、五一路早期拓宽工程。他领导创办了泰州化工学校，为泰州市化学工业培养了一批骨干。二舅崇文重史，在进行城市建设的同时保护了光孝寺戒台、御史牌坊和胡人石刻等一批历史文物。

我看到中共泰州县委《火花月刊》1959年第1期创刊号上二舅发表的一篇

文章，题为《泰州解放十年有感》。文章列举了解放 10 年以来泰州工业发展、城市建设的巨大成绩：改造坡子街、新建泰州一百、新办许多工厂、拓宽东大街、改建文明旅社等，新办或改建（国营）肉联厂、苏北电机厂、炼焦厂、人印厂、木器厂、发电厂、泰来面粉厂、华泰纱厂、一布厂、二布厂、造纸厂、水泥厂、煤炭厂、食品厂、豆食品厂、林机厂、汽油机厂等几十家工厂，重建泰山公园，新建烈士陵园、烈士祠、烈士纪念亭、东街商业大楼，改造天福布店、天成太百货店、大华电影院、苏北大戏院等。

1994 年 10 月 5 日凌晨，二舅在上海病逝。

二舅是个谦逊、和蔼、儒雅的人。泰州民盟老主委石林在回忆文章中写道："他本人总保持普通人的形象：穿着朴素，布衣布鞋，走起路来总是不快不慢，待人接物，平易近人，一点儿看不到官架子，而且数十年如一日。"

1960 年春节，我姨妈从北京经南京中转回泰州老家探亲，把我也带去泰州。在泰州期间，二舅领着我去泰山公园游玩。我记得那天天很冷，阴沉沉的，树叶凋零，实在没有什么好玩的。还在一个湖边拍了张照片，这张照片后来不知弄到哪里去了。在写这篇文章时我查到资料，1957 年 7 月，泰州市政府决定把宋代以来的泰州岳墩（泰山）、小西湖、临湖禅院等历代形成的名胜古迹统一建为泰山公园，二舅当年为重建这个公园倾注了大量心血。可惜我当时年幼，不能体会这个公园承载的厚重历史。

"文革"中二舅受到冲击。有一次他来南京我家，我们在院子里散步，对面工地上有一个眼尖的工人认出了二舅。工人们围拢过来，簇拥着他"王市长""王市长"地叫个不停。二舅和工人们一一握手。可见二舅当年和工人们的关系有多密切。

前几天我在网上看到这样一条消息：2020 年 6 月 19 日，民盟泰州市委举办纪念王石琴 100 周年诞辰座谈会暨纪念封发行仪式，对他为泰州民盟组织的发展做出的贡献给予了极高的评价。

（张晓京系王石琴同志外甥）

王石琴与泰州民盟

父亲在病中的一段往事

王曼荪

　　无数的挽联花圈敬献在灵前，在那宽大的灵堂里挤满了自发前来悼唁的数百名各界人士，人们肃立、致哀、哭泣。看着灵堂前"沉痛悼念王石琴同志逝世"的几个大字和父亲慈祥安详的遗像，我的眼睛湿润了，止不住的泪水夺眶而出。一切都仿佛来得那么突然，我不相信他就这样离开了我们。他是那样的坚强，与病魔斗争是那样的顽强，虽然他最终未能战胜病魔。在整个治疗过程中，他是令人敬佩的强者。

　　记得去年七月初我在扬州得知父亲检查出肺部有病变需去上海确诊的消息后，心里很着急，急忙从扬州赶回泰州看望父亲，我焦急地问这问那，了解病情，父亲安慰我说："到上海去确诊也可能没什么大问题，你们放心好了，我现在自我感觉良好。"在他去上海后，又给叔叔、姑母们去信，安慰他们说也许是一场虚惊，叫他们不必担心，其实他自己心中有数，恶变可能性极大，但他总是这样把担心留给自己，而去宽慰别人。

　　去上海确诊为肺癌后，我们全家都很着急，不知如何是好，同志们朋友们都帮助出主意，有的说开刀好，有的说保守治疗好。父亲很沉着，他认真阅读了上海胸科医院发给病员的《肺癌问答一百例》一书，书中介绍了肺癌治疗的最佳手段是手术，只要有条件（身体允许）应立足于开刀，如因病灶部位不允许开刀，也应先保守治疗缩小病灶，争取开刀。他是尊重科学的，他相信了它，毅然自己选择了开刀切除癌肿的治疗方案，并配合医生进行手术前的各种准备。经过全面检查，医生决定在九月六日开刀。

　　来上海看望父亲的朋友、同志、领导络绎不绝，人们都为他暗暗担心，而他总是宽慰大家，显得十分乐观。记得开刀前苏州的几个朋友要来看望他，他叫我们安排接待，中午他陪同吃了一顿便饭，大家在一起回忆过去，谈笑风生，仿佛他不是一个即将动手术的病人。朋友们说来看他之前很不放心，看到他后，他那

140

战胜病魔的信心和那风趣和谐的交谈使他们得到很大的宽慰。临走时，他仍坚持一直送朋友上了公共汽车才返回医院。返回后他已觉得很疲惫，倒在床上闭眼休息了半天，其实在开刀前一段时间里，他还发着低烧，外人不在时，他时常显得精力不足。他就是这样从不在别人面前显露自己的痛苦和不适。难怪来看过他的人都说："王老精神很好，不像病人。"

他相信科学，总是以科学的态度对待一切，对待疾病亦是如此，在战略上藐视它，在战术上重视它。当确诊为不治之症肺癌时，他没有被吓倒，悲观失望，消极等死，而是积极去争取治疗，争取最佳治疗方法。在给亲友的信中他写道："蝮蛇螫手，壮士解腕"。还记得开刀前，泰州市委副书记吴金同志来沪看望他，他说："谢谢领导和同志们的关心，很快我就要开刀，如果手术能成功，这正是我的愿望，如果手术不成功，也许我死在手术台上，我也做好思想准备，就当作是安乐死，我生平无憾事，子女们都很好，我已是75岁的人，不算低龄，希望领导和同志们放心，我会正确对待的。"他就是这样，辩证地看待自己的疾病，从不患得患失，正是他有着如此坦荡的胸襟，使我们家人和亲友们忐忑不安的心境得到了平静。

父亲在上海胸科医院住院手术前后，我一直守护在他身边。我们兄弟姐妹多，父亲说大家工作都很忙，尽量少影响工作，叫我们轮流来沪照料他。根据各人工

扬州市政协副主席宗宇、黄扬参加王石琴同志追悼会并与王石琴同志亲属合影

141

作安排的具体情况，在他的吩咐布置下，排好了子女来沪照料的顺序名单。他安排开刀前除母亲外，只要一人，开刀后考虑到值夜班，也只要两人，这样大家串开来，可以工作照料两不误。事实上开刀后两个人是忙不过来的，因为白天黑夜均不能离人，还要有人买菜、做菜、送饭。开刀第一天我弟弟值夜班，秋天的天气虽然白天炎热，夜里还是有点凉意的，他看到弟弟值夜班在室外走廊站立通宵（因护理室不让家属进），第二天说什么也不让再值夜班，说自己能行，他总是这样为别人着想。实际上没有家属在旁护理是不行的，由于他手术后鼻孔输氧，喉咙发不出声。需要特别护理，护理室病人较多，护士是照顾不过来的，而他很自觉，轻易不去麻烦护士，当第二天一早到医院，听到他急促的喘气声（因护理抽痰不及时）和憋着大便等家人时，我们再也不敢轻易离开他的病床了。

手术后，由于年龄大，身体不如年轻人恢复得快，加上原有气管炎，手术后痰排不尽，且原有前列腺炎，术后尿频，影响休息，使得他体力不支，病情渐渐加重，肺内感染，发烧不降。直至 9 月 16 日医院发出病危通知书，并切开喉管，才不得不搬重兵，子女们都一起来到上海，领导亲友们纷纷来沪探望，他已不能讲话，只能拱手作揖，表示感谢，或用笔在本子上写字。但每次有人来看望他时，我都看到他振作精神，眼睛睁得很大，尽量克制自己的痛苦。记得那次 78 岁高龄的老友龚洪寿特意到上海看望他时，他握握他的手，并在本子上写道："我现在尚好，请放心，等病好后回泰州再见。"其实当时他正发着高烧，那正是他写遗言的当天，也就是说他已预感到自己可能不行，不能回泰了，还这样用言语来宽慰老友的心。那天下午当妈妈来到他病床前时，他也是这样安慰妈妈，拉着妈妈的手，在她手上写了个"好"字，意思叫妈妈放心，他已好转。他总是这样，就连病中也不忘关心别人，时常叫我们冷了要加衣，吃饭不要省。国庆节那天，也叫我们只留一人在他身边，其余人去欢度国庆。

在上海医院的整个治疗过程中，他主动积极地配合医生治疗，医生叫干啥就干啥，为尽快恢复体力，他强迫自己多吃饭菜。护士来床前打针、挂水，他都叫我们让开，不要妨碍护士工作。开刀前夕，他还告诉医生病灶的位置。几个医院诊断不一，请医生注意。医生们都说像他这样懂医疗知识、积极配合的病人不多。他对治病一直充满信心，曾写道："有领导、家人、同志关心，有好医生，医院有办法，希望大家勿念，莫灰心。"

9月30日下午2时许，是我永远难忘的时刻，那幕情景时常在我脑海里浮现。那天父亲抓住我的手叫我把写字本和笔给他，我以为他要叫我办事，他接过纸和笔后，迅速地在本子上写下了遗言，我看他眼角上有眼泪，我给他擦去，而自己的眼泪却禁不住地往下流。他一口气写完遗言，然后私下叫我保密到一定时候。看着遗言，我的心给震撼了，在这高烧弥留之际，他的神智是那么的清醒。这不是遗言，这是他一生的自我总结，是写给我们晚辈的座右铭，是给我们的一份珍贵的遗产。

父亲的一生，是光明磊落的一生。他一生追求进步，热爱中国共产党，热爱家乡。他为人正直、热情，他勤政清廉，两袖清风，他没有给我们子女留下什么遗产，却给我们指明了方向，教导我们后人做人的准则。他写道："王氏传统爱国爱家，拥护有中国特色的社会主义，老老实实干事，清清白白做人，诚恳待人，严于律己。""钱王传统要坚持！"等等，回顾他的一生是这样做的。以他的家庭背景和社会地位，大学毕业后可以留在上海做高级职员，然而他却毅然地回到了生他养他的故乡，半个多世纪来呕心沥血、勤勤恳恳耕耘在故乡的土地上，他热爱自己的家乡、为家乡的繁荣富强做出了不朽的贡献。他时刻想着家乡的事业，直到开刀前夕，市有关领导来看他时，还叮嘱"纪梅活动"不要忘记邀请对泰州做过贡献的某些领导和志士仁人参加。他背叛自己的阶级出身，投身革命阵营，抛弃了祖传十余家工商企业和良田1200余亩的家产，视它们为粪土，他让出几十间私房，自己住公房交房租。他为人正直，不谋私利，正如遗言所说，诚恳待人，严于律己。这些优良的作风，当我们还是幼小心灵时，就已深深地打下了烙印。他待人热情、好客，许多他的朋友，在我们小时候一直误认为是亲戚。他对自己严格要求，以他的身份和地位，在现在改革开放的年代，出差开会专车接送是正常现象，而他每次来扬州开政协会、人代会，会议住处离我们家相距较远，他都是乘公共汽车而来，或有时借我们的自行车来往，而每次开完会在扬州住上一两天再回泰州，他都不肯再派车来接他，而是自己买票回泰。父亲的这些言传身教，在我们子女的身上得到了体现，除曼蓉妹已去世，现在我们兄弟姐妹六人都兢兢业业地工作在各自的岗位上，在单位大都是先进工作者，没有辜负父亲多年的教育培养。

父亲虽然是一位党外人士，却始终信仰马列主义，曾多次向党组织表示入党的愿望，直至临终仍留下"我未能入党，心向往之"的遗言，他这种执着追求进步，一生追随中国共产党的精神是我们子女学习的榜样。

我是一名科技人员，由于工作一直表现很好，1986年党组织曾找我谈话，鼓励我进步、争取入党。当时我对加入党组织有些不正确的想法，认为人已步入中年，又不想当官，入不入党无所谓。我把这种想法与父亲交谈，父亲勉励我说："人应有所追求，思想要上进，入党不只为做官，我看你应积极争取。"在他的影响下，我积极靠拢组织，勤奋工作，1987年光荣地加入了中国共产党，现在我们兄弟姐妹六人有五人是共产党员。

父亲走了，他含着微笑离开了人间，离开了我们，他的音容笑貌、举止言行将永远留在我们的记忆中，尤其他那光明磊落的人生观，世界观和那为党的事业，家乡的事业毕生奋斗的精神永远活在我们的心中。我们要以父亲为榜样，把父亲的教诲当作光辉的座右铭，永远激励自己，老老实实做事，清清白白做人，为建设中国特色的社会主义，为家乡的繁荣昌盛勤奋工作、奋斗一生。

（王曼荪系王石琴同志女儿）

冰心在玉壶　明德惟余馨

王海燕

　　当我接到大学录取通知书时，爷爷已经去上海住院检查治疗了。本以为这是一次普普通通的分别，想不到竟成永诀。

　　在我记忆中，爷爷是那样的宽厚慈祥。爷爷的家就是亲友假期欢聚一堂的地方，家里人每到节假日会相聚在爷爷的住处，或是畅谈国家大事，或是讨论工作生活，分享自己的喜悦与困惑。爷爷在一旁含笑额首倾听，也会发表一些自己的见解，给大家指点迷津。对待我们这些孙辈们，爷爷非常和蔼充满耐心，从没有因我们的淘气训斥过我们。爷爷用自己谦和宽厚的言传身教，让我们在耳濡目染中成长并收敛性情。慈孝融洽的家风是爷爷留给我们大家庭的宝贵精神财富。

　　爷爷对他的朋友更是真诚相待、肝胆相照。家里的客人络绎不绝，有远方来的故友挚交，有阔别多年的港台亲友，有相交多年的老同事、老部下，甚至有亲友介绍来的素不相识的登门求助者……无论哪一位来访，爷爷都是热情接待，以礼相待。爷爷自己从未跟我们提起过那些助人义举，更没有企求别人的回报。我多年后辗转到南京求学时，恰巧遇到爷爷曾经施以援手的一位长辈，他常常会情不自禁向我感慨爷爷在他人生低沉时期的仗义相助。爷爷虽然离开了，而他的善意和温暖却永存于世。

　　爷爷亦是我人生岔路口的指路标，总能帮助我走向正确的方向。

　　小时候每到学期结束，爷爷会查看一下孙辈们的成绩单，随后鼓励我们下学期继续努力学习。有时候我成绩不是太理想，爷爷并不会批评我，但我会下决心不能再落后。在假期里，我们几个孩子聚集到爷爷家最多的活动是在一起背诗词，互相比着看谁能背得更快更多，幼时嬉戏中背诵的古诗词让我们一生受益，诗书传家的观念也植根于心中。

　　在 20 世纪 80 年代初我中考的时候，很多考生会选择读中专，这样不用经历千军万马过独木桥的高考，还能早日分到安稳工作。我妈妈提议我选择热门中专，而我想报考重点高中省泰中。这时就是爷爷给了我坚定的支持，他劝说我父母尊重我的志愿，目光看长远一点，鼓励我全力追逐自己的大学梦，而我最终也如愿以偿地考上了南开大学。

王石琴的几个孙辈（童年）

我在省泰中高中的最后两年，是和爷爷奶奶生活在一起的。为了让我有个良好的学习环境，爷爷和奶奶改变了多年的生活习惯，迁就我的学习作息时间，保证我有充沛的精力，全力投入到紧张的高中学习之中。除了生活上的照顾，最让我记忆深刻的是爷爷对我思想性格的关注。从小我就是个急性子，说话做事经常莽莽撞撞的。有次看见一只老鼠穿院子而过钻进了下水道，于是我大呼小叫地跑过去跟爷爷说这事。爷爷却不紧不慢的跟我讲了一句古文："泰山崩于前而色不变，麋鹿兴于左而目不瞬。"看我不太懂的样子，爷爷又耐心跟我解释了一遍意思，最后加了一句："你啊，要沉得住气！"从此这句话牢牢印在了我的脑海中，每次人生坎坷之时，每次遭遇诱惑之时，我就会想起爷爷的叮嘱，沉住气做出正确的选择，相信爷爷也会放心我了。

爷爷生病逝世之后，家中怕妨碍我学习，迟迟才告诉我这一噩耗，我简直不敢相信爷爷就这样离我们而去了。放寒假我从天津回到泰州家中，奶奶拿出爷爷病中和追悼会上的照片，当我看到爷爷在病床上留下的字迹：老老实实干事，清清白白做人，不禁泪流满面。这就是爷爷一生的信条，也是他对我们后辈的期盼。往后的工作生活中，我时时想起这句话，我把它作为我的人生信条，也会把这句话嘱咐给我的孩子们，让她们正直善良、踏踏实实地过好自己的生活。

依稀间，我眼前仿佛浮现了高中时放学后回到家中的情景。爷爷和奶奶两个人戴着老花眼镜，坐着藤椅看着书。庭院里，夕阳和煦微风轻拂。爷爷奶奶相依相伴，度过了如些春秋冬夏。他没有那些虚名光环加持，他是我最敬重的爷爷。

（王海燕系王石琴同志孙女）

146

此情可待成追忆

王海波

转眼间，爷爷离开我们已有半年了。如今当我拿起笔来，想写一点回忆文章，却又千头万绪不知该从何处下笔，回想往事种种，就如同昨日一样浮现眼前……

在我的印象里，爷爷是一位温和、善良且又颇具学者风度的长者。小时候，我们兄弟姐妹绕坐他老人家膝头，他总是谆谆教导我们要立志高远，勤奋进取。寒暑假里，他无论工作多忙，总要亲自查看我们的成绩簿，并把老师的评语细细看过，我们兄弟姐妹出色的成绩也总是让他笑眯眯地表示首肯。工作暇余，他还亲自指导我们阅读古诗文，从传统古典文化中汲取有益的营养。高兴起来，他还让我们轮流背诵古诗词，然后一一加以评判。爷爷家的书橱里有着许许多多的文学名著，假期里，书橱就成了我们的精神乐园。爷爷的朋友们到家里来做访时，看见我们兄弟姐妹一人抱着一本大部头，坐在小板凳上看得津津有味，都会感到非常惊奇，夸奖我们"孺子可教也"。记得有一次，爷爷带我到镇江去，由于我以前从未出过远门，看见外面新鲜的世界，禁不住一路上东张西望，问个不停。当时正值春暖花开，途经邗江县时，爷爷告诉我这就是有名的瓜洲古镇，并考问我知不知道有一首古诗与它有关，我脱口而出："京口瓜洲一水间，钟山只隔万重山。春风又绿江南岸，明月何时照我还。"同行的人听到这一老一少有趣的问答，更兼我当时只有十岁左右，都感到兴味盎然，纷纷夸我是"神童"。其实，他们哪里知道："神童"何奇之有？只不过是平时在爷爷的指导下，古诗读得多一点罢了。

对于我们的兴趣爱好，爷爷总是细心地加以扶持和培育。记得小时候，我爱看历史书，并常常因为贪看历史书而完不成爸爸布置的课外作业，遭到他的责打。爷爷知道以后，对爸爸指出：孩子爱看历史书是好事，不应抹杀他的兴趣爱好。从那以后，我的这一爱好就再也不曾遭到干涉。爷爷还利用出差的机会，给我买来了《上下五千年》《中华五千年》《世界五千年》等许多有益的历史故事书，并启发我从故事中学会处理问题、为人处世的正确方法，学习古人爱国爱民的精神。

　　爷爷教育我们，也从不用空洞的大道理进行说教，而是在平时的言谈中加以潜移默化。他希望我们兄弟姐妹友爱相处，就讲"孔融让梨"的故事给我们听；他要求我们生活自理，就用陈蕃"一屋不扫，何以扫天下"的故事来启发我们。我高考后没能进入理想的学校，心情一直不太稳定，每次从学校回家，他都要和我促膝谈心，勉励我一番。直至爷爷生病住院，我到上海探望他时，他还对我说，男儿立志应如鸿鹄，读书当为治世之用。人生中挫折总是难免，只要立志坚定，终会有所作为。岂料别后一月，传来的竟是噩耗，生离却成死别。回想爷爷的教导犹在耳边萦绕，我又怎能接受这个现实，我又怎能不悲恸难当！

　　感谢命运，我为有这样一位可敬的爷爷而感到骄傲和自豪。是的，前进的路上总有千折百回，爷爷虽不曾留给我们丰厚的物质生活条件，却留下了让我们一生享用不尽的精神财富，让我们能够正确地面对现实，接受生活的一切挑战。

　　安息吧，敬爱的爷爷！每年春风吹起，黄花开遍的时候，我会去看望您，让您分享我成长的所有快乐和烦恼。您安息吧！

（王海波系王石琴同志之孙）

补记：

　　我的祖母钱树蕙老人于今年中元节永远离开了我们。走时安详平静，宛如沉睡，寿登百岁。

　　她老人家生于 1921 年 12 月，泰县梁徐江村（旧名钱港村）人，父亲钱法古、祖父钱百城都是当地有名的乡绅宿儒；姑母钱荷玉嫁给王光国（我的曾祖父），是泰州有名的女诗人。钱荷玉夫妻有《香露轩吟剩》《溪光室唱和集》存世。这也是祖母常引以为豪的诗人基因。即使老来记忆模糊，也常把"平生任性喜遨游，历经沧桑不解愁"挂在口头，这也是她一生的最好写照。

　　她与祖父王石琴少年相识，青梅竹马，抗战烽火，辗转于通扬宁沪求学，并襄助华泰纱厂创业。长子长女大学毕业后，鼓励好儿女志在四方，支援国家建设，分别去了西北东北；大侄女王曼君、大侄王载欣父母早逝，亦视如己出，支持其

参加抗美援朝。"文革"中夫妻相濡以沫,共渡难关。这期间,二女王曼蓉因父母下放劳动,不在身边,肺疾不治,这对坚强的祖母也是一生中一个很大的遗憾。家中子女甚多,平时勤俭持家,务求简朴,退休后操持家务,家风清良,子孙辈均各有所成,不堕王钱家风。

祖母心胸开阔,思想新派,不计琐事,落落天真,乐观开朗,好读诗书,属于同龄女性中少见的知识分子。我大学毕业后,因祖父逝世,曾与祖母同住一段时间。她常诵《项脊轩志》,"大母过余",不过如是。每念及此,唏嘘感慨。

因鼓楼路拆迁改造,祖母搬离西火巷,随小姑妈居住,晚年生活愉快,偶与亲友麻坛国粹自娱,只是近几年因下肢无力生活质量有所下降。去年按泰州风俗,做了百岁寿宴(99周岁),人中之瑞,世纪老人。奇哉!后代子孙,念之!勿忘之!

次孙海波

2021.8.23

149

翻相册　忆爷爷

王　娅

　　爷爷离开我们已经 28 年了。翻开老相册，看着自己儿时依偎在爷爷怀里的幸福情景，爷爷两次带我游园的往事历历在目，难以忘怀。

　　记得第一次是郑州一位亲戚回泰州度假寻根。这位小姐姐的父亲在海军郑州某研究所从事保密工作，她自小便生长在郑州，那是她第一次回家乡寻根访亲。爷爷、奶奶乐呵呵地给这位小客人当导游，我也和妈妈一齐陪同他们去乔园游玩。爷爷奶奶当时都已年逾古稀，可他俩还像年轻人一样，兴致盎然地带我们参观了乔园的各个景点。爷爷一边走一边饶有兴趣地向我们两个小游客介绍了日涉园、三峰草堂、梅兰芳来泰住宿地等典故和趣闻。我当时

王石琴夫妇、三媳王薇、孙女王娅陪小客人游乔园

听了只是感到新奇，估计那位小姐姐也是似懂非懂。现在想来，爷爷应是想让我们从小能耳濡目染，多接触了解一些泰州的人文历史，让小客人留下美好的泰州情结。

　　第二次，是泰山公园盆景园经扩建重新开园后，盆景艺术大师王寿山老人邀约爷爷前往"指导"。爷爷就带上了我，说让我开开眼界。在盆景园里，两位老人边看边聊，谈古论今，十分投机。我好奇地看着一盆盆树桩和石头，只觉得形状奇突，儿时的我是不懂其所以然的，就试着问爷爷："为什么要在树旁放上一

堆石头呢？"爷爷听了哈哈大笑："你看那树叶像不像天上飘着的一片片云？那石头像不像一座雄伟的山？"云，我往常抬头就能见到，但山，我只看过泰山公园里的那座土山。于是我又十分不解地问了一句："石头怎么能是山呢？"爷爷不禁莞尔："山有很多种，等你长大了，可以多看看我们国家的名山大川。"

长大后，我知道爷爷长期在泰州城市建设一线工作，泰山公园的建设、乔园古迹的保护，许多重大的市政工程他都参与策划，亲力亲为，可谓"衣带渐宽终不悔"，倾注了不少心血。我依稀记得爷爷讲过他遇到过的一件憾事，当年南山寺宋塔即将被拆除时，有热心人士找到他，希望他能带头一呼，保住这座古迹。终因爷爷当时刚刚被"解放"出来，自觉"人微言轻"，也算心有余悸，未能如愿。千年宋塔，轰然倒下，给泰州人民留下深深遗憾，也成了爷爷难了的心结。

爷爷一生交游甚广。长期热心统战工作，改革开放后，经常不遗余力地向旅居海内外及香港、台湾地区的亲朋故旧介绍祖国，宣传家乡，唤起游子的归心，做了大量有益的工作。

跟随爷爷两次游园的经历，让我体会到了爷爷爱祖国爱家乡的情怀，潜移默化、润物无声，也成了我难忘的记忆。对我个人而言，从大处讲，从小培养起热爱祖国、热爱家乡的理念；往小处讲，使自己在人生中多了一份"诗情画意"，学会了发现美，欣赏美……这些都将使我受益终生。

现在我也是一名公职人员，我一定以爷爷为榜样，报效国家，服务乡梓，奉献家乡。

爷爷，我永远怀念您！

（王娅系王石琴先生孙女）

王石琴遗作

WANG SHI QIN YI ZUO

久远的回忆

——庆祝母校九十周年校庆

王石琴

当年校内的银杏树

抗日战争前，泰州只有两所中学，一东一西，一所在胡公书院内，是完全中学；另一所在夫子庙内，是初级中学，两处都是科举儒学的旧址。它们是省泰中的前身，我们这辈和前辈的泰州学子，多出于这两处。我是 1933 年到 1938 年期间先后在这两处读书的，所以我把它们看成"两位一体"。1937 年"七七事变"后江南相继沦陷，学校停办，我们这群在外地求学的学生，回到泰州就读，学员猛增，济济一堂。胡公书院内弦歌之声不绝，抗日激情高昂。在这股强烈的爱国热潮中，不少同学投入了火热的抗日救亡活动。

胡公书院办学，已有近千年的历史，胡瑗（安定先生），出生于公元 993 年，今年是他1000周年诞辰。宋仁宗庆历年间取他授门弟子之法，著为太学令。他讲学的书院当开先河。清光绪年间，废科举，办学堂，泰州得风气之先，较早在学院的旧址上办起了"泰州学堂"。几经更名，延续至今，已经九十周年了。新中国成立后党和政府重视教育，继承优秀传统，发扬革命精神，全面贯彻党的教育方针，教书育人。同时，在百废待兴的情况下，逐步改善办学条件，美化校容校貌。几十年间，省泰中旧貌换新颜，已成为规模空前，质量上乘的省属重点中学，进入"中国名校"的行列。

一跨进省泰中，就可以看到醒目的古迹——千年银杏和蝴蝶厅（胡公书院）。在校时，我们对它们怀有深厚的感情，离开了学校，也永远地怀念着它们。它们是学校的象征，我们心目中的"圣物"。传说银杏树是安定先生亲手栽植，它遮天蔽日、奇伟魁梧。明清建筑的蝴蝶厅檐角翼然，多姿多彩。它们是历史的见证人。我们教育事业，饱经风雨，历经沧桑，始终像银杏树一样，枝繁叶茂、硕果累累，具有旺盛的生机；像蝴蝶厅一样，精致奇巧，栩栩如生，显示超凡的构思。我们有这个印象，先贤留给我们这两个宝物的用意，是勉励我们做人要像银杏那样正直，坚持真理；要像蝴蝶一样灵巧，智慧无穷。

省泰中，您是育人的摇篮，在您的培育下，桃李满园，英才辈出。"自古海陵多俊杰"。省泰中，将用她的乳汁哺育千千万万俊杰、英才，为海陵的发展，祖国的腾飞做出应有的贡献。

（本文原载《江苏省泰州中学九十周年校庆纪念册》）

深切缅怀我们的老市长——周伯藩

王石琴

周伯藩同志与我们长辞了，我未能在他临终之前见他最后一面，深感内疚和遗憾。

过去，我对他是"素昧平生"而"久闻大名"，泰州新中国成立后才有接触和交往。解放初两年的共事，他那高大的形象，始终活生生地印在我的心中。

解放前，我参加反蒋的学生运动，参加民盟的地下活动，毕业后在泰州华泰纱厂任职，受到泰州反动党团的注意，1948年一直"漂流"在上海、镇江之间。泰州解放的第二天，我和妹妹王倚琴越过封锁线回到泰州，自觉地参加共产党领导的群众运动。

1951年1月22日，泰州市人民政府委员会全体委员合影（前排右二为副市长王石琴）

157

周伯藩同志进城后是地委宣传部长，1949 年 4 月起担任泰州市委书记，后来兼任市长。市委领导成员中还有顾维汉、李维、李连庆、李克和、戴晓丰等同志，个个精明强干。他们正确贯彻党的方针政策，努力开拓前进，泰州发生了翻天覆地的变化，群众精神面貌也为之一新。人人称道：共产党不但有勇于打天下的干将，而且还有善于治天下的能人。表示心悦诚服地跟着共产党走社会主义道路。就周伯藩同志来说，在一班人中，他充分发挥了个人的作用，他的品德、气魄，他对于无产阶级革命事业的热忱，闪耀着一个共产党员的光辉，很快得到群众的爱戴。他的优良作风、他的开拓精神，至今还在泰州城广为传颂。

1951 年初，泰州召开首届各界人民代表会议，他和我促膝谈心，说要推荐我为副市长候选人。我毫无思想准备，便谈了自己的想法：我出身不好，社会交往多，关系"复杂"，又没有多大能耐，不宜当此重任。他态度诚恳，语气委婉地对我说：你的情况，我们知道，在那种社会背景下，并不奇怪。对你的工作，我们一直支持，对你的建议，也大多采纳，如果当选，放手干吧！我们没有把你当外人。

我当选副市长后，他有意安排我"出头露面"，在大庭广众中让我即席发言。我有时用词不太准确，事后他总是有意无意地提醒我，他就是这样培养、帮助一个新同志的。我走马上任后不久，他亲自到我家，说想和我谈。一见面，他那平易近人、落落大方的风度吸引了我，我们天南地北，无拘无束，谈笑风生，我对他心理上的距离一下子缩短了，倒好像是故友重逢。经他陆续介绍，我与其他几位领导也常来常往了。他是我的良师益友、革命引路人。这并不是我一个人的体会，不少同志谈起与伯藩同志相处的情况，都有同感。

他非常关心群众生活，重视市政建设。泰州城是反动政府留下的烂摊子，百废待兴。在他的主持下，泰州率先在江苏省第一个拓建城市街道，1951 年，用一个多月的时间，在五一节前拓宽了扬桥至八字桥、大林桥至大校场的道路，全长2532 米，这次拓建，缓解了交通拥挤的状况，方便了城乡物资交流。此外，还在岳墩、小西湖的旧址上开辟了泰山公园，修复了体育场，丰富了人民的文体生活；兴建了第一个工人住宅区，改变了"三步桥，花子窑"的破落相，改善了工人居住条件：新辟了新桥口露天市场，集中摊贩，整顿了城市交通秩序等。所有这一切，伯藩同志都亲自策划、亲自动员、亲自参加义务劳动，与群众在一起共建新泰州。今之视昔，规模似乎不够味，但在当时条件下，又谈何容易！没有伯藩同志为群众办好事的热情和雷厉风行、大刀阔斧的气魄，在短短的时间内是办不到的。

他对稳定和发展泰州工业的贡献也是有口皆碑的。泰州本是商业城市，工业少得可怜，只有"三泰"稍具规模，振泰电厂白天不发电，不普及，路灯只有41盏；泰来面粉厂没原料，一个月开不了几天工；华泰纱厂靠卖"期纱"过日子。他忧心忡忡，力图摆脱困境。有一天他找我商量，说是不但要稳住，还得有所发展。因为我是筹办纱厂的发起人之一，他要我去上海做"说客"，叫我全权处理，见机行事，并且派一位总工会副主席（原纱厂工人）同行，需要工会表态，由副主席出面。

我到上海与股东们反复磋商。原占三分之一股权的荣丰纱厂总经理有实力，也比较开明，对周书记发展生产的愿望表示支持。但提出一些条件：一、改合资为荣丰独资，其他股东由荣丰退股金。二、同意纱锭由1000多扩为3000，但要政府解决土地和厂房。三、工人保留，投产前参加基建劳动，只发生活费（吃饭加零用钱），非原荣丰职员一律发遣散费另谋职业。我们认为可以接受，当即达成协议。

回来后，伯藩同志对我们当机立断表示赞许，仍叮嘱我们出面做工作。经过我们的说服动员，为了工厂的生存和发展，纱厂全体职工愿意克服暂时的困难。同时，我们动员将退出的泰州股金全转投了新泰布厂，并将泰州退下来的职员安排进去，既处理了善后问题，又壮大了布厂。为帮助新泰布厂尽快投产，市政府说服部队让出万字会驻地，作为厂房，并免缴房地产租金10年。这些都是伯藩同志统筹协调、积极促成的。现在说来，纱锭3000微不足道，当时却也鼓舞人心，对稳定泰州经济局面起了一定作用。在伯藩同志的倡导下，又改建了电厂，泰州工业开始用上电力；又通过委托加工，使面粉厂稳住了阵脚……他深思熟虑、调度有方、指挥若定、化困难为机遇，为泰州的工业发展创造了良好的开端。

众所周知，他是一个出色的宣传鼓动家，能以很大说服力，鼓舞千千万万群众，调动浩浩荡荡大军，为革命和建设事业奋勇拼搏。抗美援朝时，学生听了他动员参军的报告，满腔热血，斗志昂扬，热烈响应号召，就连独生子女也义无反顾地踊跃参军。在各界人民代表会上，他针对崇美、恐美、亲美的思想作批判，讲话中出人意料地朗诵起戏文中乔阁老的一段唱词："劝千岁，杀字休出口……这一般武将哪个有，还有诸葛用计谋，若要兴兵来争斗，东吴哪个敢出头。"紧接着，他坚定严肃，铿锵有力地说：我们不能有乔阁老思想，长他人的志气，灭自己的威风。他语言生动，发人深省。代表们情绪高昂，以经久不息的掌声表达了抗美援朝的决心。讲道中国人民不怕封锁、战斗到底的决心，他讲了解放战争时的一件事：那时，由于敌人的封锁，解放区物资很困难，他是驻地庄子上唯一有煤油灯办公的干部，庄上居民少有火柴，每晚都来"过火"，有的人点了又熄，来回跑几趟，也不嫌烦。他说：敌人封锁，难不倒我们。我们终于取得了最后的胜利。现在，如果打过鸭绿江也不怕，我们一定能取得最后的胜利。他的讲话既进行了传统教育，又坚定了大家克服困难的信心。他做报告，很少带讲稿，从理论到方针、政策、任务深入浅出，头头是道，随手拈来，便成文章。他是大家公认的"苏中才子"。其实这一切都来自他高度的责任感，来自他的勤奋。闲谈中，他与我说，说他做报告，是要花很大工夫做准备的。要吃透文件精神，分析现实情况，掌握听众心理，收集群众语言，推敲琢磨形成腹稿而发言，所以，他总要学习到深夜。后来，他到南通任市长，能用南通话做报告；到苏联学习，能以俄文阅读、对话，这都是他勤奋学习的结果，并不是凭空得来的。

以上是我和他接触中最有深刻印象的一些片段，从这些点滴事例，可以看到他对党、对人民的无限忠诚，对社会主义革命和建设事业的高度热情，对党内外各界朋友的真挚友谊。

我们缅怀周伯藩同志，要学习他的革命精神、高尚品德和优良作风，化悲痛为力量，为"振兴中华，统一祖国"而共同奋斗！为把泰州建设成繁荣昌盛的现代化工商业城市而不懈努力！

[本文原载《泰州文史资料》（1949–1952年）]

泰州解放十年有感

王石琴

　　1949 年 1 月 21 日在泰州上空升起了红旗，人民从沉重的锁链里解放出来，暗无天日的反动统治一去不复返了。我们进入伟大的人民世纪——光辉的毛泽东时代。到现在，整整十年了！

　　十年里，英雄的人民抹去身上的血迹，医好战争的创伤，在阶级斗争中，在生产战线上，写下无数灿烂的诗篇，画出美丽动人的图画，人们的精神面貌也随之发生了根本的变化。新中国的巨人，在党的领导下，正满怀信心，以强健的步伐，飞快的速度，向共产主义大踏步迈进。

　　回顾泰州解放十年，每个人都会感慨万千。我小时候生长在泰州，我热爱我的家乡，解放前，特别在学生时代，也曾抱着一颗火热的心，对家乡怀有殷切的期望，尽管那时的期望在现在看来是那么可笑和渺小，但在旧社会不得不是空虚的梦想。后来才渐渐理解到，在根本问题——社会制度没有解决之前是谈不到什么家乡建设，更谈不到祖国的繁荣富强。解放十年来，我又一直在泰州工作，亲自参加家乡的建设，想想过去，看看现在，真是一个鲜明的对照。

　　在工农业生产方面，我还记得解放初期，泰州只有三家比较有规模的工厂，就是泰来面粉厂、华泰纱厂、振泰电气厂，当时把这"三泰"尊称为泰州的"三宝"。这三个"宝贝"从前的情况如何呢？泰来一周能开工两天就算好的了；华泰一共只有 1172 枚破烂的纱锭，始终在苟延残喘；振泰几台"老爷机"开开停停，人们替它起了个雅号叫"瞎子"（反动统治时，地方上有个谚语：电灯是瞎子，电话是聋子，参议会是哑巴）。新中国成立后，这三个先天贫弱、摇摇欲坠的工厂，党的确是把它当个宝贝看待的，千方百计挽救了三个垂死的宝贝。现在怎么样呢？我们可以看到泰来面粉厂日夜不歇地生产，还附设了碾米厂、机械厂等；华泰就要增到 10000 枚纱锭，原来每个纱锭出 0.6 磅纱就很好了，现在每个纱锭出将近

王石琴当年主持建设泰山公园，从昇仙桥迁移保护的柱史坊

两磅（1.8—1.9磅）；振泰改为泰州电力公司了，由160千瓦扩展到3300千瓦，其中有两台计2900千瓦是透平机，不单照明，在工农业生产上也大量使用电了，厂里还附设制造变压器、发动机等的车间。十年来，三个宝贝壮大了，它们再也不是孤单单的三兄弟，若干个"宝贝"出世了！我们有了钢铁厂、通用机械厂、农具机械厂、电机厂、造船厂、化工厂、耐火器材厂、玻璃厂、棉织厂、麻纺厂、毛织厂……万紫千红，争奇斗艳。农业生产也是如此，我去年到里华乡验收水稻，亩产都是一千多斤、二千多斤，有位老农说："唐宋元明清，没有见过一千斤"，这生动地说明农业生产创造了史无前例的纪录。我深深地感到，只有在共产党领导下，才能取得工农业生产的大跃进。

在市政建设方面，我从1950年起就从事市政方面的工作，这一方面对我的印象太深了。过去，街道狭窄，一部重载黄包车停留一下，就会塞档，现在汽车可以通行无阻。过去一下雨，污水横流，现在下水道畅通，雨过路干。过去的中市河，现在变为小菜场。过去的臭沟头，现在变成了活水河。过去泰山、小西湖，一共只剩下四棵树，现在已是一个像样子的泰山公园了。"少小离家老大回"的人，简直不相信这是他的故居了。解放以来，我们想解决的问题，很快地就办到了，有许多当时还不敢设想的事，现在也实现了。回想解放以前，哪怕是"修桥补路"

的市政维护工作，也算得是"功德无量"、难能可贵的了。我深深地感到，只在有共产党的领导下，才能最大的关心人民生活的福利。

就我个人来说，在旧社会上过很长时间的学校，我是读化工的，那时毕业生并不多，照理说，所学有所用，是没有问题的，但却是"毕业就是失业"，我们那一班毕业的同学，只有不到三分之一的人找到化工方面的工作，而且找职业，还得有门路才行。再看看我们今天的青年，该是多么幸福啊！我们泰州已经普及了小学教育，初中、高中不是不得进的问题，而是招不足的问题，大学生增加了若干倍，还没有毕业，就给各单位各工厂预约去。除此，还办了若干个红专学校。特别是现在学校里工农成分比重显著上升，执行了党的"教育为无产阶级政治服务，教育与生产劳动相结合"的方针，大大提高了教学质量，培养出更多有用的人才。而过去把工农排斥于门外。教育方法又是脱离实际的，出了校门也是"四体不勤五谷不分"的废人。今天，我们新生的青年一代，是足以自豪的，我们应该珍惜我们宝贵的时间，把自己培养成又红又专的人。我深深地感到，只有在共产党的领导下，才能充分发展科学、文化事业，做到体力劳动和脑力劳动相结合。

解放十年，感想太多了，千言万语也说不完。为什么这短短的十年会取得这样大的成绩呢？这是我们在中国共产党和我们伟大的领袖毛主席领导下走社会主义道路的结果，是全国人民辛勤劳动、苦干、实干、创造性干的结果。十年来，在党的领导下，开展了各项政治运动，土地改革、民主改革、镇反、抗美援朝、三反五反、肃反、整风"反右"，雷霆万钧的群众运动摧毁了旧社会的残余，把中国革命不断推向前进。特别是经过整风"反右"之后，带来了"大跃进"的形势，发扬了敢想、敢说、敢做的共产主义风格，改变了人们精神上的奴隶状态，紧接着人民公社化运动，更进一步解放了生产力，为我们更大的跃进准备了条件。

回顾过去，展望将来，我更加热爱我们的新泰州，更加热爱我们的新中国！让我在党的领导下，和全国人民一道，迎接新的斗争任务，从胜利走向胜利。

（本文原载中共泰州县委理论刊物《火花》月刊 1959 年第 1 期）

回忆梅兰芳回乡访问演出

王石琴

梅兰芳是举世闻名的艺术家。他祖籍泰州，1956年3月专程回乡访问演出，给泰州人民留下了深刻的印象，事隔20多年了，还是历历在目，记忆犹新。

"梅兰芳要回乡访问演出了！"这个消息从南京发出，像电波一样立即传遍了泰州城乡，到处谈论。邻县纷纷来电询问，共同的愿望是能够欣赏到他的精湛艺术，但更重要的是敬仰他是一个坚贞不屈的爱国志士。

梅兰芳返乡演出时致欢迎词

梅兰芳愉快地接受了泰州的邀请，在宁演出一结束就回泰州来了。3月7日，他同夫人福芝芳和儿子梅葆玖，率领包括姜妙香、刘连荣、王琴生等名演员的"梅剧团"来到了泰州。梅剧团的车队一到，欢迎的人群就涌上街头，热情鼓掌欢迎。梅兰芳探出身子，满面笑容，挥动着手，一直到招待所。他下榻苏北少有的明代园林——三峰园（即乔园）的"因巢亭"。他高兴极了，好似"少小离家老大回"的游子，投入了亲人的怀抱。爽朗的笑声，表达了他对桑梓的深情。他谈起有个姑母还健在，时常叮嘱他有机会回故乡看看，他并遗憾地说：女儿葆玥现有演出任务，脱不开身，要是全家来，多好呀！他很早就出了名，一直在大城市演出。新中国成立后，本人表示也要访问中小城市，多深入基层，更好地为工农兵服务。泰州是他演出的第二个中小城市。当时，泰州仅有一个剧场，条件很差，台面狭窄，灯光设备简陋，只有一千左右座位，不能适应"梅剧团"的上演，但他毫不计较。为了酬答桑梓的盛情，他放弃本人的收入，降低票价。原定演出五天，因为要求看戏的人很多，他不顾疲劳，主动提出加演一场，作为答谢。在此期间，梅葆玖也和其他名演员一道，在日场演出。

由于在泰州时间短，又要让家乡人民较全面地欣赏到"梅派"艺术，他特意选择了一些享有盛名的"拿手好戏"，先后上演了"醉酒""别姬""宇宙锋""奇双会"。一个杰出的艺术家的成就，往往来自他对艺术的严谨作风。当时他已63岁高龄，平时走路也有些蹒跚了。但一登氍毹，婆娑起舞，即使"醉酒"中难度很高的"衔杯"，也是灵活自如。他那抑扬婉转的梅派唱腔，更吸引着每一个观众，台下不时报以热烈的掌声。每次剧终，总要谢幕多次，姿态却不雷同，轻盈的步伐，深情的微笑，既优美多姿，又感情丰富。与他同台演出的姜妙香、刘连荣、王琴生等也各显身手，相得益彰，不断赢得掌声。

泰州附近地区，远至东台、盐城、海安、扬州的群众也赶来观剧。当时虽然春寒料峭，但剧院门口却彻夜排队，等候买票。有位白发苍苍的老大娘，排了几次队，却没有买到票子，眼看访问演出就要结束了，急得什么似的。梅兰芳不知怎么听到这件事，即托剧场同志在加演场次给她安排了座位。散场后很多群众聚集在剧场门口，久久不散，要见自己的艺术家，等待他下装出场，他总是微笑地，向群众招手致意。每到一处访问，总喜欢和群众握手交谈，亲如家人。在泰山公园访问时，瞻仰了烈士祠，参观了岳飞庙，并为公园画了一幅梅花。

在泰期间，他访问了亲属。旧社会的苦难，增加了梅兰芳对新社会的热爱。梅家住在泰州东郊鲍家坝，是世代种田和从事油漆泥塑的贫农兼手工业者。那时十年九荒，非旱即涝。清朝道光年间大水，泰州一带一片汪洋。他曾祖父病死，曾祖母带领孩子到江南逃荒，历尽千辛万苦，还是不能生活下去，不得不分粮减口，忍痛将孩子卖给戏班子，让他走江湖谋生，自己回到鲍家坝，孑然一身，住在破漏的草棚里，穷愁而死。这正是旧社会贫农、手工业者苦难遭遇的缩影。梅兰芳怀念苦难的先人，和夫人、儿子到祖坟祭奠，献了花圈。抚今思昔，忆苦思甜，怎能不无限感慨。梅兰芳的姑母传下了流落他乡的家史，他们一家多么眷恋故乡呀！

大家都知道，梅兰芳在抗日战争时期，忍受了所谓"梅郎金尽"的艰苦岁月，

1956年3月京剧大师梅兰芳偕夫人福芝芳、子梅葆玖首次返乡泰州祭祖访问演出合影（第一排左六为梅兰芳，左三为王石琴）

蓄须明志，拒不上演，发扬了高度的爱国主义精神。新中国成立后，他心情舒畅，焕发青春，从大城市到小城市，从内地到边疆，从国内到国外，不辞辛劳，为工农兵服务，为革命外交服务，努力改造世界观，成为一个共产主义战士，毛主席、周总理都非常关心他。泰州历史上有个知名的爱国艺术家柳敬亭，为了挽救明朝的灭亡，四处奔波，以"说书"技艺，唤醒人们的民族意识。他们以高超的艺术和爱国主义精神，前后媲美，广为流传。至今泰州还传诵着这样一首《望江南》词："吴陵好，绝技柳梅双。檀板难消南渡恨，歌衫未卸北平装。一例管兴亡。"吴陵就是泰州。"檀板难消南渡恨"，是说柳敬亭说书时难以消除因清兵入关，北京失守，弘光帝偏安江南，最后终于亡国的遗恨。"歌衫未卸北平装"，是说梅兰芳在卢沟桥事变发生，北平沦陷后，为了捐献抗战基金，举行义演，不肯脱下旧时在北平演出的戏装。他们两人同样关心国家的兴亡，表现了强烈的爱国热情和崇高的民族气节。因此泰州人民以这样两位著名的爱国艺术家而感到光荣和骄傲。现在，泰州群众有这样的想法：有条件时，能在一个遍植柳、梅的风景区建起个"柳梅馆"，纪念他们的艺术成就，表彰他们的爱国主义精神。这说明了广大群众对他们的热爱和尊崇。

短短的访问，很快地过去了！家乡人民依依不舍。梅兰芳深情地表示，今后一定还要重访故乡。哪里料到这个心愿没有能实现，梅兰芳同志就和我们永别了！

梅兰芳同志，我们永远怀念你！

（本文原载《海陵文史集萃》）

泰州市城市建设 1949—1978 年大事记

王石琴

1949 年：

1 月 21 日泰州解放，22 日建立泰州市。

泰州是一个古老城市，汉武帝元狩六年（公元前 117 年）设海陵县。南唐升元元年（公元 937 年）升海陵县为泰州，筑罗城。周世宗显德五年，营州治，更筑城。宋宝庆年间，开凿东、西、北城濠，疏浚南城濠，整治街坊，架设桥梁，建筑书院、仓库和楼、台、馆，兴建项目有 60 多处，奠定旧城大体布局。南宋绍兴十一年，又开凿东西玉带河与中市河相连，以通行船只。相传东西门大街原为人烟稠密之区，徐达、常遇春攻拔泰州时，毁于兵火。明初，筑东西坝，以防洪水下泄，自此，隔断上下河水运，市区沿稻河、草河向北伸展，泰州形成里下河粮食集散地。清乾隆三十二年，重修城池，规模较大，支用银钱 98763 两。民国初（公元 1912年）改称泰县，城厢设城区。在城市建设方面，1939 年拆除城墙，平整为环城路。并无可以称道的建设。当时城市建设的面貌是：

道路方面：街巷弯曲狭窄，临街巷房屋参差不齐，干道宽度不过 3 至 4 米。主要街道及少数巷弄有条石车道，大部分街巷道路不平，天雨泥泞。宽度足以通行汽车的，只有通扬公路过境部分。因是土路，阴雨不能通车。

桥梁方面：泰州的粮食集散，主要靠水运，伸入市区的河道，北有老东河、草河、稻河、老西河，南有南官河及通扬运河，航运船只较大，陆路交通要服从水路交通，不得不提高桥的净重，主要是砖石拱桥，桥面用台阶式，桥坡很陡，如高桥坡度达到 45%，手推车过桥也要人抬，其他拱桥大体相同。木桥大都是临时架设的。大部分桥梁不能通行载重车辆。又年久失修，绝大多数需要改建，主要桥梁 39 座中，仅迎春桥是石桥台、钢筋混凝土桥面的可通行汽车的永久式桥梁。

下水道方面：市区绝大部分街巷靠路面排水，排入星罗棋布的污水沟塘。主

泰山脚下所建革命烈士碑亭

要污水沟塘，北门外有打牛汪、臭沟头、新桥沟、扁豆塘等，城中有中市河、夏家汪、昭昭汪、常汪、荷花池等，城南有月塘、渔湾等。在条石路下有断断续续的阴沟，大多失修淤塞，而且很不普遍，即如袁后街、东街、西仓街等算是要道，也没有完整的下水道，大街小巷平时污水横流，暴雨到处积水。

给水方面：全市只福音医院及泰来面粉厂各有深井1口，水量各为日产80—100吨，都是自备水源。居民饮用，靠河塘及土井，当时土井有350余口，分布也极不平衡。

路灯方面：全市路灯仅有41盏，照明亮度也不足，晚间12时即停电。

园林方面：孙中山先生逝世时，泰州建有中山公园，抗日战争开始后，逐渐遭到破坏。解放前夕，只剩下破瓦颓垣。古迹岳墩、小西湖，日伪盘踞时为伪司令李长江霸占，抗战胜利后，无人管理，任其荒芜败落。"六朝松"古树，解放战争时期，国民党驻军养马，马尿伤根，濒于死亡。宋代胡安定手植银杏树在省泰中内，保存尚好。私人庭园只有明代乔园一处，年久失修。

绿化方面：国民党修筑碉堡，将市郊树木砍伐殆尽。群众也就多年不绿化植树。

公共建筑方面：剧场只有危险房屋的大华电影院、草棚搭盖的苏北大戏院和五友戏院，共容纳观众2000人左右。

2月　清除国民党残留的碉堡及工事。

新中国成立后立即发动群众拆除了北城门、觉正寺、凤凰墩、环城路等处碉堡，拉平了环城外的土围子，以利交通，以整市容。

3月　修复公路、桥梁，支援大军渡江。

重点修复和加固了口泰、通扬公路线的西门桥、水关桥、静因寺桥、五里桥和有关市区主要通道的北门桥、新北门桥、高桥等桥梁。一季度基本完成修复任务。

9月　加固鲍家坝。

秋季暴雨成涝，鲍家坝坝身单薄，十分危险，威胁里下河，为防止洪水下泄，市政府及时发动军民，冒雨下桩培土，加固坝头，确保安全。

11月　组织群众维护扬桥，保证行人安全。

扬桥是日寇砍伐群众杂树架设的木桥，解放前桥面已破损残缺，又未设栏杆，时常发生事故。经发动附近商店集资，整修了桥面，加设了栏杆，以策安全，行人称便。

动员振泰电厂在北城门、新北门、扬桥等要道口增设路灯，根据需要，利用原有杆线，由41盏扩展到179盏。

11月5日　苏北区党委、行署电令：泰州飞机场暂不修理，责成市府切实保护，并于11月20日前将机场情况查明上报。经调查上报，机场位于泰州城西北方向，距城五华里，在唐家楼河西，地属五权乡，机场是1941年秋日寇新筑的，初时面积为608.625亩。同年冬季，又于原址向西南扩展面积500亩，向西北扩展400亩，计有1508.625亩。抗战胜利后，扩展部分900亩，于1946年全部为群众占作耕地。

11月20日　上报泰州飞机场情况。

11月下旬　开始增设路灯。

1950年：

1月　加强"六朝松"的维护。

"六朝松"因马尿伤根，逐渐萎黄歇枝，经专署文教处召开座谈会，研究抢救方案，决定使用粪清（即多年陈粪），但松柏类根部一旦糜烂，濒于死亡，难以挽救，终于枯萎、死亡。

4月　修理原"胜利路"牌坊，并更路名为"人民路"，同时拆除主要街道部分危险牌坊。

"胜利路"牌坊是抗日战争开始拆城筑路时所建，上部结构是木梁，加钉板条，水泥砂浆粉刷，已腐朽剥落，结合更改路名，加以修理。同时，拆除南北大街、坡子大街、陈家桥、昇仙桥等处危险石牌坊。

5月8日　两泰合并为泰县，10月又分治。

两泰合并4个月，于10月7日又分治，恢复泰州市建制。

7月　泰州地委择地岳墩两侧筹建烈士纪念建筑物。

该项工程由泰山桥、表门、纪念塔、纪念堂（祠）、纪念碑亭等建筑物组成。今年完成桥门，利用临湖禅院修建纪念堂（祠）。进行纪念塔设计。该工程经费来源于全地区党费及党员干部捐献。

9月　整顿岳墩及小西湖。

保护岳墩、小西湖并进行整顿。10月拆除了小西湖内伪司令李长江砌造的已破败草顶楼房，恢复了被李长江铲平的辛亥革命烈士陈元鉴的衣冠墓并扩展土地20亩，进行了植树。

12月9日　改建北门桥、破桥。

原北门桥为石桥墩，木桥面，桥面已腐朽，破桥为石桥墩，石板桥面，坡度大。现将破桥石桥面拆卸，用作北门桥桥面，破桥桥面降低为平桥，改用木桥面。9日同时动工，春节前先后完成。

12月21日　进行市内桥梁的维修。

对洧水桥、沈家桥、水关桥等修补了桥台，加设了栏杆。

12月　建立摊贩商场，整修、新辟菜市场。

利用上真殿（现人民剧场址）修整为摊贩商场，将到处摆设的摊贩集中营业，又将原来大东桥小菜场棚屋整修并划定新桥口为露天菜场，不准在主要街道设摊，以整市容交通。

1951年：

3月1日　进行迎春桥河及北门桥河的捞浅工程。

迎春桥河道捞淤140米，土方224立方米。同时，北门桥河捞淤70米。两处疏浚后，使东西河水流较为畅通，解决了木库、振泰电厂的木材、煤炭运输和农船交通问题，也改善了上河居民的饮用卫生。

3月7日　机关合作社及挡军楼水仓首先动工缩让。3月16日起首先将八字桥到扬桥段及大林桥到大校场段按路幅 10 米拆除缩让,全长 2532 米,只花了一个月时间,完成了该两段拓宽任务,迎接五一节盛大庆祝游行,为纪念 1951 年五一节完成工程任务,将大林桥到大校场段定名为"五一路"。5 月 1 日以后,继续拓宽其余道路 1540 米,路幅除西桥到东门大街(因全市青年参加平整路基,定名为青年路)为 8 米外均为 10 米。

3 月 13 日　疏浚中市河。

中市河北段因居民长期倾倒垃圾,污秽不堪。经市人代会决定捞淤 1702.95 米,挖土方 1559.20 立方米,3 月 13 日开工,5 月 6 日初步完成。

3 月 16 日　开始拓宽主要道路 4072 米,包括扬桥到八字桥,高桥到板桥,鼓楼街到大校场,大东桥到新桥、西桥至东门大街、北门桥到新北门桥。

4 月　开展群众性绿化植树运动,植树 42450 株。为我市首次开展声势浩大的绿化植树运动。

4 月 5 日　烈士塔破土兴工。

清明节公祭时,举行了隆重的破土典礼,正式施工。塔身安置铜牌,铭刻了陈毅同志亲笔书写的"革命烈士纪念塔"题字。

5 月 2 日　动工铺设道路,年内完成各类型道路 25328 平方米,其中:重点修建了坡子街水泥路 2290 平方米。与修筑道路的同时,配套了排水系统,兴建各种规格的下水道 2551 米,排水沟 1000 米,人孔 17 只,窨井 30 只,解决新拓道路的排水问题。

5 月　开辟游泳场。

利用体育场西城河浅滩,设立竹、木栅栏,圈置游泳场地,并架设了土跳水台,搭盖临时更衣室。

6 月 16 日　完成渔行镇中夹河浚深工程。

渔行中夹河,为里下河通往市区航运捷径。因两岸居民与河争地和倾倒垃圾,长期淤浅,船只需绕道两华里左右,甚为不便,于 5 月 29 日开工疏浚,6 月 16 日完工。挖深 1 米,河底扩为 5.7 米,全长 500 米。

10 月　改建南门高桥为平桥。

原高桥为石拱桥,坡度达 45%,车辆过桥需要人抬,改建时,拆除石拱,利用旧石桥台,加铺木桥面,改建成长 30.3 米,宽 7.1 米的平桥,坡度改为 17%。

11 月 12 日　新建南门老庄桥及破大门桥，以利城乡物资交流。

两桥早已倒塌，利用旧石料重建为石平桥，于 11 月底先后竣工。

12 月 2 日　改建孙家桥，解决稻河街人、车流量过大的问题。

孙家桥处于稻河街粮食市场中心，由于桥台过高，搬运困难，将旧桥降低 2 米，12 月 21 日竣工。

12 月 20 日　开工重建智堡桥。

智堡桥原木桥已破损，不能通行汽车，为适应通扬公路改线的需要，重建三孔木桥，因开工迟，需跨年度完成。

12 月　新建大浦头、北水关水码头。

利用旧条石，在大浦头及北水关两处建码头，便利人口稠密区居民饮用取水，同时也便利农船停靠，减轻搬运劳力。

本年内　泰山公园开始园林建筑。

先后建瓦亭两处（一在小西湖西北角，一在湖南，现已拆除），石桥在湖西南，1 座，小木桥 4 座。又利用光孝寺戒台白矾石砌造音乐台。疏浚了泰山脚下玉带河，整修了园内道路。与革命烈士建筑物连成一体，泰山公园初具规模。

1952 年：

7 月 10 日　疏浚西玉带河。填平王家桥到八字桥段中市河。

疏浚西玉带河历时两个月，至 9 月上旬因河水高涨暂告结束。挖土 17712 立方米，运送至中市河。同时结合利用修建城中下水道的废土，填平王家桥至八字桥段中市河，共填土方 20108 立方米。既解决了玉带河两岸三千余亩农田灌排问题，也改善了中市河两岸的饮用卫生问题。

8 月 3 日　拓宽稻河路。

稻河路是我市主要粮食市场，最狭处不足 1 米，工人搬运甚为不便，又临近河道，经常发生事故，为加强城乡交流，保证工人生产安全，将沿河房屋一律拆除，拓至 10 米。长 1316.6 米，8 月 3 日动工，18 日拆卸完毕，9 月开始筑路，因经费限制，只平整了路基 13160 平方米，铺设宽 1.2 米的条石车道 1580 平方米。

8 月 15 日　开始兴建第一批工人住宅区。

今年重点投资兴建工人宿舍，在华泰纱厂北面建集体宿舍平房 4 幢，面积

851平方米。每间额定5人，可安排200人，全部归华泰纱厂使用。在俗称"花子窑"的三步桥建家属宿舍平房12幢，120间，附有厨房120间，面积2760平方米，可容120户，由各工厂、企事业推荐优秀工人居住。工程于8月15日开工，年底完成。两处共建筑面积3611平方米，居住面积2506平方米。此外，与中心卫生院并建的病房2幢，22间，面积390.14平方米。及利用天后宫旧址整修并新建体育室，休息室6间166.5平方米，也于年内完成。

8月下旬　开工兴建城中北半部及三步桥下水系统。

城中北半部下水系统骨干工程，包括五一路、府前路及八字桥至北门段，形成"十"字形主干。不但代替了中市河明沟排水的作用，还使北门至八字桥之间大街、小巷得以支沟接通干道排水。从西桥及北水关出口，总长度1536.4米。除府前路完成80%，需要拖年度外，均于年内完成。10月，开始兴建三步桥下水干道，以解决打牛汪附近低洼地区及新建工人住宅区排水问题，长357.7米。

9月25日　泰州船闸工程开工。

泰州是里下河的门户，自明代将下上河隔开，里下河来往物资必经泰州过坝。增加物资交流费用，甚为不便。8月间经省治淮指挥部决定，循旧燕子沟，建筑船闸。

拓宽坡子街

9 月 25 日开始土方工程，11 月 10 日完成闸塘土方 18921.4 立方米及上下游引河，土方 11218.95 立方米。其余工程量跨年度完成。

10 月 24 日　通扬公路泰州段改线工程，改线 3 公里，新建改建桥梁 4 座。

通扬公路过境原由西郊任景庄经西门，绕北环城至迎春桥与口泰公路相接。迂回曲折，道路破损，不能适应新的形势，经苏北行署决定改由招贤桥智堡桥至觉正寺接通。改线计 3 公里，改线后可缩短汽车行程 4.5 公里。经过市区有 1520 米，该线穿过北山寺及万字会棚户区。分段取直。拓至 14 米。铺设泥结砖路。工程于 10 月 24 日动工，11 月 12 日完成。同时，在沿线河道架设公路桥，除破桥业经我市改建，只需添加大梁，提高荷载能力外，其余招贤桥、扬桥、智堡桥均拆除重建。智堡桥于上半年续建完成，破桥的加固和扬桥（木桥）的新建，均于年底完成。招贤桥因跨鲁汀河，航道要求高，原定于 5 月施工，为配合船闸要求，需重新修改设计，工程推迟到 1953 年进行。

10 月　重点铺设八字桥至北门及挡军楼到扬桥砖铺条石车道路 8672 平方米。（其中条石道 1668 平方米）

10 月　重点修建西玉带河线桥涵。

重点解决沿玉带河桥涵洞问题。公园内利用废弃石牌坊在小西湖西南角驻水墩北建小石桥一座。将西玉带河北转弯处原有群众自建独木桥拆除，建为小石桥。军武桥及西桥原有小砖拱桥，因五一路拓宽后，不能配合 10 米路幅的要求，改建为砖拱涵洞。

11 月　新辟济川路 539 米。

高桥至口泰公路原由南桥头向西经通江街再由小宝带桥折向东道路窄狭、迂曲，仅宽 2 米多，而该路为我市南部各乡镇进入市区的孔道，为促进城乡交流，于 11 月由高桥取直向南开辟 10 米宽新路，定名济川路，长 539 米，平整土路基 6866 平方米。12 月开始架设单孔木桥 1 座，跨年度完成。同时，也维修了小宝带桥。

本年　扩建泰山公园，并筹备盆景区。

向小西湖北岸扩展公园基地 21658 平方米（32.5 亩）。新建花房 4 间，面积 144 平方米（现为小吃部）阅览室三间，165 平方米。全园充分绿化，西北角辟为苗圃基地（现动物园）。又从泰兴、江都、海安等地收集"五针金松"等盆景，其中有名贵的明代盆景。

1953 年：

1 月 2 日　泰州船闸工程继续施工。附属工程西仓桥也于 6 月 11 日施工，8 月 29 日全部完成验收。

3 月　铺设通扬公路改线工程过境部分泥结碎砖路 10967 平方米。

3 月　施工，夏季前完成泥结碎砖路面。

6 月 10 日　招贤桥工程开工，11 月 26 日完成。

7 月 15 日　新建宝带、济川两座木桥。

原宝带桥是石拱桥，东西向，已部分倒塌，拆除后，移地南北向重建三孔木便桥，7 月 15 日开工，8 月 20 日完成。济川桥因开辟济川路，必须架桥跨河，新建一孔公路桥。9 月初，开始桥头填方。

11 月下旬　修理九里沟涵洞。

12 月　疏浚通扬运河界泰段。

通扬运河泰州至界沟段，因南官河带进泥沙淤积，特别高桥东西及界沟沈家渡附近，最为严重，影响通航，地区航运部门负责浚深。在高桥附近，浚深时，必须适当加宽河面，配合缩让工作，共牵涉到 34 户，108 间房屋。

12 月　修理泰山岳庙。

岳庙年久失修，庙殿平台已倒塌，除修理岳庙正殿 6 间及殿后回廊，还将平台后缩重建。

1954 年：

1 月　泰山公园购树桩，开始盆景扎制，开始植行道树。

冬春由盆景艺人王寿山深入浙江奉化、江苏苏州等地山区精选形态奇特、古拙的榆桩，经过精工剪扎，拿弯拿片，成为艺术品又开始在五一路植法桐，城中路植刺槐。

2 月　修建天滋路、五一路车行道及城中菜场、城南路人行道。

3 月 28 日　拆卸光孝寺大雄宝殿。

1 月 4 日市府与军区文化干校联名报省，请批准拆除改建光孝、北山两寺有倒塌危险的庙宇。经省府 1 月 21 日批复同意。3 月 23 日及 3 月 24 日分别在市政协召集各界人士代表及佛教界代表座谈，并到现场查勘。一致认定。3 月 28 日开始拆卸光孝寺大雄宝殿。因省府来电称，有人民来信，提出不同意见。当即于4月5日停工。4月6日又召集各界人士（包括佛教界）复勘。一致认为该殿确属险房，修建工程浩大，难以实现，为保障人身安全，对拆卸改建没有异议。工程即继续进行，拆除后移于明德大楼内建文化干校教室。北山寺只有一根柱子腐朽，用水泥浇制支撑。

4月6日　重建南门高桥为桁架式二孔公路木桥。

高桥创建于明正统元年（公元1436年），原为砖桥。正统九年（公元1444年）更以条石重建为踏步拱桥。坡度45%。1951年利用原桥墩，改建为木桥面平桥。因桥孔狭窄，过水断面小，水流急，船只不易通行。大船要用绞关。加之，冬春通扬运河疏浚拓宽，影响石桥墩基础。在疏浚时拆去。由交通厅设计，投资，拨料改建为二孔公路木桥。

4月　继续拓宽南北街未完成的八字桥至高桥段。

5月　新建下坝及城南小菜场。

填平破桥东原沙河西段，结合万字会后河道整理，填土1374立方米。修建下坝菜场。又填平南门板桥口洼地土方747.9立方米，整平地面1296平方米，修建城南菜场。

10月25日至11月15日　铺设通往省泰中的西门大街宽2米的泥结碎砖路面594米。

11月1日至11月14日　铺设通往人民医院的邑庙街宽2.5米的泥结碎砖路面340米，配置涵洞两处。

11月10日至11月30日　铺设通往住宅区的工人路宽2米的泥结碎砖路面258米，填平住宅区内污水塘。

10月13日至11月30日　铺南门至高桥段道路390米，其中砖铺人行道宽3.6米，车行道条石2米，泥结碎砖4.4米。

11月14日至12月25日　将西仓桥桥头培土垫高，土方3000立方米，使桥头原有4%以上的坡度降为2%，铺宽3米泥结碎砖路面285米，大大便利了搬运工作。

11月1日　培修泰山。

泰山土墩历年为雨水冲刷，泥土流失，山脚东侧国民党军队残留的壕沟也未填平，影响墩上岳庙基础。今年暴雨后，情况更为严重。结合以工代赈填平壕沟，普遍壅土，共做土方 3400 立方米，西侧增建挡土墙，东侧以块石砌造下水沟。

11 月 15 日　新建腰庄桥。

该桥在口泰公路上，位于南门济川路以南腰庄河，11 月 15 日正式施工，12 月 20 日完成。

11 月 20 日　新建烈士纪念碑亭。

碑亭建于烈士祠迎面，内置石刻碑记，于 12 月 20 日落成。

12 月 14 日　接管明代园林乔园。

乔园是苏北少有的较为完整的明代园林，因园主破落，房屋大部典出无力收回，长年失修，有逐渐破坏的危险。房主自愿捐献给国家，使古迹得以保存。经研究同意接收。除假山、花木外，有庭院房屋 20 间，地基 3 亩 3 分 7 厘。由国家贴补园主 1050 万元，帮助偿还典房押租。接收后，略加修理，本拟作为本市园林古迹，供人游览，后辟为招待所。

1955 年：

2 月　砌筑西仓桥桥东引道挡土墙。

3 月 7 日　重建九里沟涵洞。

旧九里沟涵洞建于清康熙年间，为盖顶式石涵，洞长 6 米，断面很小，洞底很高，坝顶很狭，坝身单薄，年久失修，1954 年大水时，突击填土加宽坝身，将涵洞填塞。省水利厅 1 月 27 日下达我市重建附有启闭设备的永久式涵洞，于 3 月 7 日完工。

8 月　新建大林桥消防水池。

大林桥处于市中心，自中市河填塞后，无消防水源，即在大林桥桥西新建园柱形消防水池一座，容积 55.2 立方米。

9 月　修建闸西路及徐家桥巷道路。

闸西路（现西仓桥西道路，属西仓路）为我市交通要道。徐家桥巷是市中心通往华泰纱厂及智堡一带的捷径，两路原来都是土路基，天雨泥泞，极为不便，各铺设了宽 4 米泥结碎砖路面。

11 月　培修东门坝头。

东门坝头是我市城内出东门的唯一通道，原为通扬公路过境部分，坝身很长，地势低，路面窄，1954 年大水，淹没 30 至 50 厘米，南北城河连成一片，当时在坝上树立标志，行人涉水而过。今年农闲后，即发动附近农民，以工代赈，将坝身填高至 1954 年洪水位 +5 以上，加宽至 4 米以上，可通行汽车。

10 月　飞机场开始耕种。

专署举办农场，开辟飞机场旧址 180 亩作为试验田，并建场部房屋 40 间。自此，附近农民逐年开荒，飞机场全部变为农田。

12 月　泰山公园内小西湖培土垫高并建竹亭。

小西湖内地身低，1954 年洪水绝大部分树木淹死，今年结合以工代赈，将小西湖内地面培土垫高至 +5 以上，重新绿化植树。又在湖西南角小墩上建竹亭一座（后因土墩下沉，竹亭蛀蚀等原因拆除）。

1956 年：

2 月　发动群众垫高天滋路。

天滋路（现名涵西路）在历史上，南段是城河边，北段是草河填平的，地势较低，特别城河边部分最低，1954 年被大水淹没，断绝了交通，还波及附近民房。为防洪计，经发动群众培土垫高 50 厘米至 90 厘米，填土 652 立方米。并重铺煤屑碎砖路面 425 平方米。

7 月　改建北门桥。

新北门桥桥面是长条石架设的，不能耐冲击力，因机动车辆增多，为安全计，拆卸了条石桥面，改建为公路木桥，并在桥面加铺沥青混凝土保护层。桥长 7 米，宽度扩为 10 米，其中车行道 7 米，7 月开工，9 月完成。

10 月　开工兴建火葬场。

10 月　开始建筑，仿效镇江火葬场设计。所建烟囱，为我市第一座高烟囱，还将招贤寺破旧大殿拆迁改建为火葬场礼堂。

12 月　完成泰山公园假山等园林建筑。

上半年即开始收集散置的太湖石，在泰山公园小西湖内岛上堆叠假山。专聘扬州堆山老艺人王再云同志负责施工，先后 7 个月完成。还先后在园内新建厕所一处 18 平方米。花房 3 间（园东北，即今花房）70 平方米，葡萄架 260 平方米，并建小型动物房，开始引进小动物。

1957 年：

5 月 23 日　拓宽西仓大街东段（西浦街以东部分）。

西仓大街原为条石街，宽 3 米左右，最狭处不足 2 米，解放前并非闹区。自汽车站、轮船码头及泰州船闸兴建以后，商业、服务行业显著繁荣，运输量、人流量猛增，街道大不适应。经市人委 3 月 25 日报省请求批准拓宽，省人委于 5 月 23 日批复同意，当就开始拓建工作。原街道为弓背形，弧度大，西仓桥位置已经固定，经调整为折线，分两个折点，先拓西浦街以东长 530 米，路幅 14 米，其中车行道 7 米。临时规定在 10 米范围内的房屋一次拆除，10 米以外个别突出人行道的房屋可以暂缓拆除。计拆房屋 158 间，改建 18 间，新建 91 间。

6 月　迁移城中菜场，整治府南街。

原城中菜场是抗日战争以前建筑的，位于中山塔前，府南街北端，结构简易，年久失修，上漏下塌，已呈险象。加之，地位狭小，上市拥挤，影响交通。为整顿市容，便利群众，决定将菜场迁移至大林桥至王家桥填平的玉带河上，铺设了条石道，搭盖菜市棚 232.34 平方米。原菜场拆迁后，辟为道路，同时将府南街进行了整治，新建下水道 308 米，铺设泥结碎砖路面。

10 月 10 日　新建臭沟头涵洞。

稻河伸入市区育婴堂巷，多年呆滞，藏垢纳污，臭气四溢，为蚊蝇滋生繁殖之所。"臭沟头"成为人人皆知的地名。解放以来，一直打算解决这一问题，今年经省批准，拨付 9 万元，在板桥附近以涵洞接通上河，利用上下河水位差，冲刷稻河，成为活水，并提高稻河水位，解决居民饮用及稻河航运问题。臭沟头涵洞直径 1 米，长 142 米，附有启闭设备，下游建消力塘，同时，疏浚涵下稻河污淤 1500 米，计挖土方 7660 立方米，以清洁水源，便利运输。10 月 10 日开始挖土施工，于年内基本完成。

1958 年：

4 月 11 日　发动全市人民广泛收集碎砖，铺筑口泰路。

所需碎砖 14400 立方米，主要靠泰州解决。4 月 11 日市人委发出通知，发动全市群众义务收集，广大群众热情支持，有的河底打捞，有的挖地"三尺"，于 5 月底如期完成。

兴建工人新村

7月1日　继续拓宽西仓大街东段（西浦街以西部分）

西仓大街由西仓桥至马浦街长 1030 米，西浦街以东 530 米，上年已拓宽。其余 500 米，7月继续拓宽，其中西仓桥东桥头引道 120 米，于 1954 年已拓宽，今年实拓 380 米，规格要求与西浦街以东相同。

9月　举办迎春果场，作为城市绿化苗木基地。

择地迎春桥以北，东车站以南土地 650 亩。果场以种植桃、梨、苹果为主，并培苗 150 亩，作为我市绿化苗木之用。

10月　拓宽东大街

为打通我市东、西干道，继西仓路的拓宽，更向东经西坝口至东车站 1300 米进行拓宽。因原东大街弯弯曲曲，改由西坝口穿过杨柳巷，直对东车站定线。当时正大搞猪场、大炼钢铁，又正在进行房产的社会主义改造，属于改造房拆卸的旧料，支持了钢铁厂及猪场，还有部分用于其他市政建设（如公园、果场、园艺学校）。拓宽工程于年内全部完成。

10月　完成扬桥至赵公桥的拓宽工程。

1959 年：

5 月　开辟茶庵至钢铁厂道路（即现大寨路）。

因钢铁厂、炼焦厂大量运输的需要，决定由茶庵（现已拆除）向南，利用废公路线，经景庄桥向南，斜穿丁家庄至钢铁厂（现化肥厂）开辟可以通行汽车的公路。利用钢铁厂矿渣及电厂煤渣，铺筑二米宽车道 1900 米。

9 月　修建电厂至造纸厂排水渠道。

9 月 30 日　西仓路拓足 14 米。

10 月 1 日　泰山公园举办盛大游园活动，庆祝国庆 10 周年。

10 月　改建西仓桥。

西仓桥是 1953 年利用建船闸旧料建成的五孔人行木便桥。6 年来木结构已逐渐腐朽。决定改建为载重 8 吨的五孔木桥。中孔 12.5 米，桁架结构，余孔为简易叠梁。年内完成。

11 月　发动群众开辟西门至面粉厂及招贤桥至电化厂的道路。

11 月　拓宽小西湖南水面。

小西湖南半湖，原水面较小，经向南开挖拓宽湖面。增加水面约占原南湖面的 30%，废土运至阅览室前堆置土山，并填高音乐台北及小西湖岛上洼地。

12 月　泰山公园建成"休息楼"及"长廊"。

1958 年拆除光孝寺戒台的危险殿房，拨交公园，准备重建。经 1 年准备，今年下半年陆续施工，利用旧屋架，中间加置楼面板梁，改建成上下 6 大间楼房。同时，建"长廊"与小吃部相连。楼下用作茶室，楼上用作博物展览室。

1960 年：

7 月　完成招贤新村职工宿舍楼。

招贤新村是继工人新村后集中建造的第二个工人住宅区，同时也是泰州建宿舍楼的开始。

7 月 20 日　完成赵公桥工程。

1958 年开挖新通扬运河时，拆除原 3 孔石拱桥，暂用渡船摆渡，因来往人多，水流又急，经常发生事故。报经省水利厅作为遗留问题处理，重建 9 孔木结构人行桥一座，全长 65.4 米，所用木材，包括桥桩，全部为松杂木，质量很差。

9 月　高桥已有险象，临时加固，断绝车辆通行。

高桥于 1954 年 6 月建为临时式木桁架桥，所用木材是从各处旧桥拆来的。木质自然腐朽严重，1958 年以前大修 1 次，小修 2 次，今年已有险象，为防止意外，采取了临时加固措施。又将桥面车行道部分封闭，仅容行人通过。

11 月　泰山公园动物房停办。

由于三年自然灾害的影响，动物饲料发生困难，园内少量动物，如小狗熊、箭猪、猴子等及一些鸟雀，也无法饲养，根据省厅小城市暂时不饲养动物的意见，临时停办。

1961 年：

上半年　筹建城中给水站。

因兴建自来水厂计划一时难以实现，拟利用康复医院多余水量，供应附近居民饮用。康复医院深井一口，管径 100 毫米，井深 486 米，日产水量 800—100 吨，设有水塔，高 15 米，储水量 50 吨。

1962 年：

1 月　为绿化、美化城市，大搞植树运动。

春节前后，充分发动群众利用城市隙地绿化植树，春节后，大张旗鼓地进行绿化宣传，在 25 天时间内，群众动手，在家前屋后，道旁河边，种植树木 14 万株，还在街头巷尾兴建了小花坛 105 个，植树栽花。

7 月 20 日　新建高桥工程开工，年底完工。该桥建为永久式 3 孔钢筋混凝土桥，双柱式桥墩。桁架式桥台。“T”形梁桥面。中孔净跨 12.5 米，边孔各 7.5 米，长 31.9 米，包括灯柱长为 37.5 米。净宽 10 米，其中车行道 7 米，人行道各 1.5 米。桥下净空高度在十年一遇洪水位上 4 米，标高为 +8.00 米。

10 月　泰山公园筹建动物园及儿童活动场。

在群众要求下，将 1960 年砍去的动物房逐渐恢复，另择园西北角建小型动物园，以增加公园游览内容。先后引进一些小动物及禽鸟，添置了笼舍。同时，将九龙桥的石人、石马移来，又建筑了水泥滑梯，秋千等儿童运动器械，与动物园连为一体，作为儿童活动场。

1963 年：

3 月　改建北门桥。

北门桥于 1956 年改建为木质桥面，加铺沥青混凝土。今年发现大梁已腐朽，成为险桥。3 月拆除木桥面，利用旧石桥台，改建为钢筋混凝土 "T" 形梁桥面，桥长 7.5 米，宽 10 米，五一节前完成。

1964 年：

6 月 20 日　改建西仓桥。

原西仓桥为木结构桥梁，改建为永久式钢筋混凝土桥，长 53.3 米，净宽 7.5 米。改建时，利用原中孔钢筋混凝土桥墩，桥面用 "T" 形梁边孔木排架，改为钢筋混凝土管柱桩排架。6 月 20 日开工，至 1965 年一季度完成扫尾工程。

9 月 7 日　省水利局批准重建赵公桥。

省水利厅于 9 月 7 日批复同意将赵公桥改建为钢筋混凝土人行便桥。根据六级航道要求，中孔跨度定为 20 米。

11 月　新建景庄桥。

11 月在疏浚景庄河河道的同时，重新建景庄桥为钢筋混凝土桥梁。1965 年一季度通车。

1965 年：

1 月　发动声势浩大的 "向绿化进军" 的绿化行动。

参加绿化义务劳动达 3 万多人次，绿化定植 75.1 万株，育苗 310 亩。新辟东车站、西车站、常汪、渔湾、渔行等 6 个风景点，街头巷尾建绿角、花坛 400 多个。绿化单位 79 个。为绿化填土整地仅东、西车站两处即达 6000 多立方米。

1 月 30 日　完成南官河泰州段改道工程，架设西门、通江两桥。

南官河进入我市，绕道烈士墓，弯曲狭窄，不能适应船队一列式拖载要求，去冬交通厅主办整治南官河为六级航道，裁弯取直，我市境内宝带桥以下需要改道，穿过砖瓦厂、蒲田，开挖新河，直达船闸。由泰县民工施工，于春节前完工。原河道作为石油库专用河。同时，在南门石灰窑附近及西门烈士墓前，新建通江、西门两桥，为三孔钢筋混凝土便桥，载重 2 吨，各长 56 米及 57 米，宽各为 3 米及 4 米。于 4 月完成。并结合挖河在西门桥以西填河筑路，接九泰路。又在西门桥南建煤建公司码头。

2 月 20 日　批准新建自来水厂。

4 月 20 日　移建明代建筑至泰山公园。

大林商场（即人民商场）翻建楼房。在拆卸的旧房中，有三间较完整的明代结构房屋。经城建、财政、商业等有关局批准拆迁至泰山公园，以便保存。

1966 年：

1 月 17 日　新建赵公桥竣工，更名为迎江桥。

2 月　筹建东郊公园。

1965 年 11 月园管处接收饮服花圃后，即着手筹建东郊公园，结合玻璃厂涵洞下游引河的开挖，池塘的浚深，将洼地垫高，并堆置土山建筑桥梁，绿化植树，筹建小型园林，面积 37 亩。

3 月　南门吊桥改建成涵洞。

将原石桥拆除，改建成涵洞，并设闸板加以控制，保证污水不流向东城河。

4 月 30 日　新建西浦桥（即青年桥）竣工。

于 1965 年 10 月 11 日试桩，正式施工。该桥位于原胜春巷头，多年设有摆渡，过渡量很大，为减轻坡子街压力，选择该处建桥，接通西仓路及五一路，桥身 79.34 米，桥分五孔，1966 年 3 月吊装，于 4 月底全部竣工，五一劳动节通车。同时拓宽了胜春巷，开辟了通五一路新路。

12 月 30 日　续建自来水厂基建工程，总计铺设输水管道 11564.8 米。

1967 年：

3 月 1 日　自来水厂投产供水，配套工程继续进行。

我市第一座自来水厂，日产五千吨规模。

3 月 18 日　批建草河头涵洞。

10 月　改建板桥。

板桥为西仓路与稻河路西段相连的主要孔道，原桥为石桥台，木桥面，桥面破损，不能通行载重车辆。改建时，仍利用旧桥台，加盖钢筋混凝土"T"形梁桥面，桥长 17.1 米，宽 4 米，一孔，跨 5.5 米。

11 月 15 日　新开公园园内河渠。

为解决公园北部实心地区灌排问题，开挖河渠一道，起自小西湖西北角，向北延伸，又折向东至花房西北角，全长 224.5 米，底宽 2 米。同时，将原小西湖接烈士祠西侧小木桥拆除。移地到新河与小西湖交界处，改建为双曲拱砖桥。此河挖成后，除解决园北部灌排问题外，还形成动物园自然境界，增加园北部的水面。有利于公园布局的形成。

1968 年：

7 月 1 日　泰山公园开始收取门票。

8 月 30 日　草河头涵洞工程开工。

采用顶管法施工。涵管管径 1.2 米，埋深 4 至 5 米。涵洞全长 399 米。分段施工，每段约 40 米，共设 9 个工作挖坑，上游设控制室，机械启闭。今年先做涵洞下游消力塘，基本完工后，即开挖第一个工作坑，11 月开工顶管，年内完成 27.5 米。

1969 年：

3 月　输水管道越过西仓桥向西郊工厂区发展。

10 月 31 日　草河头涵洞工程竣工放水。

今年继续挖工作坑井及顶管，于 10 月 15 日基本竣工。

1970 年：

1 月 14 日　进行九龙河疏浚。

九龙河为我市电化厂、面粉厂等厂主要运输航道，河道弯曲淤浅。不能通行较大船只，影响工业生产。同时，对农田灌溉、农业物资；肥料运输也有很大影响。经与附近社队协商，共同负责疏浚，河底加宽为 4 米。

3 月 31 日　新建彩霞桥。

原彩霞桥为砖拱小桥，基脚有部分倒塌，未设栏杆，属于危险桥梁，特别节日，泰山公园游人众多，易发生事故。因此，另择原桥北侧，直对泰山公园西边大门新建桁钢筋混凝土桁架拱桥一座一孔跨 2 米，长 16.3 米，宽 3.2 米，浆砌片石护坡。

1969 年施工，今年清明节前完工。

6 月 30 日　完成九泰路西段工程。

林机厂到泰州面粉厂段道路一直为农村小道，不能通汽车，雨天道路泥泞，不能适应工农业生产需要，6 月将路基拓为 5 米，沥青表面处理路长 1500 米，路宽 3.5 米，面积 5250 平方米，于 6 月底完工。

1971 年：

8 月　自来水厂第一次安装水泥输水管道。

水厂自建厂以来，输水管道一直使用铸铁管，生铁量很大，影响了发展，开始使用水泥管代替铸铁，安装了地毯厂径 150 毫米水泥管 139.8 米，情况尚好。

8 月 16 日　完成青年桥扩建工程。

原桥为单车道桥，宽仅 4 米，不能适应交通需要。决定予以扩建。今年 3 月 19 日正式施工，扩建为净宽 10 米（其中，车行道 8.16 米，人行道各 0.92 米）桥梁，于 8 月 16 日竣工通车。

1972 年：

4 月　改建演化桥。

演化桥原为石拱桥，拱度大，桥顶高于两侧道路近 3 米，对稻河路及下坝路间交通很不方便。因稻河已无大船来往，拆除石拱，利用原条石桥台，降低桥面与路基相平，加盖钢筋混凝土"T"形梁桥面。一孔跨 7.3 米，净宽 4.6 米，全长 20 米。

5 月 6 日　铺设下坝路南段沥青路面。

扬桥至演化桥段于 1966 年铺设泥结碎石路，已经坑坑洼洼。5 月开始整理路基，进行沥青表面处理。铺车行道 6.4 米，未埋路牙，未筑下水道。排水问题，仍以雨水井沟道，分段向稻河排水。

7 月　铺设跃进路沥青路面。

跃进路是 1958 年新辟道路，沿途逐年增建工厂，但路面十多年来无多大改善，晴天飞沙，阴雨泥泞。7 月开始整修道路，铺设灌入式沥青路面，宽 6 米，长 826 米。由招贤新村至跃进路、大庆路交叉处。

兴建泰州船闸

11 月　改建徐家桥。

原桥为条石桥台，木板桥面（两边各镶长条石一根）改建为钢筋混凝土槽行板人行便桥，桥面适当降低，与桥头道路基本相平。净宽 3.75 米，桥长 6.1 米，于年底竣工。

1973 年：

7 月　泰山公园完成"猴山"工程。

3 月开始兴建"猴山"，并邀请扬州叠山艺人王再云同志堆叠假山，假山象形"闹龙宫""闹天宫""花果山""水帘洞"等画面，7 月完工。

8 月　改建通仓桥。

通仓桥原为石桥台，木桥面，桥身高，台阶式。经改建为钢筋混凝土板梁桥。一孔跨 5.7 米，宽 3.5 米，长 18.6 米，降低高度，成为平桥。

10 月 31 日　铺筑大庆路。

1972 年新辟大庆路。宽 7 米，由通扬路至炼油厂全长 2776 米。今年 10 月底铺好南北两段道渣碎石路基。

1974 年:

8 月　加强绿化植树工作，发展盆景剪扎，争取出口。

冬春城乡植树 25 万余株，补植行道树 600 多株，调整苗圃 21 亩，更新苗圃 5 亩。同时根据出口需要，今年又专人往安徽山区选购盆景桩 200 多个，培育成活后，上盆扎制，准备参加外贸。

1 月 31 日　完成大庆桥工程。

大庆桥于去年四季度备料施工。大庆桥为一孔桁架拱桥，全长 44.6 米，净跨 30 米，净宽 7.5 米。

6 月　完成青年路下水道及路基工程。

7 月　完成食品桥工程。

为开辟食品路，在智堡河架设三孔钢筋混凝土"T"形梁桥。

1975 年:

2 月　完成昇仙桥改建涵洞。

昇仙桥原宽为 4 米的砖拱桥，因陵园路规划为 20 米，其中车行道为 12 米，该桥必须放宽又因今年新增自来水管网需经昇仙桥，结合道路规划，拆除旧砖拱桥，改建为径 45 厘米涵洞 26 米。

3 月　铺设陵园路西段道路工程开工。

陵园路西段，即由五七中学至西门桥段，为西郊工厂、仓库，大量物资运输的要道，而路道坑洼不平，去年备料，今年 3 月份开始施工，铺筑灌入式沥青，道路宽 5 米至 6 米，长 721 米。

5 月　开辟公园路西段。

按规划公园道路应由原弯曲小道调直，放宽为 12 米，但因与生产队意见不一致，仅开辟青年路至物资局宿舍的一段，路幅 12 米。

5 月　完成青年路南段铺筑沥青路面。

7 月　新建航运桥，基本竣工。

稻河从演化桥向北即无桥梁，稻河路拓宽到演化桥为止，桥北稻河西岸广大地区居民来往极为不便，解放以来，新增了渔业社、日杂草制品仓库、市航船厂等单位，迫切需要架设桥梁。历史上该处曾有韩家桥，后来倒塌留有韩家倒桥的地名，即在其附近新建钢筋混凝土一孔架桁拱桥全长 40.6 米，净跨 28 米，净宽 4 米，净高与扬桥相同。

12 月　新辟小水泥厂道路。

我市在城南油毛毡厂北、南官河东岸新建小水泥厂，该厂仅有人行小道可通海陵南路，产品无法外运。故将原有小道拓宽为 4.2 米，铺设泥结碎石路面长 622 米。

1976 年：

4 月　拓宽、裁直通扬路东西段。

7 月　铺筑西坝口广场路面。

8 月 26 日　连日震情紧张，全市总动员投入抗震斗争。

9 月 30 日　恢复环城路（即人民西路）西段。

11 月　开辟渔场公路。

1977 年：

4 月　开辟东风路。

在智堡大队 10 队开辟南北路，由织袜厂向北至东风桥，开路幅 20 米道路。长 575 米。

8 月　开始铺筑环城路西段道路。

今年 8 月份开始铺筑泥结碎石路，宽 14 米，用作车行道，共长 480 米，面积 1.2 万平方米。为适当裁弯，改建了公园西部分围墙及进园沥青路面，整个工程于年底基本完成。

8 月 10 日　铺筑海陵北路中段沥青路混凝土路面。

西坝口至扬桥段路面坑洼，且弯曲狭窄，行道树型低，公共汽车及卡车通行均有困难，经研究，根据街道弯曲情况，拆除半面人行道，将车行道宽度增为 8.2 米至 13.5 米不等，铺设沥青混凝土路面长 547 米，面积 4862 平方米。九月上旬完成。

9 月 17 日　铺筑东进路沥青混凝土路面。

10 月　新辟泰塘路。

塘湾为我市附近重要集镇（属泰县）与城区有密切联系，该镇到泰州郊区早已结合农田水利修筑了公路，进入市郊道路弯曲、不平，公共汽车无法行驶，极为不便。按照城市规划，在济川桥以南有一条东西道路规划线，使钟表厂、一布厂宿舍等单位与市区交通网相连。为此，新辟了道路接泰塘公路，因经费限制，仅做了土路基。线上有公路桥一座留待来年兴建，暂不能通车。

11 月　筹建"海光新村""纺织新村"。

在西郊通扬路北侧建"海光新村"，征用土地 42.83 亩，统一层次（四层），统一图纸，安排各系统、单位砌造，今年安排了林机厂 2000 平方米，机械厂 1000 平方米，区航 2000 平方米，电焊条厂 1000 平方米，电子、标准厂 1840 平方米，无专、电器开关 1280 平方米，苏北电机厂 2000 平方米，制球厂 2000 平方米。共 13120 平方米。区航、电焊条厂、机械厂等单位今年破土动工。

在智堡大队筹建"纺织新村"规划范围 40 亩，先征用 15 亩（原房产公司征用转让的）。今年安排泰州纱厂 5000 平方米。三布厂 1600 平方米，其中泰州纱厂破土动工。

1978 年：

9 月 1 日　整理北城门人民剧场前排水涵洞。

去年人防工程堵塞人民剧场前河道，排水系统遭到破坏，遇有大雨附近居民家中积水，无法排除，意见很大，增做下水道径 45 厘米，涵管 168 米。径 100 厘米涵管 22 米（原坡子街下水道延伸）。

9 月　鼓楼路道路工程开工。

1977 年自来水厂更换鼓楼街牌楼口至五一路段输水管道后，原泥结碎砖路面遭到破坏。今年上半年又修筑下水道，使该路下水道总长达到 506 米。其中径 30 厘米水泥管 433 米。于 9 月铺筑该段沥青混凝土路 624 米。本月份完工。

9 月 30 日　完成五一路下水道一期排水系统的重建。

因今年城中人防工程（即 782 工程）建于西玉带河内，使城中排水系统紊乱，五一路及青年路下水道无排放出口，计划由西桥口将下水道向西延伸接到军武桥涵洞，将来再向西排入城河。今年计划建径 1 米涵洞 230 米，因西桥口与人防工程交叉，在人防工程未完成前，暂用径 60 厘米涵管接通。

10 月 17 日　新建泰塘桥。

泰塘路路基形成后，今年 10 月 27 日泰塘桥破土动工。该桥位于泰塘路与泰县分界处附近，工程跨年度，明年完成。

12 月 15 日　省计委批准我市新建日产 5 万吨自来水厂。

12月 "海光新村""纺织新村"继续住宅建设。

"海光新村"去年安排各工厂建筑住宅13120平方米，今年又增加海光机械厂1376平方米。连同1977年共14496平方米，于年底全部竣工。"纺织新村"去年安排6600平方米，今年又续征10亩，安排内衣厂1500平方米，粮食公司1280平方米。该新村泰州纱厂5000平方米，年底竣工。其余均需拖年度至1979年完成。

（本文原载《记忆中的乡愁——镜头里的泰州》）

王石琴捐献凌文渊画作
（海陵区档案馆藏）

王石琴解放初捐献清嵌玉石花卉挂屏（泰州博物馆藏）

诗五首

草河头涵洞

王石琴

故道东河何处寻？二桥湮没已无闻。
朱明筑坝源泉绝，今日蛟龙地下行。

新通扬运河

王石琴

忽有苍龙落九天，通扬两地一川连。
汪洋赤地成陈迹，涝旱常歌大有年。

庆党六十周年有感

王石琴

十月炮声响，五四震京华。
群丑徒挣扎，腊尽春意生。
细流汇七一，奔腾万里程。
几番历艰险，不废大江行。
道路穷探索，正鹄飞镝鸣。
真理凭实践，越辨且越明。
思想凝高志，功垂青史名。
日月容亏蚀，无损其琼瑛。
"三山"赖推倒，"散沙"聚成晶。
生民歌大有，吾围若金城。
猗欤新风尚，可喜沧浪清。

试难数千载，谁堪共话评。
今当一周甲，《决议》旨恢宏。
玉宇迷雾拨，神州画备呈。
胸怀顿爽朗，运筹益深闳。
原则坚持紧，同心苦经营。
中兴业已达，小康奚难成！
遥期凌绝顶，笑语八荒平。
耄矣未言老，犹自竭忠诚。
区区片瓦意，愿得伴雕甍。
乐律非我擅，滥以弄竽笙。
敢羞音韵涩，聊抒祝嘏情。

为科普活动周作

王石琴

生民讶天象，但知拜图腾。
蒙昧岂终古，旭日总东升。
人类存智慧，开拓复频乃。
观我华夏族，亦可以自矜。
"指南"拨云雾，"火药"震山陵。
鬼神泣文字，从此代结绳。
简书徒充栋，"造纸"为之兴。
五洲齐探索，奥秘不足称。

试看今日里，宇宙任远征。
天外有去客，嫦娥笑相迎。
电子增视听，点石变精金。
知识巧综合，人智模拟成。
科学无边际，上游待力争。
提高固迫切，普及应同行。
世界有如此，岂甘为科盲。
于兹勤活动，黾勉共启明。

题山水画

王石琴

天下名山水，都来此室中。
胸怀何爽朗，丘壑满松风。

石琴先生逝世后，其弟妹多次回乡祭祀，看望树蕙嫂并与全家团聚

泰州民盟

TAI ZHOU MIN MENG

泰州民盟简介

中国民主同盟（以下简称"民盟"）是中国共产党领导的爱国统一战线的组成部分，主要由从事文化教育以及科技工作的高、中级知识分子组成，是同中国共产党通力合作的、具有政治联盟特点、致力于建设中国特色社会主义事业的参政党。

民盟泰州市委会是中国民主同盟的地方组织。1956年10月，民盟江苏省泰州市直属小组成立，当时有盟员12人；1958年12月，民盟小组改称为省直属支部；1962年12月成立民盟泰州市（县级）筹委会；至1991年10月，召开四次盟员大会，选举产生民盟江苏省泰州市（县级）四届委员会。1997年10月成立民盟泰州市（地级）筹委会；1998年10月地级泰州市委会成立，至2021年11月，召开六次盟员代表大会，选举产生民盟泰州市六届委员会。

在中共泰州市委和民盟江苏省委的领导下，民盟泰州市委会始终坚持以习近平新时代中国特色社会主义思想为指导，不断夯实共同政治思想基础，坚定不移地走中国特色社会主义道路，全面加强自身建设，认真履行参政党职能，为泰州经济发展和社会稳定做出了积极贡献。

民盟泰州市委会高度重视参政议政工作，中国特色社会主义参政党作用日益彰显。每年向市政协全体会议、常委会议、主席专题协商会议提交发言和集体提案多篇；多篇社情民意信息被全国政协、民盟中央、民盟省委、市政协采用。

民盟泰州市委会不断强化社会服务工作实效，"亲民、为民"形象深入人心。在教育帮扶、服务发展、社区服务等领域精准发力、持续推进，成立民盟中央书画院泰州分院、民盟泰州市艺术团，不断增强"农村教育烛光行动""丝路信使"等特色品牌实效。

截至2022年年底，全市有基层组织19个，盟员总数772人。民盟泰州市委历届主委有王石琴、石林、潘浩泉、董勤。现任主委为臧大存。

民盟泰州市（县级）第一届委员会

民盟泰州市的地方组织始建于 1956 年 10 月，组织名称为民盟泰州市直属小组，杨本义任组长，庄仲明任副组长，盟员 12 人（王石琴、杨本义、孟鸣、庄仲明、李椿龄、储恺、佘义诚、鞠澄之、吴友三、刘汉符、徐世椿、许志寿）。1957 年 3 月召开民盟江苏省泰州市直属小组第一次会议，盟员发展至 21 人。其中教育界 15 人，工程技术界 4 人，机关 2 人。

1958 年 12 月，泰州市民盟、民革、农工党三个党派召开联席会议，成立民盟泰州市（县级）直属支部，选举产生民盟江苏省泰州市直属支部第一届委员会，王石琴当选主委、许志寿当选副主委。

1958 年 12 月成立支部，选举产生第一届委员会

1961 年 8 月，召开第二次全体成员大会，选举产生第二届支部委员会，王石琴当选主委，许志寿当选副主委。1962 年 12 月，选举产生民盟泰州市（县级）筹备委员会，王石琴任主委，许志寿任副主委。"文革"期间，民盟停止组织活动。1979 年 12 月，民盟恢复组织活动，盟的组织关系从省盟直属机构改为隶属民盟扬州市委员会。此时有 1 个基层组织，盟员 15 人。

1981年1月，泰州民盟召开全体盟员大会，选举产生民盟泰州市（县级）第一届委员会，王石琴当选主委，杨本义、许志寿当选副主委。本届，担任省人大代表1人、扬州市人大代表1人、泰州市人大代表4人，省政协委员1人、扬州市政协委员5人、泰州市政协委员11人。1982年10月盟员发展至45人，建立省泰中支部、市二中支部、实验小学支部、科技混合支部、文化混合支部，中教混合小组、机关小组等7个基层组织。1982年编印盟机关宣传刊物《泰州盟讯》，1985年编印《泰盟简讯》。

1982年泰州市基层组织成员名单

1982年编印《泰州盟讯》

1985年编印《泰盟简讯》

1983年5月，根据"广开学路，多方办学"的政策，创办泰州市振华业余学校，校名是王石琴命名，后经《江苏盟讯》报道，全省的民盟组织都把各自所办学校名称叫作"振华"，首期开办历史、英语、日语三个学科，培训学员401名。

1983年，泰州市振华业余学校首届书篆班毕业生合影

1983振华学校英语班

民盟泰州市（县级）第二届委员会

1984 年 12 月，泰州民盟召开第二次盟员大会，选举产生民盟泰州市（县级）第二届委员会，王石琴当选主任委员，杨本义、许志寿、汪秉性当选副主任委员。1985 年，泰州市政协七届二次会议表彰杨本义、孟鸣、汪秉性等 21 人为先进个人。1985 年 12 月，民盟泰州市实验小学支部在"泰州市各民主党派、工商联为四化服务工作经验交流会"作书面交流。1986 年，知名画家、盟员潘觐缋随扬州市人大、政协代表团访问日本广木市、唐津市。这是我国第一次以人大、政协名义组团出访，也是第一次有民主党派成员参加出访。1987 年 3 月，《潘觐缋画集》出版，时任国务院副总理、国防部长张爱萍、著名艺术大师刘海粟、上海艺术学院名誉院长唐云为画集题字，江苏省文联主席李进作序。

潘觐缋

1985 年 12 月民盟泰州市委全体成员与市领导同志合影

民盟泰州市（县级）第三届委员会

1987 年 12 月，泰州民盟召开第三次盟员大会，选举产生民盟泰州市（县级）第三届委员会，王石琴当选主任委员，杨本义、汪秉性当选副主任委员，此时共有基层支部 8 个，直属小组 3 个，盟员 126 人。本届，担任扬州市人大代表 2 人、泰州市人大代表 3 人，省政协委员 1 人、扬州市政协委员 5 人、泰州市政协委员 16 人。1988 年建立和调整盟市委工作机构，设置组织处、宣传处、社会服务处、办公室以及退休盟员委员会、妇女工作委员会和"三胞"工作委员会。1989 年成立民盟泰州市统战理论研究组。

1987 年 12 月民盟泰州市（县级）第三次大会的选举结果向民盟省委会的报告

盟员在人大、政协任职情况

民盟泰州市（县级）第四届委员会

1991年10月，泰州民盟召开第四次盟员代表大会，选举产生民盟泰州市（县级）第四届委员会，石林当选主任委员，汪秉性、孟镜平（兼秘书长）、丁培荣当选副主任委员。此时共有盟员156人，基层支部14个，小组2个。

1992年，泰州民盟成立教育工作委员会、老年工作委员会和海外联谊会，完成基层支部换届工作。1992年7月，成立泰州市振华科技文化服务部和泰州市振华咨询服务部。1996年，第四届委员会届满时，有盟员192人，支部16个。

1994年，盟市委副主委孟镜平在市政协第十届委员会第二次会议作"提高认识 强化监督 搞好反腐倡廉"大会发言。1997年，孟镜平在市政协大会作"突出重点，合理布局，为尽快将我市建成地区文化中心而努力"的大会发言。

泰州市振华业余学校自创办以来，至1996年，陆续开设大学英语、日语、初级英语、书法、绘画、篆刻、竹笛、舞蹈、少儿美术、电子琴、出国人员口语训练等科目，累计办班240多个，培训学员8000多人。1993年，民盟靖江支部创办民办职业高中——靖江振华学校。1995年9月25日，全国人大常委会副委员长、民盟中央荣誉主席费孝通来靖江视察并为学校题写了校名。

1995年9月25日费孝通主席视察靖江振华学校并为该校题写校名（图1左为时任靖江支部主委盛蔼如）

附：

石林，男，汉族，1931年生，江苏省泰州市人。1982年10月加入中国民主同盟。1956年石林作为调干生，被送入上海华东师范大学历史系学习。1978年调到江苏省泰州中学任教，曾任县级泰州市政协委员、常委、副秘书长，县级泰州市人大代表、常委会副主任、江苏省人大代表；曾任民盟江苏省委委员、县级民盟泰州市委第四届主委、扬州民盟市委副主委，曾任泰州历史学会名誉会长，扬州历史教学研究会副理事长，江苏省历史研究会常务理事。

民盟泰州市筹备委员会（地级）

1997年11月，民盟泰州市（地级）筹备委员会成立，潘浩泉任主任委员，丁培荣、王临生、封林森、臧大存任委员。此时共有基层支部17个，盟员203人，各级人大代表和政协委员34人。

一、行使职能，选好角度，在政治协商、民主监督、参政议政中努力发挥作用

围绕泰州市"九五"期间"沿江初步现代化，全市全面达小康，苏北人均争第一，城市树立新形象"这一奋斗目标，发动广大盟员积极参政议政，献计献策。

1997年12月29日，筹委会专门召开参政议政工作座谈会，交流总结1997年度参政议政工作的情况，对1998年工作提出了新的设想和要求。在泰州市政协一届三次会议上，我市盟员中的政协委员向大会提交提案30件，占会议总提案数的23.1%，两位盟员就发展私营经济和社会保障制度等问题分别作大会发言。

筹委会还积极参加各级人大、政协及政府部门组织的视察、检查、调研活动，充分发挥党风政风联络员、监察员的作用。有五位同志被聘为泰州市党风联络员、监察员、政风监督员和物价监督员。老年教师支部的负责同志于1997年底和1998年初两次致函水利部长，对黄河断流表示关心，并坦诚建议。为更好地履行参政议政的职能，筹委会充分利用《泰州盟讯》及时反映盟员参政议政的情况，并把支部及盟员的参政议政工作作为支部考核的主要内容之一。

盟员中的人大代表和政协委员及时反映群众的意见和要求，参加各种检查、视察活动近40人次，积极参与对地方事务的协商、监督和管理，为推进社会主义民主政治建设做出了贡献。

二、围绕中心，发挥优势，为社会主义物质文明建设和精神文明建设贡献力量

盟员坚持以经济建设为中心，努力探索，开展多种形式的活动，取得了一定的成绩。

靖江市支部艰苦创业，积极办学，创办的靖江振华学校始终把社会效益放在首位，为振兴靖江经济做出了不懈的努力。民盟中央名誉主席费孝通视察靖江时，欣然为该校题写校名。

盟员中，有的创作了长篇小说《世纪黄昏》，在读者中引起较大反响，并受到文学界的关注；有的编辑了《妻子是个下岗嫂》《我姓名的故事》，分获江苏省报纸副刊第七届好作品一等奖、华东地区报纸副刊好作品一等奖；盟员作品《生晓清小小说》由湖南文艺出版社出版发行；有的书画家创作了中国画《海棠依旧》，在中共中央办公厅主办的"纪念周恩来同志诞辰100周年书画展"主展厅展出；《张执中画集》由天津美术出版社出版发行；有的盟员创作了《百乐回归图》寄给香港特区首任行政长官董建华办公室，表达了对香港回归的喜悦之情；有的盟员主持了"家校协同教育"的市级教育科研课题，在德育科研的园地里辛勤耕耘；有两位盟员承担了国家教委"九五"重点课题研究任务；有的盟员撰写了泰州人文风物短文20余篇，为地方文史资料的收集整理做了大量的工作；有的盟员积极参加各类文艺活动，在市级、省级大型文艺演出中受到好评，并在省第二届歌唱比赛中获业余组美声唱法第二名。

老年教师支部11位盟员在河北张家口市张北、尚义县遭受6.2级地震后，热情捐款。我市盟员还为支援贫困地区建立"希望小学"捐款2260元，积极为防洪救灾捐款9920元，捐物503件，盟员中的部分政协委员积极为助残事业捐款。

近一年时间里，泰州盟员仅在《泰州日报》上就发表各类文章近50篇，其中参政议政方面的文章近10篇。全市盟员在各自岗位上辛勤工作，为两个文明建设贡献力量。许多盟员成为单位的先进人物，受到表扬或嘉奖。

三、讲学习、讲政治、讲正气，努力加强自身建设，切实做好新老交替与政治交接工作

始终把讲学习、讲政治、讲正气放在首位，确立组织建设、思想建设、作风建设三大工作重点，切实做好新老交替与政治交接工作。

为了适应形势的发展，针对基层支部普遍存在领导班子年龄偏大，后备干部不足的现象，筹委会根据《盟章》的要求，在充分讨论、研究的基础上提出了加强后备干部队伍建设的实施意见，从坚持和完善中国共产党领导的多党合作和政治协商制度、坚持"长期共存、互相监督、肝胆相照、荣辱与共"方针出发，全面贯彻干部队伍"四化"方针和德才兼备的原则，确保建立一支素质优良、结构合理的后备干部队伍，为民盟更好地履行参政党职能提供坚实的组织保证。17个支部有 10 个做了调整充实，新调整充实支部委员 18 人，平均年龄 37.5 岁。

筹委会还专门举办了"基层新干部培训班"，邀请市委统战部负责同志作《新时期统战理论及民主党派的作用》的报告，并请对口单位市教委负责同志作《当前教育形势及热点问题》的专题报告，还进行了"盟的历史与章程"的学习与讨论。

筹委会成立以来，盟的组织发展工作积极稳妥，一批政治素质好、学有专长、富有生气的青年同志加入盟组织，为盟组织注入了新鲜血液，增强了活力。

筹委会成立之初，就把作风建设提到重要的议事日程上来，强调两个"深入"——深入盟员、深入基层。筹委会委员大多身兼数职，工作繁忙，但常常克服困难，挤出时间，确保盟的工作正常开展。筹委会一班人积极参加基层支部活动，关心盟员的生活和学习，协调各方面的工作。筹委会委员分别参加了 17 个支部中 15 个支部的近 30 次活动，走访、看望、慰问老同志 30 多人，看望、慰问了部分已故盟员的家属；出版《泰州盟讯》两期，组织多项联谊、参观、学习活动，树立了良好的工作作风。

筹委会重视机关作风建设，建立健全机关各项制度，努力把市委机关办成盟员之家。盟市委机关肩负着组织、执行、参与、协调、服务的重任。筹委会把提高机关人员的思想素质作为首要工作来抓，联系工作实际，不断提高思想理论水平，使机关同志的思想和工作作风有了明显改进。近一年时间就接待盟员近 300 人次，帮助处理、协助解决盟员各类事件 8 起。

民盟泰州市（地级）第一届委员会

1998 年 10 月 24 日，民盟泰州市（地级）第一次代表大会召开，选举产生了民盟泰州市第一届委员会，潘浩泉当选主任委员，封林森、臧大存当选副主任委员，共有 17 个支部，盟员 208 人。

1998 年民盟泰州市第一次代表大会全体代表合影

一、认真履行职能，积极参政议政

三年来，泰州民盟服从服务于大局，围绕中心，选好角度，发挥优势，认真开展调查研究，积极撰写提案，反映社情民意，取得了新的进展。

开展专题调研，为中共泰州市委、市政府决策建言献计。盟市委每年把调研工作当作参政议政的基础性工作来抓。建立专门班子，组织精干人员，开展调查研究，先后提出了《解放思想，放胆实干，加快我市个体私营经济发展的步伐》等多条社情民意信息，受到中共泰州市委、市政府的重视。三年来盟员中的政协委员向两级政协组织共提交提案 196 件，4 件被市政协评为优秀提案。

发挥群体优势，拓宽参政议政渠道。在抓重点的同时，注意发挥群体优势，拓宽参政议政渠道。徐世椿、李学渊的人民建议获中共泰州市委、市政府颁发的"优秀人民建议奖"。董勤撰写的社情民意被全国政协和省政协采用。黄炳煜就保护我市文物古迹、建设历史文化名城等问题写信给时任市长丁解民，丁市长亲笔批示："黄炳煜同志的建议很好，在城市建设特别是旧城改造中一定要注意保护文物，这是我们的重大责任。可刊登在《政府工作》上。"

截至 2001 年 10 月，全市盟员中有省政协委员 1 人，市人大代表 4 人，其中常委 1 人；区人大代表 3 人，其中副主任 1 人；市政协委员 15 人，其中副主席 1 人，常委 3 人；靖江市、海陵区政协委员共 14 人，其中副主席 2 人，常委 2 人。盟员中的人大代表和政协委员积极参加两级人大、政协组织的视察考察活动，认真参与行风评议，不少盟员受聘于有关部门，担任党风、政风联络、监察员，担任检察、行风、物价、环保监督员或特约检察以及人民陪审员。

二、加强自身建设，努力提高参政党的素质

三年来泰州民盟贯彻落实《各民主党派中央关于加强自身建设若干问题座谈会纪要》精神，切实加强自身建设。

加强思想建设。盟市委结合形势和任务，学习理论，努力提高政治敏锐性和鉴别力。在重大政治事件面前，坚持与党中央保持一致。强烈谴责以美国为首的北约轰炸我驻南联盟使馆的野蛮行径，深入揭批李登辉分裂祖国的言论，揭批李洪志的歪理邪说；以盟庆 60 周年为契机，隆重召开纪念大会，举办板报展，展示民盟风采，对盟员进行与中国共产党风雨同舟、肝胆相照、合作共事的传统教育；在省牧院举办了两期干部、新盟员培训班，学习党的统战理论和盟章、盟史，学习江泽民同志的"七一"重要讲话；召开了国庆 50 周年座谈会和庆祝中国共

1998 年 5 月，民盟地级泰州市委成立前的盟员培训班

2001 年时任泰州市政府市长丁解民参观纪念中国民主同盟成立 60 周年泰州民盟图片展

产党成立 80 周年座谈会。通过一系列形式多样的活动，增强了凝聚力，提高了思想理论素养，进一步深化对中国共产党领导的多党合作和政治协商基本政治制度的认识。

加强组织建设。组织建设是参政党履行职能，特别是实现政治交接的重要保证。在充分调研、广泛征求意见的基础上，盟市委将原有的 17 个支部调整为 11 个支部，新建立了 5 个支部，完成了支部换届工作。三年来共发展了 31 位新盟员，他们都是单位的骨干，政治素质好，业务能力强。其中有举重世界冠军、全国新长征突击手、省新长征突击手、省人民政府特等功获得者、省三八红旗手、省劳模、市劳模，有获国家级津贴的技术人才，还有律师，他们的加入，为民盟增添了新鲜血液。

加强制度建设。盟市委注重制度建设，先后建立了中心组学习制度，主委会议、盟市委会议制度，建立了机关工作制度和干部廉洁制度，并对后备干部的培养选拔和盟员的发展工作也提出了相应的规则。

加强领导班子建设。市委班子成员比较繁忙，但能够以民盟事业为重，克服困难，团结合作，积极参加"三讲"教育活动，认真学习江泽民同志的"七一"讲话，不断提高认识。

加强机关建设。建设一支高效、团结、文明、务实的机关工作队伍，是充分发挥机关的参谋、服务、联络、协调职能的保证。盟市委不仅注重机关干部的教育、培养，并以制度规范机关工作，还开展机关干部与兄弟省市盟组织机关干部的学习交流活动。在交流中开阔视野，增长才干。

2000 年，盟市委组织文化支部部分盟员赴南通调研考察

三、立足本职，积极为我市的两个文明建设服务

做好社会服务工作，塑造盟的形象。与黄桥老区建立帮扶关系，与该乡党政负责同志座谈，探讨结对交友、开展科技咨询和教育教学帮扶等问题；组织部分盟员去横巷深入养殖专业户和学校举办讲座，开展教育科普活动。组织机关全体同志和妇委会代表前往黄桥镇横巷小学捐资助学；盟市委、老工委、实小支部、教工（1）支部联合与宿迁市宿豫县三棵树乡第二小学建立了教育教学对口联系，定期交流，开展活动。

2000年民盟泰州市委前往泰兴横巷开展捐资助学活动

国庆前夕，组织盟员中的部分心血管专家会同市第三人民医院医生，开展了"世界高血压日"宣传、咨询、义诊活动。文化支部发挥人才优势，有六位同志参与了崇儒祠的筹建和"泰州学派"的研讨。盟市委协助盟省委承办了"民盟江苏省2000年调研成果交流会"，民盟中央副秘书长、研究室主任程国生，民盟江苏省委常务副主委任江平以及我省13个省辖市的民盟有关负责同志出席了会议，中共泰州市委领导到会祝贺并发表讲话。

立足本职，为组织添光加彩。三年来，盟员在各自的岗位上兢兢业业、努力工作，取得了可喜的成绩。100多人次和集体受各级各类

承办民盟江苏省2000年调研成果交流会

表彰或奖励，在省级以上刊物上发表文章和论文 100 多篇。广大盟员在各自的岗位上，尽职尽责，为盟组织争得了荣誉。

附：

潘浩泉，男，汉族，1942 年生，江苏省靖江市人。1997 年 6 月加入中国民主同盟。1962 年毕业于扬州工业专科学校。1962 年至 1991 年先后在靖江市文化单位、工厂和文联工作，1991 年至 2007 年任靖江市人大常委会副主任、靖江市政协副主席。1997 年至 2006 年任民盟泰州市筹委会、第一届、第二届主委。曾任江苏省政协八届、九届委员，泰州市政协一、二届副主席，中国作家协会会员，江苏省作家协会理事，泰州市作家协会主席，著有《光明行》《世纪黄昏》和《幸福花决心要在尘土里开》等长篇小说。

民盟泰州市（地级）第二届委员会

2001 年 10 月 31 日，民盟泰州市第二次代表大会召开，选举产生了民盟泰州市第二届委员会，潘浩泉当选为主任委员，臧大存、董勤当选为副主任委员，董勤兼任秘书长。

2001 年泰州民盟第二次代表大会合影

一、加强自身建设，为履行职能提供保证

加强理论学习，统一思想认识。盟市委带领盟员认真学习邓小平理论、"三个代表"重要思想及党的方针、政策，学习座谈胡锦涛同志提出的以"八荣八耻"为主要内容的社会主义荣辱观。通过形式多样的理论学习，加大了思想建设力度，提高了政治理论水平，加深了对中国共产党领导的多党合作和政治协商制度的理解，对参政党地位、性质和使命有了进一步的认识，增强了接受中国共产党领导的自觉性。

完善组织机制，提高工作效能。根据"理顺关系、完善机制"的思路，增设参政议政工作委员会；建立主委、副主委和机关工作人员联系基层组织制度；深入支部和盟员中间，了解工作情况，帮助解决问题。加强与基层盟组织所在单位中共党组织的联系，为基层组织更好地开展工作创设良好的环境。

重视基层支部建设，开展"创优争先"活动。本着有利于增强基层组织活力的原则，成立了中医院支部和泰职院支部。2003 年，以基层支部换届为契机，推举一批年纪轻、素质高、群众基础好、热心盟务的

2005 年，民盟泰州职业技术学院支部成立

同志走上支部领导岗位。

制定《民盟泰州市委基层组织工作考核办法》，从支部建设、参政议政、支部活动以及与基层中共党组织沟通联系等方面进行量化考核，全面公正、易于操作。组织发展健康有序。

坚持将高素质人才和结构性短缺人才作为组织发展的重点，以适应参政议政工作对人才的总体需求。五年来共发展新盟员 72 人。截至 2006 年 10 月，基层组织 16 个，盟员总数 297 人，其中高级职称 150 人，中级职称 136 人；从界别结构看，高等教育 41 人、普通教育 144 人，文化艺术 22 人，科技医卫 46 人，经济界 17 人，机关团体 25 人。举办两期新盟员和骨干盟员培训班，54 名新盟员和基层支部负责人全部参加培训。有 8 名盟员参加了市委组织部和统战部联合举办的党外中青年干部培训班。

加强领导班子建设。建立市委学习中心组，着力提高领导班子的政治把握能力、参政议政能力、合作共事能力、组织协调能力等四种能力。争创

2005 年 8 月 19 日新盟员暨骨干培训班，时任市政府副秘书长、信访局局长、全国重大典型、优秀共产党员张云泉做报告

"四好班子"，要求班子成员努力做到"学习好、团结好、参政议政好、勤政奉献好"。健全和完善制度，凡涉及重大问题，必须遵从民主集中制原则，坚持工做报告、民主生活会和民主测评制度。

注重机关建设。努力推进学习型、服务型机关建设。进一步健全制度，推进机关工作的制度化、规范化，强化机关管理。坚持例会制，通过例会学习，机关干部的理论修养、政策水平和业务能力得到较大提高。坚持以人为本，激励机关干部的工作热情。主动关心他们的生活，切实解决他们的困难。五年来，圆满完成了苏鲁豫皖四省十二城市盟务工作会议、民盟江苏省机关工作会议和苏北五市盟务工作会议的承办工作，受到与会人员的好评。

2003 年民盟江苏省机关工作会议在泰州召开

认真组织盟庆 50 周年活动。慰问了 20 世纪 50 年代入盟的老盟员，召开了庆祝座谈会，并在《泰州日报》《泰州晚报》和泰州电视台做标题宣传。查阅历史档案，收集整理民盟泰州市组织 50 年来的珍贵照片和文献资料，制成幻灯片永久保存。

拓宽宣传渠道，扩大民盟影响。充分发挥《泰州盟讯》的作用，不断总结办刊经验，及时调整充实部分栏目，五年共编辑 13 期。增编《泰州盟务工作简讯》，分送基层支部和支部所在单位党组织。多次被《人民政协报》《江苏民盟》《泰州日报》《泰州政协》和泰州电视台报道，扩大民盟的社会影响。2005 年制定实施《关于对调研、宣传、信息成果进行奖励的决定》，20 多人次获得奖励。建成民盟泰州市委网站，促进民盟宣传工作又迈上新的台阶。

二、切实履行职能，为构建和谐社会建言立论

以盟员为主体，参政议政取得新成绩。盟员参政议政的意识增强，参政议政的水平提高，提案工作成绩显著。共有市人大代表3人、县级市（区）人大代表3人，省政协委员1人、市政协委员13人、县级市（区）政协委员16人。五年来，在市政协会议上，提交集体提案11件，个人提案181件。在2002年市政协一届七次会议上，共提交提案63件（其中，集体提案3件，个人提案60件），10件被市政协表彰为优秀提案。2003年度7件提案被市政协表彰。2005年1件集体提案、3件个人提案受到表彰，5篇大会发言得到了市领导和有关部门的重视，6件提案被列为重点提案。在市政协二届四次会议上，1件集体提案和1件个人提案被列为2006年度主席督办重点提案。

靖江市、海陵区和高港区的民盟人大代表、政协委员分别在所在市、区人代会和政协会议上，共提交人大建议53件，政协提案151件。

民主监督得到加强。11位盟员担任市公安、检察、物价、环保等十多个部门的行风监督员、监察员、特约检察员、人民陪审员，1位盟员担任省环保部门行风监督员。

以"尽职"为己任，调查研究取得新进展。五年来，盟市委围绕促进发展，选准调研课题，深入开展调研，为促进发展献策。先后赴苏州、南通考察学习，深入姜堰、兴化调研，撰写调研报告。这些调研报告改作政协大会发言，获得较大反响，受到市领导的高度重视，调研报告所涉及的问题，也得到了较好地解决。同时，协助盟省委开展"沿江开发""农业科技进步与农业现代化发展""农村环境污染"等调研工作。

以民生为基点，信息工作取得新突破。五年来，向盟省委、市政协、市委统战部反映社情民意200多件。其中，5件社情民意被全国政协采用，15件社情民意得到市领导批示。教工支部2005年反映人民建议21条；科技二支部徐世椿和教工支部杨济两位老同志由于反映人民建议成绩卓著，受到市政府表彰。

2005年民盟泰州市委新春茶话会，时任市长毛伟明到会致辞

以活动为载体，履行职能取得新成果。五年来，开展各项活动，既拓宽盟员的知情面，提高参政议政水平，也扩大了民盟的影响。分别与市环保局、市劳动和社会保障局、市体育局等部门，开展"五城同创环保先行考察活动""市劳动保障工作情况视察活动""市体育中心建设情况视察活动"以及"市农村劳务输出情况通报座谈会"；与市政协社会法制委员会联合举行了"促进就业再就业工作"议政日活动，取得良好效果。盟市委还加强与市教育局、体育局及劳动和社会保障局的对口联系，定期开展交流活动。

三、爱岗敬业，服务社会，为民盟增光添彩

立足本职，建功立业。五年来，盟员中有80多人次受到县级以上表彰，6名盟员的科研成果获得市级以上表彰奖励，100多篇论文在省级以上刊物发表。薛兰梅获2004年残奥会冠军、2006年世界盲人柔道锦标赛冠军，并获全国五一劳动奖章、全国新长征突击手、江苏省劳动模范等光荣称号；唐晓勤被评为江苏省优秀科技工作者和泰州市有突出贡献的中青年专家；张纯被省人民政府授予"特级教师"称号；赵旭庭被省人民政府授予2005年度江苏省科技进步奖三等奖；盟员中的作家、艺术家辛勤创作，为泰州的文艺园地增添芬芳。

发挥优势，服务社会。开展科技服务和义诊活动。围绕市委、市政府年度扶贫工作计划，组织盟内科技人才，深入到贫困乡镇开展科技服务。牧院支部多次赴高港永安，姜堰蔡官、蒋垛等地帮助养殖户排忧解难。中医院支部组织盟内专家赴高校、企业、社区和农村开展义诊活动，服务一千多人次。组织文化支部、中医院支部和师专支部盟员赴泰州消防指挥中心开展庆"八一""送文化、送健康"警民联欢活动。

做好社会办学和支教工作。靖江振华学校和海陵区英华文化专修学校，在公办学校扩招带来生源冲击下，面向社会开展多学科、多层面的特色教育，先后开设了普高、中专、大专等学历教育以及社会急需的职业教育，取得良好效果，获得社会好评。组织盟员教师到泰兴黄桥镇、姜堰蒋垛镇开设讲座，培训指导教学，深受欢迎。2002年，盟市委负责人和民盟实验小学支部的教师赴宿迁市宿豫县三棵树中心小学与该县六个乡镇的教师进行教学交流，取得良好效果。实小支部还赠送三棵树小学数千元的教学设备。

弘扬传统美德，关注弱势群体。我市盟员先后捐助泰州师范高等专科学校一

名贫困学生完成三年学业，资助泰州职业技术学院一名贫困学生 300 元，捐助一名困难盟员 2000 多元，向市福利院孤残儿童赠送衣服，向陕西贫困地区、印尼地震海啸灾区捐款捐物。2005 年 12 月，机关全体同志参加市委统战部组织的"送温暖、献爱心"捐助活动，捐款 1000 多元。2006 年 7 月，盟市委主动资助一名特困学生完成大学学业。2003 年，盟员为抗击非典捐款 7780 元。老盟员居志毅绘制的"科学战胜非典"系列漫画，获得广泛好评。

开拓社会服务新途径。积极争取上级民盟组织的支持，邀请高层次人才来泰开展社会服务活动，是近年来盟市委社会服务工作的新亮点。2003 年，邀请省口腔医院章非敏博士、南京农业大学陈文林教授在泰州职业技术学院举办两场专题报告会，泰州日报、泰州电视台均作了报道。2004 年 5 月，邀请时任全国人大常委、民盟中央委员、中国人民大学劳动人事学院副院长、博士生导师郑功成教授来泰州作题为《时代变革与中国的发展》的报告。盟市委还协助盟省委组织的 8 位医疗专家赴姜堰市蒋垛镇开展义诊活动。

民盟泰州市（地级）第三届委员会

2006年11月28日，民盟泰州市第三次代表大会召开，选举产生了民盟泰州市第三届委员会，董勤当选主任委员，臧大存、王晓洪当选副主任委员，王临生任秘书长。

2006年民盟泰州市第三次代表大会合影

一、建言献策积极努力，参政议政成效显著

围绕党委、政府中心工作，积极建言献策。五年来，盟市委主要领导认真参加中共泰州市委、市政府、市政协、市委统战部召开的民主协商会、情况通报会和座谈会，就泰州的经济社会发展战略等问题发表意见、提出建议。

盟市委以人大、政协"两会"为平台，紧紧围绕市委、市政府中心工作，深入开展调查研究，针对社会热点、难点提出对策和建议。共提交人大代表建议11件，其中督办建议2件；提交市政协大会发言5篇、集体提案17件、委员个人提案105件，其中5件被列为主席督办重点提案，2件被列为盟省委在省政协大会上的书面发言，2件被盟省委采用为省政协大会集体提案，1件以个人名义提交省政协大会，被列为大会书面发言。

2007年，盟市委1件集体提案由市政协主席陈克勤亲自督办；2008年，市委书记张雷、常务副市长杨峰对盟市委提出的《关于周山河街区失地农民保障问题的建议》先后做出重要批示，市长姚建华亲自主持召开协调会议，使建议很快得到落实。

市政协二届五次至三届四次全会期间，盟内政协委员认真参加专题协商，先后作专题发言12人次。

盟员中涌现出一批参政议政积极分子，其中，1人被盟省委表彰为参政议政工作先进个人。2007年，盟市委3件集体提案和5件个人提案被表彰为优秀提案。2010年，2件集体提案和5件个人提案受到表彰，4位盟员被表彰为优秀政协委员。

靖江市、海陵区、高港区盟内人大代表、政协委员紧密围绕地方工作中心，积极参政议政，共向县级市（区）政协全会提交提案191件，为地方经济社会发展做出了积极贡献。

本届，我市盟员中有省人大代表1名，省政协委员1名；市人大代表4名，其中常委1名；市政协委员19名，其中常委5名；县级市（区）人大代表7名，其中常委1名；县级市（区）政协委员28名，其中副主席1名、常委4名。

创新工作机制，积极开展课题调研。盟市委发挥优势、彰显特色，选择教育发展、城市建设、新农村建设、社会保障体系建设、科技创新与企业转型升级等重点领域进行深入调研。

注重联合调研，提升调研水平。盟市委分别与市政协社会法制委员会、经济科技委员会、城乡建设委员会联合调研，形成3份调研报告，均被作为市政协常委会建议案提交市委、市政府。

完善工作机制，注重培养人才。2008年调整和增设8个专委会，吸纳一批参政议政有能力、盟务工作有热情的年轻盟员，三年来共完成调研报告21篇，其中6篇被盟省委采用，并被列为省政协大会书面发言和集体提案；3篇被列为市政协大会发言，12篇转为集体提案，5篇转为个人提案，1篇转为专题协商会发言。

承接盟省委课题，扩大工作成效。先后承接6个调研课题，高质量完成调研任务，5篇调研报告被盟省委列为省政协大会书面发言和集体提案。发挥集体智慧，反映民情民声。五年来共报送社情民意178件，其中4件被民盟中央采用，24件被盟省委采用，43件被市政协采用，17件被市委、市政府领导批示。多人被盟省委、市政协表彰为信息工作先进个人。

认真开展民主评议、对口联系工作。2007年以来，盟员中先后有20多人次被市检察院、法院等10多个单位和部门聘为行风监督员或特约人员。先后共有15人次参加了市政协对相关单位部门的民主评议工作。盟市委加强与对口单位的联系，定期开展交流活动，拓宽了盟员的知情面，为盟员更好地参政议政提供了帮助。

二、不断加强自身建设，盟员素质显著提升

以政治交接为主线，进一步加强领导班子建设。盟市委十分注重领导班子的思想建设、制度建设和作风建设。通过开展政治交接学习教育活动，不断把政治交接引向深入，提高班子成员的思想政治水平，进一步坚定走中国特色社会主义政治发展道路的信念，进一步提高接受中国共产党领导的自觉性和坚定性，始终与共产党亲密合作、同心同德，共同致力发展中国特色社会主义事业。

坚持民主集中制，进一步完善议事规则和决策机制，充分发挥集体领导作用。坚持集体领导和分工负责制，凡是重要决策、重要事项都通过集体协商讨论决定，坚持充分酝酿、平等协商，并形成会议纪要。

进一步加强领导班子作风建设。提倡求真务实的作风，大兴调查研究之风，坚持深入基层，开展调查研究，营造团结共事的良好氛围，养成廉洁自律的优良作风。

以政治学习为基础，着力提高盟员的思想政治素质。认真组织广大盟员学习贯彻中共十七大和历次全会精神，中央和省、市重要会议精神，上级盟组织会议、

2011年纪念中国民主同盟成立70周年座谈会

文件精神，以科学理论武装头脑，坚定政治信念、明确政治方向。先后开展中国共产党成立 90 周年、民盟成立 70 周年以及"五一"口号发布 60 周年纪念活动；开展向闵乃本、朱岳明、景荣春同志学习活动；举办两期新盟员和骨干盟员培训班，先后选送 30 多名骨干盟员到省、市社会主义学院和盟省委举办的培训班学习深造。

以人才强盟为目标，着力推进组织建设。突出重点，坚持"发展为了工作，在工作中发展"的原则，积极稳妥地发展盟员。五年里共发展盟员 105 名，为盟组织注入了新鲜血液，优化了盟员结构，充实了后备干部队伍。截至 2011 年 6 月底，我市共有盟员 396 人。积极做好人才推荐和评优工作。认真做好泰州市和靖江市、海陵区、高港区政协委员的协商推荐工作，积极向上级组织推荐先进集体和优秀盟员。实验小学支部被民盟中央表彰为 2011 年民盟成立 70 周年先进基层组织，高港支部、中医院支部被盟省委表彰为先进集体；1 人被盟中央表彰为先进个人，6 人被盟省委表彰为优秀盟员。

完善基层组织架构，督促指导基层换届。2007 年初，在靖江支部的基础上，成立了靖江总支委员会，并在总支下陆续建立了教育、经济科技等 5 个基层支部。2007 年完成各基层组织换届工作，实现了基层组织的政治交接。2008 年建立高港支部。完善基层组织工作考评机制。2007 年，出台了《民盟泰州市委基层组织工作考核办法》，对基层支部进行量化考核，并以考核结果为依据进行表彰。积极开展丰富多彩的组织活动。每年举办新春茶话会和"三八"妇女节、教师节、重阳节活动；走访慰问老盟员和患病盟员，送去组织的关怀和祝福。

以制度建设为保障，机关建设跃上新台阶。完善机关内设机构，建立健全机关岗位责任制度。增设了组织宣传调研处，进一步明确岗位职责，强化和提升机关的服务意识和服务水平。坚持每周一办公会议制度。结合形势及时学习时事政治、重要文件精神，不断增强机关干部的大局观和责任感。组织机关干部参加各级各类学习培训，开展外出学习调研，拓宽视野，提高工作能力和水平。通过加强作风建设，抓学习、树正气、落实规章制度，积极创建学习型、和谐型机关。

以对外宣传为渠道，努力扩大社会影响。盟市委不断调整充实通讯员队伍，制定完善《关于对调研、宣传、信息成果进行奖励的决定》，推动宣传工作开展。加强与新闻媒体的联系交流，圆满完成盟市委重要会议、活动宣传报道，在《人民政协报》《团结报》《江苏政协》《泰州日报》《泰州政协》和泰州电视台等新闻媒体上宣传报道盟市委的工作动态和履职成果，扩大泰州民盟的社会影响。开通盟市委网站，加强《泰州民盟》季刊编印工作，提高盟刊稿件质量、改善网站维护工作水平，使刊物和网站成为盟员思想政治学习和盟市委对外交流的重要载体。

三、充分发挥人才优势，积极开展社会服务

整合人才资源，开展"三下乡"活动。每年农历岁末，盟市委组织畜牧养殖、法律等方面的专家和书画艺术家，到周边乡镇为农民朋友提供科技资料以及医疗、养殖和法律等方面的咨询服务，书写春联。盟市委还积极参与市委统战部组织的"迎新春、送温暖"活动，累计为社区敬老院捐款1万余元。

发挥医卫优势，开展义诊咨询送健康活动。中医院支部盟员在每年"世界高血压日"来临之际均开展义诊咨询送健康活动，宣讲高血压防治的有关知识，向近千人提供免费体检和健康咨询。2008年5月，20名汶川地震灾区伤员转移到市中医院接受治疗，中医院支部盟员主动开展救治和心理抚慰，为灾区伤员身心康复做出了贡献。

采取多种形式，开展扶贫帮困和抗震救灾活动。2006年，盟市委通过有关部门主动联系一名海陵区特困大学生，每年资助2000元，帮助其完成四年大学学业。2007年，靖江总支教育支部盟员为靖江三中一位患白血病的教师捐款。盟市委机关全体同志积极参与市统战系统向困难群众"送温暖、献爱心"捐助活动。2008年，通过各种方式先后共为汶川地震灾区捐款132167元；2010年，为玉树震灾发生捐献爱心，上缴盟省委捐款18540元。此外，盟员还通过社会其他渠道捐款数万元。

2010年4月农村教育烛光行动

响应盟中央号召，积极开展"农村教育烛光行动"。2008年4月，民盟江苏省委"农村教育烛光行动"对口联系点——甘肃省天祝县组织教育考察团来泰考察，盟市委协助安排考察团赴泰兴市洋思中学参观听课。2009年5月，盟市委正式启动"民盟泰州市委农村教育烛光行动"，对兴化市城东中心小学开展

为期三年的教育教学培训、指导和帮扶工作。2010年盟市委被盟省委表彰为"社会服务工作先进集体"和"农村教育烛光行动先进集体"，实小支部、省牧院支部获"社会服务工作先进基层组织"荣誉称号，王晓洪获"社会服务工作先进个人"荣誉称号，董勤、王临生获"民盟农村教育烛光行动优秀组织奖"。

四、鼓励盟员立足本职创佳绩、服务社会做贡献

五年来，有80多人次受到县级以上表彰，2人被评为"泰州市有突出贡献的中青年专家"，6人科研成果获得市级以上表彰奖励，近100篇自然科学和社会科学论文在市级以上刊物发表，2人获国家级专利。王晓洪在省第十一次妇代会上当选为省妇联执委，2009年被表彰为"全国三八红旗手"，民盟中央发来贺信。张纯被国家人事部、教育部授予"全国模范教师"称号，被泰州市政府聘为兼职督学。薛兰梅、周培顺2008年被北京奥运组委会指定为火炬手，参加奥运火炬在泰州的传递。薛兰梅入选新中国成立60周年泰州市"突出贡献人物"30人名单。周培顺赴伊朗国家队执教，开创了我市体育对外交流的新篇章。五年来，我市盟员的文艺作品成果累累，8部文学作品先后出版发行。方逸湘参与的戏剧伴奏《县长和老板》获全国"五个一工程"奖，《诺言》获省精品工程奖。陈建华从教30年师生独唱音乐会——《桃李芬芳》在泰州大剧院成功举办。著名画家、盟员吴骏圣的作品《秋归图》及已故盟员、著名画家潘觐缋的作品《百乐图》参加了由民盟中央和中国美术馆共同主办的"中国民主同盟盟员美术作品展"，于民盟十大期间在京展出。

2008年泰州民盟盟员、世界冠军薛兰梅、周培顺参加北京奥运圣火传递

附：

董勤，女，汉族，1955年10月生，江苏省江都市人。1988年6月加入中国民主同盟。1972年底参加工作。1972年至1999年先后在林业机械厂、扬州无线电总厂、林业部泰州林业机械厂、泰州市社会劳动保险处（县级）、泰州市社会保险事业管理处工作。1999年任泰州市技工学校副校长。2001年10月至2006年11月任民盟泰州市委副主委兼秘书长，2006年11月至2017年1月任民盟泰州市委三届、四届主委、泰州市政协副主席。曾任江苏省第十届、十一届政协委员，泰州市第一、二、三届政协常委，第四届政协副主席。

民盟泰州市（地级）第四届委员会

2011 年 12 月 3 日，民盟泰州市第四次代表大会召开，选举产生了民盟泰州市第四届委员会，董勤当选主任委员，臧大存、王晓洪、邵骅当选副主任委员，王临生任秘书长。

中国民主同盟泰州市第四次代表大会合影留念
2011.12.2

2011 年泰州民盟第四次代表大会合影

一、切实加强自身建设，为提升履职水平夯实基础

结合工作实际，将思想建设落到实处。盟市委牢固树立政治意识，紧扣中共中央重大决策部署，认真学习中共十八大及十八届三中、四中、五中、六中全会精神，学习习近平总书记的系列讲话精神。结合重大历史事件和重要历史人物的纪念活动，将盟史学习融入其中，开展征文活动，引导广大盟员继承发扬民盟优良传统，坚持中国共产党的领导，坚定不移走中国特色社会主义政治发展道路。在学习社会主义协商民主理论的过程中，盟市委组织盟员深入开展统战理论研究，两篇论文被省政协采用，一人应邀参加省政协研讨会并作重点发言。2013 年，盟市委组织召开座谈会，围绕初步提炼概括的江苏民盟十六字核心价值观"爱国民主、同盟同志、建言力行、修身立业"进行学习研讨。

根据上级盟组织的统一部署，开展坚持和发展中国特色社会主义学习实践活动。各基层组织积极参与，制订了符合自身实际的活动方案，做好专题活动任务的落实和具体安排。以建设学习型、服务型、勤廉型"三型"机关为目标，加强机关建设，增强领导班子的凝聚力和号召力，增强机关服务于盟务工作的能力。参照中共"三严三实"教育活动的要求和做法，在盟组织中同步开展了"三严三实"学习教育活动。

注重组织建设，打牢人才兴盟基础。加强在高等院校中对高层次人才的发展和组织建设工作，建立了南京师范大学泰州学院支部、南京理工大学泰州科技学院支部、泰州技师学院支部。2012年建立海陵区总支、泰州医药高新区支部；2013年建立姜堰区直属小组，次年升格为支部。成立民盟靖江市基层委员会。五年来，盟员总数由407人发展为529人，其中博士、硕士学位68人，高级职称207人。

坚持开展基层组织测评工作。每年召集部分市委委员和资深盟员组成考评工作领导小组，对各基层组织工作进行量化考评。根据盟务工作需要，增设社会服务工作先进集体的单项工作表彰。2013年始，盟市委认真参与盟省委部署开展的"活力基层组织建设年"活动，选送泰州学院等4个支部作为试点基层组织。2014年，盟市委继续参与盟中央"基层组织建设年"活动，泰州学院支部获得盟中央"先进基层组织"的荣誉称号；姜堰支部成立组织联络、参政议政、思想宣传、社会服务等4个工作部，明确各部工作职责和盟员具体工作要求，提升了组织的整体合力，初步形成了基层组织自身建设的成功经验。

重点突破，以大宣传树立盟组织良好形象。2011年盟市委对《泰州盟讯》进行改版，丰富栏目构架，将刊物封面改为彩版。2014年，再次修订《民盟泰州市委调研、宣传和信息成果奖励办法》，提高奖励标准。五年来共编发宣传报道稿件158篇。一篇文章入选《人民文摘》专刊，一篇论文在《江苏政协》上刊登，一篇文章被省委统战部《挚友》杂志采用。

2014年初，正式启动《泰州民盟年鉴》的编纂工作，分别编辑印发2012—2015年度共四本年鉴。

二、完善机制，在参政议政工作中出人才、出成果、出实效

完善参政议政工作机制。五年来，共在市政协全会上提交大会发言和集体提案25篇，盟内政协委员提交个人提案93篇。盟市委负责人利用参加市委、市政府组织召开的高层次协商会、座谈会、意见征求会的机会，精心准备发言材料，就事关泰州发展的全局性、科学性问题提出建设性意见建议。

盟市委先后与市政协有关专门委员会，就促进泰州文化与旅游融合发展等重要课题开展联合调研，调研成果以市政协常委会建议案的形式提交，获得市委、市政府主要领导和分管领导多次批示，被中共市委主办的《泰州通讯》刊载。

加强"一纵一横"两支队伍建设。一纵，就是加强对各基层组织参政议政工作的领导，开展"支部调研、盟员建议"活动。一横，就是加强盟内代表委员、信息员、专委会委员等参政议政骨干的组织和培养。盟市委以专委会联席会议、参政议政工作会议、骨干盟员培训等形式，结合调研选题、优秀稿件点评、实地考察学习等内容，提高参政议政能力。组织参观江苏现代农业科技示范园、12345政府服务热线话务中心并座谈交流，组织新聘盟员信息员培训，赴南通、苏州等地与兄弟盟市委开展交流，参观考察民盟爱国主义教育基地——江村费孝通纪念馆，组织骨干盟员赴延安干部学院培训中心学习，接受红色传统教育。

提升参政议政工作成效。五年来，盟市委、各基层组织、各专委会和盟员共完成调研报告170篇。盟市委还积极转化调研成果，在省政协、盟省委论坛等平台上提交调研报告、学术论文和发言提纲等，扩大了调研成果的影响力。

2011年，2件提案被盟省委采用为省政协大会书面发言，1件提案被盟省委采用为集体提案。2012年，1件提案被省政协大会采用为个人口头发言，2件被盟省委采用作为省政协大会书面发言和集体提案，其中1件被列为省政协重点提案。2014年，2件提案被采用为省政协大会集体提案，以个人名义提交的5件提案被省政协采用为大会书面发言。2015年，1件提案被省政协采用为大会书面发言。多年来，盟市委在参政议政平台上不断取得新的突破，2012年、2014年被盟省委表彰为参政议政先进集体。

盟市委还根据泰州经济社会发展的中心，精心选题，举办重点调研、论坛活动。2012年召开泰州建设"文化名城"研讨会，邀请盟内专家学者，就泰州文化名城建设进行研讨；2013年与盟省委经济专委会、民盟南京大学委员会联合举办泰州"三个名城"建设专家论坛，邀请专家学者，提出对于泰州发展的思考与建议，时任中共泰州市委副书记杨峰全程参与论坛并作高度评价。2014年，盟市委联合盟省委经济专委会和民盟南京大学委员会，邀请知名专家学者开展专题调研，举办"周山河新城建设与发展"专家报告会，市政府分管领导、周山河新城建设指挥部和全市30余个单位的代表出席报告会，报告会资料结集汇编后分送市委、市政府、市政协及相关政府部门的主要领导，引起高度重视。

2013年4月，民盟泰州市委、民盟江苏省委经济工作委员会、
民盟南京大学基层委员会联合举办泰州"三个名城"建设专家论坛

积极参与盟省委和市政协举办的论坛、调研活动。2011年，1篇文章在《泰州通讯》上发表。2012年参加第三届江苏教育发展论坛，提交5篇论文并被收入论文集，臧大存、张亚林2篇论文作为大会主题发言在会上宣读。

五年来，紧扣社会热点和人民群众关注的难点问题，积极反映社情民意信息，共编辑上报社情民意231篇。其中，2篇被民盟中央采用，2篇社情民意被全国政协采用。

三、发挥特色优势，创新工作载体，在社会服务工作中奉献爱心、树立形象

不断推进"农村教育烛光行动"。2009年民盟泰州市委启动烛光行动，对兴化城东镇中心小学开展第一阶段帮扶，之后盟市委坚持开展顶岗交流形式，提升教师业务能力、深化了解合作。2013年，盟市委与甘肃天祝教育学习考察团达成培训交流合作意向。2014年至2016年，盟市委赴甘肃天祝、贵州毕节、淮安市淮阴区、宿迁市泗阳县、四川凉山彝族自治州等多地开展小学教师培训、支教讲学活动，共培训小学教师三千多人次。2016年，盟市委被盟省委和淮安市淮阴区人民政府联合表彰为2015-2016年度"农村教育烛光行动"助推淮阴区教师能力提升活动先进集体。

2015 年 7 月民盟泰州市委组织盟内专家教师赴贵州毕节开展支教活动

建立民盟泰州市委通姜社区服务站。经过认真筹备，"民盟泰州市委通姜社区服务站"于 2014 年 1 月揭牌，以"盟社同心、共创和谐"为主题的泰州民盟进社区定点服务机制正式启动。多年来为社区居民提供义诊、法律咨询和书赠春联等服务活动，走访慰问社区贫困家庭并捐资助学，组织泰州民盟艺术团与通姜社区共同举行"闹元宵·乐新春"文艺演出，开展文化服务活动，每次服务群众均达数百人次，多次被泰州日报、晚报、电视台等媒体报道。召开"进社区、听民声"座谈会，听取社区居民意见，解答群众疑问，化解社会矛盾；梳理多条社情民意信息，建言献策，帮助社区居民排忧解难。

发掘人才资源，拓宽社会服务工作领域。医疗义诊服务常态化。中医院支部每年在"世界心脏日""世界高血压日""世界糖尿病日"开展疾病防治活动，形成系列化服务品牌。2012 年至 2015 年，中医院支部、医药高新区支部、高港支部等多次走入基层，开展专家义诊、中医巡讲活动。

2015 年 3 月，盟市委艺术团与通姜社区"通连心"文艺队共同举办"迎元宵、闹新春"联谊演出活动

文化艺术服务社会。泰州民盟艺术团走进高港永安洲核心港区慰问演出。牧院支部成员到苏陈镇"农家书屋"开展赠书活动。医药高新区支部联合区科教局及交行泰州分行开展征文活动。海陵总支、综合二支部赴城东街道东康社区开展"传递书香见证成长"社区服务活动。二中支部开展暑期开放校图书馆活动。文化支部举办公益音乐会和青少年才艺大赛。南师大泰州学院支部为留守儿童开展音乐讲座。

热心社会公益。姜堰支部开展世界自闭症日"牵手星儿——让星空更蓝更亮"主题爱心活动,组织盟员走进基层社区,慰问困难群众,开展送洗衣机、慰问金、春联、义诊等活动。沈毅中学支部参加红十字万人捐活动,走访慰问贫困及外来务工家庭,为子女提供学习指导。靖江教育支部盟员刘瞳参加盟省委"黄丝带"进监帮教活动,主讲创业指导讲座。靖江一中支部盟员为罹患脑瘤学生捐款,看望慰问靖江市特殊教育学校学生。靖江经济科技支部筹集资金6000元资助季市镇中心小学10名学生。姜堰支部盟员曹井军资助慈善机构、教育和孤残儿童10多万元。医药高新区支部赴兴化周庄镇敬老院走访慰问孤寡、残疾老人,支部盟员吴银书向敬老院捐助1000元慰问金。

2016年6月23日,盐城阜宁县、射阳县遭遇龙卷风冰雹灾害。盟市委号召盟员捐款捐物,通过盟内外渠道共捐款40800元。

参与平安法治泰州建设。医药高新区支部与高新区消防大队在祥龙社区共同举办119消防宣传主题活动;在首个"国家宪法日",支部与医药高新区法院联合开展"民盟携手企业走进法院"活动,邀请企业负责人参观法院,旁听审理,座谈讲解宪法知识、经营风险防控、商事及知识产权纠纷案例,获得与会者好评。

参加统战系统服务活动。2012年,组织盟员参与泰州市"统一战线专家服务团"活动,董勤主委担任专家服务团名誉团长,王临生秘书长担任教育文化专家组组长,12名盟内专家分别参加现代农业、非公经济等6个专家组。

民盟泰州市（地级）第五届委员会

2016年11月26日，民盟泰州市第五次代表大会召开，选举产生了民盟泰州市第五届委员会，臧大存当选主任委员，王晓洪、邵骅、戴金龙当选副主任委员，戴金龙兼任秘书长。

五年来，民盟泰州市第五届委员会在民盟江苏省委和中共泰州市委的坚强领导下，在市委统战部精心指导下，团结带领全市盟员，政治上以党为师，思想上向党看齐，履职上跟党奋进，围绕建设"强富美高"新泰州中心任务，紧扣教育、文化、民生热点，积极建言献策，多次被盟中央、盟省委、市政协、市委统战部授予思想宣传、自身建设、参政议政、反映社情民意信息、社会服务等工作先进集体荣誉称号，各项工作取得丰硕成果。

2016年民盟泰州市第五次代表大会合影

盟市委将"以党为师"贯穿主题教育全过程，对标习近平总书记"四新""三好"要求，主动开展民盟支部与中共党组织结对子，聘请了18位有突出贡献的优秀基层党员担任民盟支部的辅导员，先后组织开展座谈会、征文等活动12场，发动盟员撰写统战理论文章、理论学习心得体会60余篇，有力地提升了盟员的思想政治素质。2018年，中国人民解放军海军诞生地纪念馆、泰州梅兰芳纪念馆两处场馆授牌"中国民主同盟传统教育基地"。2018年7月，举办民盟泰州（地级）市委成立二十周年系列活动。2021年3月19日，举行庆祝中国民主同盟成立 80 周年暨靖江民盟 40 年大会。2021 年 6 月 22 日，举办"同心庆华诞 携手跟党走"——庆祝中国共产党成立 100 周年、中国民主同盟成立 80 周年文艺会演，有效拓展和丰富民盟思想阵地建设。盟市委坚持创新宣传工作思路，做好"刊网微"平台建设，五年来，被中央、省、市各级媒体采用宣传信息 500 余篇次，自 2021 年全国民主党派市级组织微信公众号热文榜开设以来，"泰州民盟"共有 35 篇文章入选热文榜，其中 6 篇荣登全国月榜、日榜第一，两次获全国民主党派市级组织微信公众号靓号。

2018 年民盟传统教育基地揭牌

2021 年 4 月，"没有共产党就没有新中国"红色报纸展

2021 年 4 月 9 日，党史教育及宣传工作培训

2021 年 6 月 22 日，"同心庆华诞 携手跟党走"——庆祝中国共产党成立 100 周年 中国民主同盟成立 80 周年文艺演出

盟市委始终坚持贯彻人才强盟、人才兴盟战略，以自身建设和组织发展为重点，着力加强领导班子建设，完善基层组织建设、夯实基层工作基础，因人制宜，为盟员发展创造良好平台，基层组织的活力、凝聚力和影响力不断增强。五年来，共发展盟员 203 名，盟员总数 732 人，共有 3 个基层委员会、1 个总支部、15 个直属支部。现有 18 位盟员担任副处级以上职务。盟员担任人大代表 12 人、政协委员 78 人（其中省人大代表、省政协委员 2 人）；五年来，20 多位同志荣获国

家级模范个人、省特贡专家、三八红旗手等荣誉称号，臧大存被盟中央表彰为组织发展工作先进个人，李呈霞获评盟中央思想政治建设和宣传工作先进个人，曹荣海被盟中央表彰为脱贫攻坚先进个人，顾欣、孙鸿翼被盟中央表彰为抗击疫情先进个人。此外，泰州民盟先后有52人次荣获盟省委颁发的"组织建设工作、参政议政工作、反映信息工作、社会服务工作"等先进个人荣誉称号。

盟市委坚持把参政议政作为盟组织积极履职的第一要务，在市政协全会上共提交大会发言、书面发言16篇，集体提案30余篇、个人提案近130篇。其中，4篇提案被列为市长领办的重点提案，19篇提案被列为市政协主席督办提案或重点提案，10余篇提案被市政协评为优秀提案。

五年来，盟市委、各基层组织、各专委会及盟员共完成调研报告150多篇，在民盟江苏省教育论坛、生态文明建设、城镇化建设、文化发展研讨会中，10余人次荣获一等奖，在全省设区市盟组织中名列前茅。同时，积极撰写社情民意信息，共提交社情民意信息434篇，先后有52篇被全国政协、民盟中央、省政协、省委办公厅、省委统战部采用，其中全国政协采用26篇，3篇信息获得市领导批示，戴金龙、许振华等被盟中央表彰为反映信息工作先进个人，21位盟员荣获盟省委、市政协授予的信息工作先进个人称号。

盟市委先后承办了盟省委现代农业专家行、中医药调研报告评审会、城镇化建设研讨会、生态文明建设研讨会和江苏民盟四个文化平台工作交流会等调研、座谈活动，形成了一批质量高、影响大、实效强的工作成果。2020年，参与全国政协常委、民盟中央副主席曹卫星率领的民盟中央调研组，围绕"立足现代化强国建设要求，提升城市品质"课题开展调研。

2020年9月26日，全国政协常委、民盟中央副主席曹卫星率课题组成员来泰开展"立足现代化强国建设要求 提升城市品质"专题调研

五年来，盟市委大力支持基层盟组织发展

和特色支部创建，先后指导和帮助海陵区总支升格为海陵区基层委员会、高港支部、医药高新区支部整合升格为医药高新区（高港区）基层委员会、姜堰支部升格为总支。在结合支部发展方向和自身特色的基础上，盟市委突出打造"一支部一特色"品牌，整合调动资源，先后成立了丝路信使支部、王石琴支部、高二适支部、沈毅支部等特色支部。民盟雅安市委、民盟济南市委、民盟上海东华大学委员会等先后来泰交流盟务工作。2019年，盟市委与市文旅集团签订战略合作框架协议，在参政议政、社会服务等方面进一步加深合作。2020年，盟市委与民盟华东师范大学委员会缔结友好委员会，在课题申报、民盟传统教育等方面开展多次合作。

2020年6月19日，纪念王石琴百年诞辰、王石琴支部成立

2021年4月9日，高二适支部成立

2019年12月2日，文旅集团签约

2020年7月24日，民盟泰州市委员会与民盟华东师范大学委员会举行缔结友好委员会备忘录签订仪式

　　五年来，盟市委充分发挥自身优势，带领广大盟员以强烈的社会责任感，做实事、做好事，心系民生，担当作为。2017年，蒋凯等盟员开创性举办"丝路信使"自行车挑战赛等系列活动，目前已连续举办6届。历届赛事被央视、人民网、

光明日报、人民政协报、新华日报等中央和地方媒体刊发报道，形成了具有一定影响的品牌，极大地提升了泰州的知名度、民盟的凝聚力和广大盟员的自豪感。

2019年7月27日，江苏民盟一带一路专家行暨交汇点建设五周年座谈会在泰州召开。民盟中央副主席、中国人民大学教授郑功成出席会议并作主旨发言，江苏省政协副主席、民盟江苏省委主委胡刚出席会议并讲话，时任中共泰州市委副书记、中共泰州市委统战部部长朱立凡致辞

2019年7月27日，江苏民盟一带一路专家行暨交汇点建设五周年座谈会在泰州召开。民盟中央副主席、中国人民大学教授郑功成出席会议并作主旨发言，江苏省政协副主席、民盟江苏省委主委胡刚出席会议并讲话，时任中共泰州市委副书记、中共泰州市委统战部部长朱立凡致辞

2018年7月，全国政协副主席、民盟中央常务副主席陈晓光，民盟中央专职副主席、全国人大教科文卫委员会副主任委员张平来泰就"丝路信使"活动开展情况进行专题调研

通过积极上争，泰州民盟书画院先后挂牌"江苏省国风书画院泰州分院"和"民盟中央美术院泰州分院"。民盟书画院的艺术家们积极参加各类书画摄影展

100 多场次，开展送福进社区、"八一"建军节慰问泰州军分区部队官兵等活动 20 余次，赠送春联和书画作品 1000 余幅，为提高泰州城市的知名度和美誉度，提升泰州民盟社会服务工作的认同度做出了积极贡献。

2018 年 7 月 13 日，"民盟中央美术院泰州分院"揭牌

盟市委认真落实"大走访大落实春风行动"，累计赴社区、乡村走访调研 30 余次，慰问困难群众和改善人居环境资金合计 15 万余元；举办教师节、重阳节等节日座谈活动 10 余次，组织开展中考公益名师讲座、"全国助残日"公益活动、"爱心助学"慈善拍卖和关爱自闭症儿童"蓝色行动"，助力孩子们健康成长。

2017 年 8 月 6 日，大走访大落实春风行动

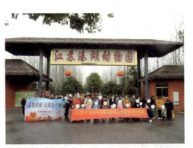

2021 年 4 月 1 日，"蓝色关爱 让孤独不再"公益活动

2018 年 2 月 26 日，送文化进社区

2018 年 6 月 4 日，靖江"助力中考相约成功"公益讲座

盟市委组织各基层组织和文化、法制等专委会开展 50 余次文化、医疗、法律进社区活动，获得社会广泛好评。在抗击新冠疫情、抗洪救灾期间，盟市委主动服务大局，发挥联系广泛的优势，协助有关方面做好捐赠资金物品的联系衔接；盟市委班子成员亲切慰问援湖北医疗队队员家属及交警、环卫工人等防疫一线人员；主动为战胜疫情献出一份爱心，据统计，盟市委共收到盟员捐款 88770 元，吴银书等盟员通过各种渠道捐款捐物超过 20 万元。在支援河南省抗洪救灾中，盟市委第一时间发出捐款通知，两天时间共收到盟员捐款 77778 元，医疗物资 3 万余元。

2017 年 3 月 7 日，"健康与爱同行"医务工作者为现场群众义诊

2021 年 7 月 27 日，支援新乡抗洪

附：

臧大存，男，汉族，1963 年 4 月生，江苏泰州人，博士研究生。1988 年 5 月加入民盟，曾任江苏农牧科技职业学院副院长、教授，现任民盟泰州市委会主委，泰州市人大常委会副主任。

荣获"江苏省职业教育先进个人"；入选"江苏省'333工程'培养对象""江苏省高等学校'青蓝工程'中青年学术带头人"；其成果多次获得江苏省高等教育教学成果特等奖、一等奖，国家教学成果二等奖等荣誉称号。

民盟泰州市（地级）第六届委员会

　　2021年11月17日，民盟泰州市第六次代表大会召开，选举产生了民盟泰州市第六届委员会，臧大存当选主任委员，邵骅、李新美、李新荣、吴中芳当选副主任委员，吴中芳兼任秘书长。截至2022年年底，共有基层组织19个，盟员772人，其中省人大代表1人、市人大代表6人、县（区）级人大代表7人，省政协委员1人、市政协委员25人、县（区）级政协委员60人。

2021年民盟泰州市第六次代表大会合影

民盟泰州市六届市委会领导班子合影
左起：吴中芳、李新美、臧大存、邵骅、李新荣

以党为师，泰州民盟"五个有作为"

泰州民盟以习近平新时代中国特色社会主义思想为指导，学习贯彻落实党的二十大精神，以党为师，立足新发展阶段，融入新发展格局，组织开展"泰有盟"系列工程，引导全市盟员勇立潮头、真抓实干，切实履行好参政党职能，做到了"五个有作为"。

一是以党为师，思想工作有作为。民盟泰州市委会将"以党为师"贯穿工作全过程，每年举办骨干盟员及新盟员培训班，近年来，撰写统战理论文章、理论学习心得体会160余篇，中央、省、市各级媒体采用宣传信息500余篇次。2018年，中国人民解放军海军诞生地纪念馆、泰州梅兰芳纪念馆两处场馆授牌"中国民主同盟传统教育基地"，2021年6月，举办"同心庆华诞 携手跟党走"——庆祝中国共产党成立100周年、中国民主同盟成立80周年文艺会演，有效拓展和丰富民盟思想阵地建设。

二是"泰有盟"工程，人才强盟有作为。民盟泰州市委会坚持人才强盟、人才兴盟战略，780名盟员中，高级职称257人，中级职称253人，博士12名，硕士101名。大力支持基层盟组织发展和特色支部创建，2018年，海陵区总支升格为海陵区基层委员会；2021年，整合高港支部、医药高新区支部升格为医药高新区（高港区）基层委员会，姜堰支部升格为姜堰总支；2022年10月，靖江市基层委员会召开第九次盟员大会，选举产生第三届委员会。

三是同心助力，参政议政有作为。近年来，民盟泰州市委会在市政协全会上提交大会发言、书面发言20余篇，集体提案40余篇，个人提案近200篇。市长领办的重点提案5篇，主席督办提案22篇，市政协优秀提案20余篇；累计提交社情民意信息500余篇，全国政协采用28篇；完成调研报告160多篇，在民盟中央民生论坛、民盟江苏省教育论坛及相关研讨会上，20余位盟员撰写的论文荣获奖项，在全省位居前列。

四是特色支部，基层活动有作为。民盟中央宣传委员蒋凯等创办的"丝路信使"

自行车赛等系列活动已连续举办 6 届，人民日报、中央广播电视总台、人民政协报、新华日报等媒体相继进行了关注报道，形成较高的品牌影响力；2018 年泰州民盟书画院和民盟泰州市艺术团成立以来，累计参加书画展览 100 多场次，广泛开展送文艺进社区、进军营、进校园，举办多场主题文艺会演活动。近年来，先后成立了丝路信使支部、王石琴支部、高二适支部、沈毅支部、长江碧水支部等特色支部，打造一支部一特色品牌。

五是致力民生，社会服务有作为。民盟泰州市委会认真开展"大走访大落实春风行动"，走访调研挂钩村、社区 30 余次，落实济困帮扶资金 20 万余元；打造"烛光教育乡村行"品牌，组织优秀盟员教师赴江苏淮安、贵州毕节开展支教活动；开展 50 余次教育、文化、医疗、法律进社区进乡村活动；创新开展中医药进校园活动。抗击新冠疫情过程中，亲切慰问援湖北医疗队队员家属及交警、环卫工人等防疫一线人员，盟员捐款捐物超过 20 万元，支援河南省抗洪救灾中，盟员捐款捐物达十余万元，贡献出了民盟力量。

矢志不渝跟党走。2021 年 11 月 17 日，中国民主同盟泰州市第六次代表大会召开。臧大存当选为主任委员，邵骅、李新美、李新荣、吴中芳当选为副主任委员，泰州民盟新一届领导班子围绕"致力民生、聚力转型"两大主题，建言献策"聚"智慧，协商议事"聚"共识，同心筑梦"聚"合力，为建设社会主义现代化新泰州做出新的贡献。

携手奋进新时代，2022 年 10 月，中国共产党第二十次全国代表大会胜利召开，为新时代新征程指明航向。民盟泰州市委会要以习近平新时代中国特色社会主义思想为指导，全面学习、全面把握、全面落实中共二十大精神，履行好参政党职能，为全面推进中国式现代化泰州新实践贡献民盟力量。

民盟泰州市艺术团简介

2013年，民盟泰州市委成立"民盟泰州市委艺术团"（以下简称"艺术团"），朱志国任团长，童鹏任副团长，成员十余人。艺术团主要服务于盟市委宣传和社会服务工作，自2014年起至2019年，每年民盟泰州市委新春茶话会文艺演出环节均由艺术团成员独立完成。2015年开始，艺术团赴通姜社区开展新春慰问活动，每年不辍，直至2020年因为疫情暂停。其间，艺术团还于2015年赴高港核心港区举行慰问农民工演出；于2017年赴高新区开展新春慰问文艺演出；于2018年赴高新区开展三八国际劳动妇女节慰问演出，获得了社会各界的广泛好评。同时艺术团与海陵区文化馆合作开设公益艺术培训班，面向市民免费开放，截至2019年累计培训学员400余人。

2018年，经过五年的发展，艺术团成员由原先的十余人增加至30余人，专业配备相对完善，成员中有专业京剧、淮剧表演艺术家，有声乐、钢琴、古筝、小提琴、舞蹈、播音主持专业从业盟员。同年7月，民盟泰州地级市委成立20周年文艺会演在泰州市文化馆成功举办，所有节目均由艺术团盟员担纲，此次演出，是艺术团首次面向社会的全面展现，展现了民盟艺术家的风采，体现了民盟艺术团盟员较高的艺术水准。

2019年3月22日，民盟泰州市委决定，成立民盟泰州市艺术团，选举产生了第一届理事会。3月22日下午，市政协原副主席、盟市委原主委董勤与时任民盟泰州市委副主委兼秘书长戴金龙共同为艺术团揭牌。此次揭牌，是艺术团发展的一个重要里程碑，既是盟市委领导对艺术团多年来工作的肯定，也是艺术团今后蓬勃发展的支持和动力。

2021年，恰逢中国共产党成立100周年、民盟成立80周年，民盟泰州市艺术团在盟市委领导指示和大力支持下，成功举办建党一百周年、民盟成立80周年文艺演出，取得了省、市领导的一致好评。

民盟泰州市艺术团在服务好盟市委相关盟务工作的同时，积极开展各项公益慈善活动。自 2019 年起，艺术团每年与市、区残联联合举办全国助残日主题活动，为全市的残疾人同胞送去党和社会各界的关心和慰问。2022 年，为了更好地宣传泰州名人、名迹，树立中小学生爱国、爱党、爱家乡的荣誉感和自豪感，艺术团策划组织了《走遍泰州》系列主题活动，首次活动探访"草圣"高二适在姜堰美术馆成功举行。同年 6 月，艺术团联系泰州公益慈善联盟，共同举办慈善音乐会为泰州"事实孤儿"筹措善款。

民盟中央美术院泰州分院简介

2018年4月28日，民盟泰州市委成立"泰州市民盟书画院"，董勤任名誉院长，梅德君任院长，成员30余人。同年，经民盟中央、民盟江苏省委批准，民盟中央美术院泰州分院、民盟江苏省国风书画院泰州分院（以下简称"民盟书画院"）正式成立。

2018年7月12日，泰州市人大常委会副主任、民盟泰州市委主委臧大存主持"民盟中央美术院泰州分院"揭牌仪式，全国政协副主席、民盟中央常务副主席陈晓光，全国人大常委会委员、民盟中央专职副主席张平，江苏省政协副主席、民盟江苏省委主委胡刚，泰州市政协主席卢佩民共同为"民盟中央美术院泰州分院"揭牌。时任民盟中央常委、民盟中央文化委员会主任、中国美术馆馆长吴为山为"民盟中央美术院泰州分院"题字。

2019年3月2日，民盟中央美术院泰州分院美术馆揭牌开馆，中国国家画院创研部主任、博士后导师、中国美术家协会理事何加林，泰州市政协主席卢佩民，泰州市人大常委会副主任、民盟泰州市委主委臧大存，民盟泰州市委副主委兼秘书长戴金龙参加揭牌。

2021年10月29日，民盟泰州市委在吴同甲故居纪念馆举行"民盟中央美术院泰州分院创作中心"揭牌仪式。

民盟书画院成立后继承民盟传统，弘扬民盟精神，发挥盟内书画艺术人才优势服务社会、关注民生。围绕市委、市政府和民盟泰州市委的中心工作，搭建书画艺术交流平台，开展以"书画会友、翰墨传情"为特色的统战工作。

"送书画、进军营"是泰州民盟的拥军传统，民盟书画院多次赴泰州军分区开展书画笔会活动慰问部队官兵，以实际行动贯彻落实习总书记第十次文代会上的重要讲话精神，深入生活，扎根人民。盟员书画家服务人民，服务最可爱的人，体现了"军民一家鱼水情深"的和谐氛围，受到驻泰部队官兵的交口称赞。另外联合泰州市消防救援支队开展"书画进红门 翰墨颂消防"联创共建活动。民盟

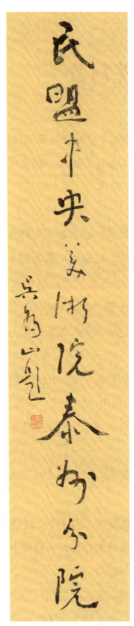

民盟中央常委、民盟中央文化委员会主任、中国美术馆馆长吴为山为"民盟中央美术院泰州分院"题字。

书画家深入消防队伍，为指战员书写作画，既鼓舞士气，又陶冶情操，既深入生活，又丰富内涵，对提升消防队伍整体文化水平具有重要作用。

"服务社区、服务群众"是民盟同社区群众之间共建活动的着力点，民盟书画院每年都会走进社区开展迎新春、写春联、送福字活动。2019年书画院分别走进海陵区通姜社区和姜堰区怡园社区，开展盟员书画家新春送福活动。2020年继续赴海陵区通姜社区送去200余副春联，受到社区居民的热烈欢迎。2021年书画院书法名家走进"方洲社区·四点半课堂"指导社区中小学写春联。2022年书画院走进姜堰区顾高镇、兴化市沙沟镇、泰州市海陵区开展"迎春送福写春联"服务活动，为社区居民送去了祥和喜庆的新春祝福。2022年书画院走进吴同甲故居纪念馆和杨延修纪念馆开设"名师讲堂——琴棋书画"公益体验课程，弘扬中国传统文化，助力教育"双减"。

"慈善拍卖、爱心助学"是民盟书画院服务社会的又一亮点。2020年9月民盟书画院联合民盟王石琴支部开展慈善拍卖助学活动。拍卖的书画作品全部来自民盟中央美术院泰州分院。拍卖结束后，现场将拍卖所得的善款全部捐赠给贫困学生的母亲。当日正值全国政协常委、民盟中央副主席曹卫星率全国政协常委、民盟中央常委、社会委员会主任、国家统计局原副局长贾楠，民盟中央参政议政部副部长高育红等课题组成员来泰开展专题调研。调研组一行观摩了慈善拍卖活动。

"搭建交流平台、培养文化自信"为建设文化强盟、文化强市服务。2018年7月民盟书画院举办了庆祝民盟泰州（地级）市委成立二十周年暨民盟中央美术院泰州分院成立书画作品展。2020年12月书画院承办"江苏民盟书画名家邀请展"。2022年7月为喜迎党的二十大胜利召开，促进泰州—昭苏两地文化交流，民盟书画院举办"丝路信使 翰墨传情"泰州昭苏书画作品联展。2022年9月民盟书画院举办"翰墨凝书韵 丹青颂党恩"书画作品邀请展活动，以书画创作的形式表达对党的无限热爱，歌颂伟大祖国的巨大成就，讴歌人民的美好生活，加强文化艺术交流与合作，促进书画艺术的繁荣与发展，提升区域文化影响力。

民盟王石琴支部简介

　　2020年王石琴同志诞辰一百周年，王石琴是泰州民盟创始人，曾担任民盟江苏省泰州市直属支部第一、二届主委，民盟江苏省泰州市（县级）筹备委员会主委，民盟江苏省泰州市委员会第一、二、三届主委，泰州市副市长兼体委主任，泰州市建设局副局长，泰州市人大常委会副主任，扬州市政协副主席等职。

　　他的一生令人敬佩，他既是泰州民盟的创立者，又是一位杰出的"党外布尔什维克"，他为泰州的经济发展、体育事业、城市建设、文物保护等做出了杰出的贡献。

　　为纪念王石琴同志，把民盟的优良传统学习好、传承好，号召盟员在王石琴精神的感召下，为新时代中国特色社会主义贡献更大力量，民盟海陵区基层委员会向民盟泰州市委提出成立"王石琴支部"的申请，很快就得到了盟市委的支持和批复。2020年6月民盟王石琴支部成立，李呈霞任支部主委。

　　王石琴支部自成立以来，积极响应民盟中央号召，认真学习党的十九大及十九届二中、三中、四中会议精神，深入开展"不忘合作初心，继续携手前进"的活动，传承民盟优良传统，继承王石琴精神，立足本职工作，充分承担社会责任，不断加强自身建设，主要开展了以下活动：

慈善拍卖　爱心助学
——王石琴支部联合民盟书画院举办慈善拍卖活动

2020年9月26日上午，民盟王石琴支部在泰州民盟书画院（三水湾白羽毛书吧）举行爱心助学、慈善拍卖活动，并将拍卖所得的善款，现场捐赠给了贫困学子。拍卖的书画作品，全部来自民盟王石琴支部和民盟中央美术院泰州分院盟员的爱心捐赠。

王石琴支部盟员张执中、花明、梅德君、王家任、朱静波、叶国权、孙超、朱玉桂、刘强明、冯卫东、冒凤鸣、戴红英、翟健、许广军、肖强共捐献书画作品18幅，作品全部拍卖成功。民盟海陵基层委员会主委卢弘、盟员张翔峰、刘云骥、吴银书、仲岱云积极参与竞拍奉献爱心，耄耋之年的王石琴支部名誉主委封林森、汪秉性不顾年事已高亲临现场指导工作，副主委梅德君、组织委员袁骊骊、宣传委员徐月红、社会服务委员肖强、许广军不辞辛苦，现场组织，做好服务工作，整场拍卖活动共募集到资金25000元，所得的善款现场捐赠给了贫困南大学子小强（化名）的母亲。

感恩时代　致敬英雄
——王石琴支部协办公益活动温暖启动

2020年12月27日，由泰州华盛投资开发有限公司主办，泰州民盟王石琴支部协办的"感恩时代 致敬英雄"公益助力启动仪式在泰州市万怡酒店举行。

在自卫反击战中长留在边境的烈士们，因为各种原因烈士家属无法前往祭扫。王石琴支部协办此项活动就是汇聚社会公益力量，让烈士的英灵千里凯旋，回归桑梓情深的英雄故里。公益活动的后续资金还将用于实施精准资助和帮扶；广泛收集整理英烈信息，编撰宣扬英烈事迹；资助修建英烈纪念设施，协助祭奠英烈活动。在全社会掀起"铭记英雄楷模，传承红色基因"的热潮。

幼吾幼以及人之幼

——王石琴支部开展扶贫助困送温暖活动

2021、2022、2023连续三年，王石琴支部开展扶贫助困送温暖活动。盟员肖强、徐勤、张翔峰给孤儿小明准备了压岁钱，支部其他盟员给孩子送去了过年物资、学习用品。肖强还邀请爱心志愿者给小明现场理发，让孩子精精神神，高高兴兴地过个新年。幼吾幼以及人之幼，扶贫助困活动让困难学生在寒冬里感受到社会的大爱温暖。

新春送福齐相聚　携手关爱共成长

——王石琴支部与海陵学校教师妈妈义工队携手开展志愿服务活动

2021年1月29日，王石琴支部盟员朱玉桂、民盟中央美术院泰州分院秘书长孙超和泰州市海陵学校"教师妈妈"义工队的老师一起来到城中街道方洲社区的"四点半课堂"，和孩子们联手写春联、送吉祥。

课堂上，热闹非凡、笔墨飘香，处处洋溢着温情和喜悦。书法家现场泼墨挥毫，笔走龙蛇，一气呵成，一幅幅散发着清新墨香的喜庆大红春联就展现在眼前。一个多小时，书法家和孩子们联手写成了100多副春联。书法家们还在现场给孩子们解说春联的寓意，介绍书法知识。

爱与阅读同行

——民盟王石琴支部举办留守儿童、贫困学生文学阅读讲座活动

2021年4月18日，民盟王石琴支部举办"爱与阅读同行——北大名师儿童文学阅读讲座"，邀请北京大学教育学院中学项目组讲师龙庆老师亲临泰州，为泰州的孩子们带来了一场别开生面的文学阅读课堂。

活动主讲嘉宾龙庆老师是北京大学教育学院中学项目组讲师、樊登小读者教育顾问、"30+"教龄高级教师、国家高级家庭教育指导师，也是获得"五个一工程"奖纪录电影《二十二》制片人之一。龙庆老师在指导孩子们整本书阅读《城南旧事》中，还引导学生通过画思维导图来加深阅读理解。活动现场师生互动、亲子互动，气氛热烈。民盟王石琴支部盟员、江苏省作家协会会员、海陵区作协秘书长、海陵学校高级教师陆泉根也现场对孩子们进行了阅读指导。

4月23日是世界读书日，民盟王石琴支部开展此项活动，就是为孩子提供一个共同学习、增进交流、促进友谊的平台。呼吁全社会关注儿童阅读！

名师讲堂　公益课程
——王石琴支部联合民盟书画院举办"名师讲堂·琴棋书画"公益体验课程

2021年起王石琴支部与民盟书画院在吴同甲故居纪念馆开设"名师讲堂——琴棋书画"公益体验课程，以此践行吴同甲公益教育理念，发扬王石琴无私奉献精神，弘扬中国传统文化，助力教育"双减"。

公益讲座共分古琴、围棋、书法、国画4期，每期8课时。公益课程采用现场教学的形式。据统计，有800余人次聆听讲座。

今后，民盟王石琴支部将针对不同群体分层次地开展艺术培训、讲座、展览、传统技艺传授等活动，让更多的市民有机会提升艺术素养，感受艺术魅力。

泰州民盟书画院院长梅德君上国画课

泰州古琴学会会长徐勤上古琴课

泰州棋院院长翁岭上围棋课

走遍泰州

——王石琴支部联合开展"走遍泰州"寻访"草圣"高二适主题活动暨"走遍泰州"系列活动

2022年2月27日下午，民盟王石琴支部承办的"走遍泰州"寻访"草圣"高二适主题活动暨"走遍泰州"系列活动启动仪式在泰州市姜堰区美术馆拉开了帷幕。"走遍泰州"系列活动是通过孩子和家长的视角探访泰州名人名家，宣传泰州名人名家，同时让参与的小学生们接受传统文化教育，培养他们的爱国家、爱泰州的情怀，后续还将陆续寻访单声珍宝馆、杨根思烈士陵园等爱国主义和红色文化景点。

王石琴支部是江苏民盟第一个以市级民盟组织创始人名字命名的支部，它继承了泰州民盟前辈的光荣传统，承载了泰州民盟薪火相传的初心使命。支部盟员将学习和传承王石琴爱国敬业、无私无畏的精神，求真务实、追求创新的理念，把民盟前辈的精神品质内化于心、外化于行，以特色活动为载体，广泛调动盟员履职尽责的自觉性和主动性，争做基层组织建设的典范。努力将王石琴支部打造成有活力、有作为、有影响的明星支部。

民盟王石琴支部承办的"走遍泰州"寻访"草圣"高二适主题活动暨"走遍泰州"系列活动启动仪式在泰州市姜堰区美术馆区举行

民盟领导与泰州

费孝通： 江苏吴江（今苏州吴江区）人，当代著名社会学家、人类学家、民族学家、社会活动家，中国社会学和人类学的奠基人之一，第七、八届全国人民代表大会常务委员会副委员长，中国人民政治协商会议第六届全国委员会副主席，中国民主同盟第二届中央委员会常委、第三届中央委员会委员、第四、五届中央委员会副主席，中央民族大学名誉校长。1984 年 11 月，费孝通来县级泰州市考察。1995 年 9 月 25 日，费孝通主席前来泰州视察靖江振华学校并为该校题写校名。

丁仲礼： 浙江嵊州人，中国科学院院士，全国人大常委会副委员长，民盟中央主席，欧美同学会（中国留学人员联谊会）会长。2019 年 1 月 8 日，丁仲礼主席为"丝路信使"活动作批示，认为此工作很好，表达了对"丝路信使"赛事在规模、影响力和文化内涵方面进一步蓬勃发展的殷切期望。

陈晓光： 吉林梨树人，全国政协十三届副主席，民盟中央原常务副主席。2018 年 7 月 12 日，陈晓光主席前来泰州就"丝路信使"活动开展情况进行专题调研，并为民盟中央传统教育基地"中国人民解放军海军诞生地纪念馆""泰州梅兰芳纪念馆"和民盟中央美术院泰州分院成立揭牌。

张　平：山西新绛县人，全国人大常委会委员、教科文卫委员会副主任，民盟中央原专职副主席，中国文联副主席。2018 年 7 月 12 日，张平主席前来泰州就"丝路信使"活动开展情况进行专题调研，并为民盟中央传统教育基地"中国人民解放军海军诞生地纪念馆""泰州梅兰芳纪念馆"和民盟中央美术院泰州分院成立揭牌；2021 年 12 月 8 日，张平主席对泰州民盟"丝路信使"活动做出批示。他说，"丝路信使活动已成为民盟宣传战线的成功范例，引发多方面的积极影响，希望再接再厉，越办越好。"

郑功成：湖南平江人，中国人民大学劳动人事学院副院长，第十届、十一届、十二届、十三届中华人民共和国全国人民代表大会常委会委员，中国民主同盟第十二届中央副主席。2019 年 7 月 27 日，由民盟中央主办、民盟江苏省委会及泰州市委会承办的"一带一路"与民心相通论坛在泰州举行，郑功成主席出席开幕式并作主旨发言。

曹卫星：江苏南通人，第十二届、全国政协十三届常委，民盟中央副主席，欧美同学会（中国留学人员联谊会）副会长。2020 年 9 月 26 日，全国政协常委、民盟中央副主席曹卫星率课题组前来泰州开展"立足现代化强国建设要求 促进中心城市品质提升"专题调研，观看了王石琴支部的慈善拍卖活动并参观了民盟中央美术院泰州分院；2022 年 6 月 1 日，曹卫星主席前来泰州市老年活动中心（市老年大学）调研，对民

盟泰州市委与老年大学合作，参与老年大学教育和开展"盟心助老"公益讲座表示充分肯定。同日，曹卫星调研民盟姜堰区高二适支部。6月2日，曹卫星赴兴化调研国家粮食产业园并参加兴化先行县与智慧农业建设研讨会。

吴为山：江苏东台人，全国政协常委，国际著名雕塑家，法兰西艺术院通讯院士，中国美术馆馆长，全国政协教科文卫委员会委员，第十一、十二届全国政协委员，第十三届全国政协常务委员，十三届全国政协文化文史和学习委员会委员。第十一、十二届民盟中央常委，文化委员会主任。十三届民盟中央副主席。中国美术家协会副主席，中国城市雕塑家协会主席，住建部全国城市雕塑建设指导委员会副主任兼艺术委员会主任，中国艺术研究院中国雕塑院院长，南京大学教授、博士生导师。教育部全国艺术教育委员会副主任，教育部全国高等教育指导委员会副主任中国文联全委会委员，全国宣传文化系统"四个一批人才暨文化名家"，享受国务院政府特殊津贴专家，全国艺术专业学位研究生教育指导委员会美术设计分委员会委员。中国美术家协会理事。2018年，吴为山为"民盟中央美术院泰州分院"题字。

胡　刚：江苏泗阳人，民盟中央常委、江苏省主委，江苏省政协副主席，南京中医药大学校长。2006年4月至2008年6月，任泰州市人民政府副市长。2019年7月27日，由民盟中央主办、民盟江苏省委会及泰州市委会承办的"一带一路"与民心相通论坛在泰州

举行，胡刚主委到会致辞；近年来，胡刚主委多次前来泰州，就"特色小镇建设""立足现代化强国建设要求 促进中心城市品质提升"等专题开展调研。

于琨奇：江苏泰州人，教授，民盟江苏省委原副主委，江苏省政协原副秘书长。

吴胜兴：江苏靖江人，民盟江苏省委原专职副主委、一级巡视员、河海大学博士生导师。2020年10月13日至14日，民盟省委第七届江苏生态文明建设研讨会在泰州召开，吴胜兴到会并带领与会人员赴"健康长江泰州行动"指挥中心、泰兴长江生态湿地与绿色廊道、靖江东线第一帆渡江战役纪念公园和牧城公园等地考察调研；2021年3月27日至28日，吴胜兴率队前来高港区开展乡村振兴调研；2021年9月11日，民盟泰州市委召开领导班子述职和民主评议会议，吴胜兴出席并发表讲话；2022年1月25日，民盟泰州市委在兴化市沙沟镇举办"特色党务"工程——泰州民盟烛光教育行动乡村行暨2022年送福进乡村（兴化站）活动，吴胜兴出席活动；2022年7月23日，民盟江苏省委和民盟泰州市委在靖江市西来镇龙飞村举行"民盟助力乡村振兴实践基地"揭牌仪式暨"党盟同心 振兴同行"西来助力行动启动仪式，吴胜兴出席并为"民盟助力乡村振兴实践基地"揭牌；7月24日上午，吴胜兴为民盟常州大学怀德学院联合支部揭牌。10月11日，民盟靖江市第九次盟员大会召开，吴胜兴出席开幕式并发表讲话。

　　刘灿铭：江苏靖江人，现任江苏省书法家协会副主席兼秘书长、民盟江苏省委副主委、江苏省政协常委，江苏省文联委员，中国书法家协会理事，中国书协楷书委员会委员，江苏省佛教协会副会长，江苏省现代书法研究院院长，享受国务院特殊津贴专家。2019年12月9日，刘灿铭带队前来泰州，开展"不忘合作初心、继续携手前进"主题教育活动调研座谈；2020年12月14日，江苏民盟文化平台工作交流会暨江苏民盟书画名家邀请展在泰州举办，刘灿铭出席并为画展揭幕；2021年6月22日，中共泰州市委统战部、民盟泰州市委举办"同心庆华诞 携手跟党走"——庆祝中国共产党成立100周年 中国民主同盟成立80周年文艺演出，刘灿铭出席发表讲话；2021年11月16日至17日，中国民主同盟泰州市第六次代表大会召开，刘灿铭出席开幕式并发表讲话；2022年7月23日，民盟江苏省委和民盟泰州市委在靖江市西来镇龙飞村举行"民盟助力乡村振兴实践基地"揭牌仪式暨"党盟同心 振兴同行"西来助力行动启动仪式，刘灿铭出席并为"民盟助力乡村振兴实践基地"揭牌。

　　唐双辰：民盟江苏省委原秘书长、监督委员会副主任，二级巡视员。2019年1月11日，民盟泰州市委召开五届六次全委（扩大）会议，唐双辰出席并作发言；2020年6月9日，民盟泰州市委举办2020年度盟员培训班及盟务工作座谈会，唐双辰出席并以"知盟、爱盟、强盟"为题作盟史及盟务工作知识讲座；2020年10月13日至14日，民盟省委第七届江苏生态文明建设研讨会在泰州召开，唐双辰到会并前往"健

康长江泰州行动"指挥中心、泰兴长江生态湿地与绿色廊道、靖江东线第一帆渡江战役纪念公园和牧城公园等地考察调研；2021 年 3 月 19 日，庆祝中国民主同盟成立 80 周年暨靖江民盟 40 年大会举行，唐双辰到会并发表讲话；2021 年 4 月 9 日，民盟泰州市委于 4 月 9 日举办党史、盟史及思想宣传工作培训，唐双辰应邀作《学党史盟史 明合作初心》专题讲座；2021 年 10 月 29 日，民盟泰州市委在吴同甲故居纪念馆举行"民盟中央美术院泰州分院创作中心""民盟海陵区基层委员会盟员之家"揭牌仪式，唐双辰出席并为"民盟中央美术院泰州分院创作中心"揭牌。

寻访·纪念

——泰州民盟王石琴支部采访小分队采访纪实

李呈霞

2020年是王石琴同志诞辰一百周年，为了纪念这位泰州民盟的创始人，民盟泰州市委决定编撰《王石琴与泰州民盟》一书，让更多的人了解泰州民盟，了解这位居功至伟的老人。

在民盟泰州市委的大力支持下，2020年12月15日，王石琴支部采访小分队与王石琴的家属代表进行交流后，编撰工作正式启动。

支部采访小分队主要人员：泰州市委宣传部原副部长陈社，民盟王石琴支部主委李呈霞，支部盟员、海陵区作家协会秘书长陆泉根及王石琴家属代表

往事如烟，往事并不如烟

第一次采访很冷，天气预报说还要大幅度降雨降温，气温最高降幅在 10 度以上，2021 年元月 6 日，赶在大降温的前一天，泰州民盟王石琴支部采访小分队一行 5 人来到了位于海陵区审计局旁边的鼓楼小区采访王石琴遗孀钱树蕙先生。

钱树蕙先生 101 岁了，精神很好，面色红润。知道我们要来，钱先生特地换了件黑底红花的绸缎唐装等待我们，只是，她的身体行动不便，2016 年瘫痪在床至今。她只能坐在床上接受采访，她最小的女儿王曼莹陪同着。

王石琴和钱树蕙的结缘，既是遵父母之命媒妁之言，也是因青梅竹马和同学之情，两人一起走过了风雨 60 年。"青梅竹马忆心头，同读诗书共济舟。六十年间感慨多，世间知己最难求。"钱树蕙老人用吟诵自己写的诗句的方式拉开了采访的序幕……

1949 年，白米，土改前，王石琴家有祖地 1300 亩。王石琴做主，和大妹子王倚琴——后来的城东小学校长，请佃户们吃了一顿饭，当着他们的面把田契全烧了。在公私合营前，王石琴还把自己家里的股份给了国家。抗美援朝时，因为政府房屋紧张，王石琴把二十几间房子给了政府。这二十几间房在城中府南街雅堂附近。

采访钱树蕙先生　采访小分队一队成员陈社、李呈霞、陆泉根、徐月红、周霞

老人娓娓道来，70 年前的事情恍如昨日，往事历历在目……我们细细地听着、认真地记着……

"家财万顷，不如薄技随身"这是王石琴常说的一句话。他把王家华泰纱厂、大同书局、大陆饭店的股份让给政府，而自己却生活节俭，舍不得穿西服，没有好点的皮鞋。在上海，根据地来的人以及被反动派开除的，他都能热情招待、慷慨解囊，大家喊他"孟尝君"。1947年，王石琴在上海加入中国民主同盟，参加过"反饥饿，反迫害，反内战"的进步活动。

抗美援朝时，河南常香玉捐了一架飞机。而王家，也把金戒指等值钱的物品用淘箩子装着，去支援国家生产飞机大炮。1958年，泰州博物馆成立，王家也捐赠了一些珍贵的文物，没有索要任何收据。

"你不入党，对党的贡献更大。"留在党外的王石琴，对党充满了向往之情。去世前，他的遗言是"我未能入党，心向往之"。入党是他毕生的愿望。

钱先生，一个百岁老人，思维敏捷、语言清晰，能够准确地回忆不同时期自己和爱人的生活、工作经历，让我们颇为震惊。临别之时，老人将家中的相册全部交给采访小分队，以供查找资料……怎想这一次采访竟然成为永远的一别，钱树蕙老人于2021年中元节永远地离开了我们，据家人介绍：走时安详从容，宛如沉睡。

"你走了，走得那么远，没有留下地址，天涯海角，我何处追寻？此身愈远，此心愈近。"钱树蕙老人说她在爱人去世之后深深地体会到了这句话的含义。现在，我们也体会到了，虽然岁月漫长，但仅有的一次采访就永远定格在那里，天涯海角，我们何处追寻？老人走了，走得那么远，没有留下地址……

两位老人，60年的风风雨雨、60年的同甘共苦，60年的相濡以沫，这一切都如过眼烟云，消逝在历史的长河中，往事如烟，往事怎会如烟？往事并不如烟！两位老人的音容笑貌也随着这次采访永远萦留在王石琴支部采访小分队成员的心中。

他似一把伞，又像一棵树，更是一本书

2021年2月6日，农历腊月二十五，王石琴支部采访二分队一行6人采访了原泰州建委副主任、泰州市规划局总规划师陈文海先生。陈先生家住泰州滨江花园。

陈文海先生81岁，一头白发，精神矍铄，说话嗓音洪亮，思路清晰。侃侃而谈的老人，不时用手摸着自己的眼镜。提起王石琴，老人感慨万千："王老给

采访陈文海先生　采访小分队二队成员陈社、李呈霞、陆泉根、梅德君、肖强

我留下的印象太深，虽时间久远，但回忆起来，恍如昨日。他似一把伞，又像一棵树，更是一本书。"

　　1962年，我从南京工学院（现在的东南大学）城市规划及建筑专业毕业，分配到泰州市城建局负责市政建设维护工作。1964年和1965年冬春绿化季节，我被临时抽调到市"绿化办公室"工作。王石琴副市长负责协调指挥，我初步接触到这位慈祥和善而又务实睿智的领导。

　　王副市长当时分管城市规划建设和交通水利工作。他和我们一起工作不只是领导部署指挥，还和我们具体研究工程技术和实施方案。工做报告和总结都是他亲自动笔成稿。他和我们相处得十分融洽，没有一点领导架子，他思维缜密，工作大刀阔斧并鼓励年轻人放开手脚干，我们有什么想法就直接说出来，没有丝毫顾忌。

　　在环城路还未修建时，沿着旧城墙脚栽植松树，晚上，王副市长和我们一起拉粪车，给新栽的树施肥，拉了三个晚上。我记得，月光下我们拉着粪车畅想着泰州城市的美好未来，信心十足。

　　后来王石琴调到市里任人大常委会副主任后，一如既往地辛勤工作。他能处理好各种关系，特别是民主党派（民盟）和政府的关系。他能积极谋划，对市委的决定坚决拥护执行。他做官做事，称得上不卑不亢，不倨不傲。"上能接待中央首长，下能接待普通群众"这是当时群众对他的评价。

随着采访的进行，在小分队成员的心中，王石琴的形象逐渐清晰起来：这位泰州民盟的创立者，是一位杰出的"党外布尔什维克"，他为泰州的经济发展、城市建设等做出了杰出的贡献。

我和石琴老有缘

2021年，3月10日，美好上郡，难得的好天气。民盟王石琴支部采访三分队在泰州市委宣传部原副部长陈社的带领下为编书一事，采访民盟前辈肖仁先生。

我和石琴老有缘，我们的关系最早能上溯到华泰纱厂筹办的时候……肖仁前辈娓娓道来。

他解放前入盟，是泰州民盟的第一人。民盟也因为他做了很多出色的事情在全国闻名。他把我们的民盟盟员"推"出去，那个时候"文革"刚刚结束，哪个敢啊，他敢。推潘觐缋到厦门、武汉、扬州、南京去办展览；推支振声、吴骏圣到上海、扬州、南京去办展览；推叶大根、姜济民等，甚至俞振林到各地去办展览，这种

采访肖仁先生　采访小分队三队成员陈社、李呈霞、陆泉根、肖强、仲岱云

做法不仅丰富了老百姓的文化生活，还使得盟员书画家的名气在全国飞速提升。王石琴是一位有思想有眼光有头脑的领导人。

此外在教育思想方面石琴老另有一大贡献，他认为"文化大革命"误了一代人乃至几代人的读书和教育问题。他认为民主党派应该站出来，协助政府办好这件事。于是泰州民盟首先创办了振华学校。

振华学校的名字就是王石琴起的，后经《江苏盟讯》报道，全省的民盟组织都把各自所办学校叫作"振华"了。

当时振华学校办了 71 个班。最了不起的是外语班。据说当时党内有规定，作为一个市长或处级以上干部，必须懂一门外语。于是我们振华办了六个外语班：三个英语班、两个日语班、一个法语班。在这六个班里曾有过十位"振华学员"先后担任书记、市长等领导职务。该作为应是王石琴对泰州盟史上的一份光荣奉献了。

通过肖仁先生的讲述，王石琴从当初那个血气方刚的爱国进步青年，到后来参与策划筹建华泰纱厂，在泰州组建民盟组织，创办"振华学校"，做了副市长后，他一门心思都在思考如何把泰州建设好……石琴先生站得高，看得远。他做的事情都是和老百姓的生活息息相关的。

寻访·纪念

由于岁月浸久，世事动荡，档案散失，在走访收集资料的过程中发现关于王石琴的个人文字资料很少，采访小分队后期又寻访了市、区档案馆，博物馆，所获资料想编撰一部王石琴的个人传记，材料太少、困难重重……但经过三年的四处走访、查找资料、翻阅老照片，王石琴这位老人的形象在支部盟员心目中逐渐清晰，大家对他从不太了解到深受感动。最终在盟市委的指导下支部重新调整方案，将这本书定名为《王石琴与泰州民盟》。

此外因盟员来自各行各业，本职工作繁忙，但每次安排采访任务后，有时间的盟员都会主动报名。自 2020 年 11 月起，历经 3 年，累计出动 7 个采访小分队，支部 30 余名盟员发挥专长、人人参与，终于将此书呈现在大家面前。

寻访是为了纪念。作为江苏民盟第一个以市级民盟组织创始人名字命名的支部，王石琴支部全体盟员将继承泰州民盟优良传统，紧跟民盟前辈光荣步伐，牢记责任使命、切实履职尽责，为泰州高质量发展贡献自己的力量。

后记

历时三年，《王石琴与泰州民盟》一书终于成功付梓。

本书共分四个部分。第一部分有王石琴夫人钱树蕙为纪念王石琴逝世一周年所编撰的《石韵琴音》中的部分悼念文章，有编辑本书过程中征集、搜寻和采写的纪念文章；第二部分为王石琴家人撰写的缅怀文字；第三部分为王石琴同志遗作，其中多数为本书编撰过程中所收搜集；第四部分为泰州民盟的发展历程。

决定编撰本书以来，民盟泰州市委会投入了大量人力和精力。盟市委会领导班子第一时间召开专门会议进行部署，抽调盟内优秀人才，成立以盟机关成员和王石琴支部为主的编委会，统筹规划编撰的各项事宜；泰州市人大常委会副主任、民盟泰州市委会主委臧大存亲自挂帅，严格把关框架结构，多次主持召开读稿会、改稿会，逐篇审稿并提出修改意见；编委会成员四处走访、挖掘素材、查阅资料、补充细节，斟字酌句审核原稿、精心调整排版布局，反复校对、力求严谨、苛求完美。本书的成功编撰可谓凝聚着泰州民盟上上下下众多人的心血和汗水。

本书还得到了多方人士的大力支持。王石琴同志家人提供了大量图片、文字资料，对本书的编撰工作提出了不少意见、建议。作家陈社拟订编撰纲要参与采访调研、编辑修正内容；盟市委会老领导、盟内老同志们主动提供史料、回忆往事，为编撰积累素材；对于他们的无私奉献，编委会表示衷心感谢！

因水平有限，书中疏漏之处难免，敬请读者指正！

《王石琴与泰州民盟》编委会

2023 年 7 月